中文社会科学引文索引（CSSCI）来源集刊

珞珈管理评论

LUOJIA MANAGEMENT REVIEW

2020年卷 第3辑（总第34辑）

武汉大学经济与管理学院主办

WUHAN UNIVERSITY PRESS

武汉大学出版社

图书在版编目(CIP)数据

珞珈管理评论.2020年卷.第3辑:总第34辑/武汉大学经济与管理学院主办.—武汉:武汉大学出版社,2020.10
ISBN 978-7-307-21838-3

Ⅰ.珞… Ⅱ.武… Ⅲ.企业管理—文集 Ⅳ.F272-53

中国版本图书馆CIP数据核字(2020)第194768号

责任编辑:陈 红　　　责任校对:汪欣怡　　　版式设计:韩闻锦

出版发行:**武汉大学出版社**　　(430072　武昌　珞珈山)
　　　　　(电子邮箱:cbs22@whu.edu.cn 网址:www.wdp.com.cn)
印刷:武汉市天星美润设计印务有限公司
开本:787×1092　1/16　印张:12.25　字数:288千字
版次:2020年10月第1版　　2020年10月第1次印刷
ISBN 978-7-307-21838-3　　定价:28.00元

目　　录

CONTENTS

突发事件冲击、资源基础与企业创新
——来自新冠肺炎疫情的经验证据*

● 杨震宁[1]　侯一凡[2]

（1，2 对外经济贸易大学国际商学院　北京　100029）

【摘　要】突发事件具有突发性和不可预测性，因此关于突发事件的应对显得至关重要。以事件系统理论、资源基础理论和企业创新理论为基础，以 689 份新冠肺炎疫情问卷数据为样本，研究了突发事件冲击的广度与强度对企业创新的影响，并将企业具有的资源基础作为调节变量纳入模型进行回归分析，研究结果表明：突发事件冲击广度与企业创新具有正相关关系；突发事件冲击强度与企业创新具有正相关关系；企业具有的资源基础可以调节突发事件冲击广度和强度与企业创新之间的关系，研发基础和技术基础具有正向调节作用，而合作基础和数字化基础具有负向调节作用。最后，对于企业更好地应对突发事件冲击提出了两个管理启示。

【关键词】突发事件冲击　资源基础　企业创新　事件系统理论　新冠肺炎疫情

　　中图分类号：F273.1　　　　文献标识码：A

1. 引言

　　新冠肺炎是近百年来人类遭遇的影响范围最广的全球性大流行病，对全世界是一次严峻考验。习近平总书记"在统筹推进新冠肺炎疫情防控和经济社会发展工作部署会议上的讲话"指出，这次新冠肺炎疫情，是中华人民共和国成立以来在我国发生的传播速度最快、感染范围最广、防控难度最大的一次重大突发公共卫生事件，不可避免地会对经济社会造成较大冲击。企业作为国民经济的细胞和基础，是市场最为重要的参与者，《新型冠

　　* 基金项目：教育部人文社会科学研究规划基金项目"中国企业的开放式创新研究：边界依赖、技术环境变迁与技术战略"（项目批准号：20YJA630080）；北京市社会科学基金一般项目"在京 IJVs 控制权动态演进管理决策形成机制与多重效应研究"（项目批准号：19GLB019）；对外经济贸易大学研究生科研创新项目"新冠肺炎疫情对企业创新的影响研究——基于事件系统理论视角"（项目批准号：202005）。

　　通讯作者：侯一凡，E-mail：houyifan@163.com。

状病毒疫情下的企业生存与发展之道》调研报告显示，新冠肺炎疫情会对地方政策以及企业经营的多方面产生影响，包括企业创新和数字化转型等。事件系统理论认为，研究者可以从实体自身经历或相似实体的经历中，提炼出未来可能发生的突发事件的信息，从而提高应对突发事件的能力（刘东和刘军，2017）。因此，新冠肺炎疫情的发生，既是挑战，也是机遇。它在对世界造成了不可磨灭的消极影响和重大损失的同时，也为企业创新和转型升级提供了一个契机和新的视角，它引导我们对疫情进行深入研究和思考，丰富企业创新理论，并以此指导企业创新发展，提高政府和企业应对突发事件的能力。因此，从新冠肺炎疫情的角度系统研究突发事件冲击对企业创新的影响，具有重要的现实意义。

当前对企业创新影响因素的研究往往集中在某一层面的"稳定特征"上，如企业内部特征层面的因素——企业规模、年龄、研发团队和高管团队、研发制度、发展战略等；企业外部环境层面的因素——市场集中度、市场势力、行业特征、产业周期、集聚效应、制度环境、政策支持等（张杰等，2007），这些"稳定特征"作为企业的"标签"，可以稳定地对企业创新产生持续性的影响。然而从动态和系统的视角研究某一突发事件的发生对企业创新造成的冲击和影响则较为少见（刘东和刘军，2017；李宗洁等，2018）。

管理学研究越来越强调采用动态模型（把事物的变化引入模型）来更准确地反映、预测不断变化的世界（Chen et al.，2011）。事件系统理论强调事件属性在研究对象发展过程中的多层级动态影响（张默和任声策，2018），即强调在研究"稳定特征"的同时，还将某一特殊或突发事件所带来的系统性"变化"纳入研究范围；同时不仅研究某一方面因素的影响，还以事件为出发点，研究事件的发生所带来的多层面的系统性变化对主体的影响（张素培和庄越，2017）。

基于上述现实和理论背景，本研究认为有必要从一个系统的角度考察某一具体突发事件对企业创新带来的影响，同时考察企业原有的资源基础在这种影响中产生的调节作用，并利用新冠肺炎疫情事件的数据对其关系进行验证。本研究可能存在的贡献在于：其一，研究突发事件冲击对企业创新的影响，并将企业的资源基础作为调节变量，探讨突发事件冲击对企业创新的影响机制，以及企业本身所具有的资源基础在其中的作用机理，丰富了事件系统理论、资源基础理论和企业创新理论。其二，将突发事件冲击细分为广度和强度两个维度，并对突发事件广度进一步加以分类。同时考察企业的资源基础，并将资源基础细分为研发基础、合作基础、数字化基础和技术基础。通过这种细分，可以对突发事件冲击和企业创新的关系进行具体而系统的研究。其三，利用2020年2月进行的新冠肺炎疫情对企业经营影响的调查所获取的来自全国的689份样本数据对突发事件冲击、资源基础和企业创新之间的关系进行检验。此数据具有独特性和实效性，能够即时反映新冠肺炎疫情事件对企业创新造成的冲击。

2. 理论基础与研究假设

2.1 突发事件冲击与企业创新

2.1.1 突发事件冲击的相关研究

突发事件会对某一或某些主体和事物产生影响，这种影响可能是积极的，也可能是消极的，并且突发事件造成的冲击对宏观经济、微观经济、非经济层面均可能产生影响（鞠国华，2009）。宏观层面，突发事件会影响宏观政策选择（张平，2005）、宏观经济稳定（贾俊雪和郭庆旺，2006）、通货膨胀（中国经济增长与宏观稳定课题组等，2008）、中国股市（尹志超等，2020）等；微观层面，突发事件会影响外贸企业（唐衍伟，2003）、人民币汇率（吕剑，2007）、农产品价格（张利庠和张喜才，2011）、中国城镇家庭债务风险（隋钰冰等，2020）等；非经济层面，突发事件会影响人的心理健康（吴坎坎等，2009）、企业战略创新（王茂祥和李东，2015）、组织行为（张素培和庄越，2017）、企业协同创新（李升泉，2017）、CEO薪酬（杨青等，2018）、创业行为（张默和任声策，2018）、企业研发绩效（李宗洁等，2018）、学习能力（肖瑶等，2019）等。

2.1.2 突发事件冲击广度与企业创新

突发事件往往会以事件链的形式对实体产生影响（Morgeson et al.，2015），即突发事件会使得社会和企业的某些具体方面受到冲击，从而影响企业创新。高越和李荣林（2019）通过研究2008年金融危机，发现金融危机导致了资金成本提高、需求极大减少以及不确定性增强，从而对出口企业的创新行为产生消极影响。然而突发事件不仅仅只带来了消极影响，其积极作用更值得探讨和关注（鞠国华，2009），对于消极影响的规避和积极影响的利用，有利于企业走上可持续发展的道路（Pfarrer et al.，2010）。学者鞠国华（2009）认为经济和金融危机的冲击往往会带来内部经济变革、经济结构和机制改变以及技术的进步，这种变化对于金融创新和企业创新来说是一个"转危为机"的契机。王茂祥和李东（2015）对中国移动通信集团公司的具体案例进行了研究，认为外部冲击会带来某一实体外部政治、经济、社会和技术环境的改变，从而会导致实体调整战略目标和计划，使之更适合当前的外部环境，最终有利于企业战略创新。

关于新冠肺炎疫情带来的冲击，目前已有相关研究。新冠肺炎疫情的发生，通过影响口罩产业的市场结构，从而对口罩市场和相关企业绩效产生影响，有利于激发口罩企业进行创新（许光建和黎珍羽，2020）；促进了企业信息化建设的极大发展，视频会议成为企业复工的重要工具，有利于企业在办公方式方面的改变和创新（查炎平，2020）；为社交电商商业模式的发展带来了新的机遇（王崇锋和赵潇雨，2020）；为传统企业的营销模式带来了改变的契机（张之扬，2020），从而促进了企业生产运营创新；带来了企业在员工工资支付和权益保障方面的压力，因此降低了企业的发展预期（黄送钦等，2020）。

综上所述，本研究将突发事件带来的冲击细分为办公方式冲击、生产运营冲击以及员工权益冲击，并提出以下研究假设：

H1：突发事件对企业办公方式的冲击与企业创新具有正相关关系。

H2：突发事件对企业生产运营的冲击与企业创新具有正相关关系。

H3：突发事件对企业员工权益的冲击与企业创新具有正相关关系。

2.1.3 突发事件冲击强度与企业创新

事件系统理论认为，事件的强度特征、时间特征和空间特征共同决定了事件对其他事物的影响程度（Morgeson et al.，2015）。事件的强度即事件对某一主体所造成的冲击力大小（李宗洁等，2018）。对于事件强度的衡量，学术界普遍采用学者Morgeson等（2015）的定义，认为通过量表对事件所具有的新颖性、关键性和颠覆性这三个分变量分别进行测量可以有效地衡量某个具体事件的强度，同时也可以不对三个特性进行区分，而是总体衡量事件的总强度（Morgeson et al.，2015）。随后有学者采用上述方式研究了事件对事故中组织行为（张素培和庄越，2017）、创业能力（张默和任声策，2018）和高技术企业研发绩效（李宗洁等，2018）的影响。除此之外，Axelrod（2012）、Anderson 和 Lewis（2014）从事件的破坏性角度衡量事件的影响强度，并将其分为一级破坏和二级破坏，且有学者基于此方式研究了事件的破坏性对创新组织双元学习的影响（肖瑶等，2019）。

事件冲击强度会对诸多主体和事物产生影响（冯素玲等，2019）。在创新以外的层面，事件冲击的强度会影响创业者对资源的利用能力、学习能力和获取经验的能力，最终影响创业者的创业能力（张默和任声策，2018）。在创新层面，事件冲击的强度越高，企业越容易对事件做出反应和采取行动，从而越有利于高技术企业研发绩效的提升（李宗洁等，2018）；长期而言，一定强度的破坏性事件会减少创新网络中的个体知识，但会增加创新网络中的集体知识，从而促进组织绩效的提高（肖瑶等，2019；肖瑶等，2017）。

综上所述，本研究通过量表对事件强度进行总体测量，并提出以下研究假设：

H4：突发事件冲击强度与企业创新具有正相关关系。

2.2 资源基础的调节效应

事件系统理论提出了一种综合的理论建模范式，即在对某一事件进行研究时，应将此事件与目标实体所具有的特征相结合来考虑这种交互效应对结果变量的影响（刘东和刘军，2017）。例如，当一家企业拥有较为紧密的网络关系时，某一突发重大事件将会对此地区企业的捐赠行为产生更强的促进作用（刘东和刘军，2017）。黄送钦等（2020）对新冠肺炎疫情如何影响企业发展预期进行了实证分析，并加入了企业在疫情前的活跃程度、所在地区营商环境作为调节变量，结果表明调节变量加强了疫情对企业发展预期的负向影响。

企业面临的突发事件冲击来自企业所处的外部环境，企业的资源基础则是企业具有的内部资源，外部环境和内部资源均会对企业活动产生影响。企业的创新活动嵌入在其所处的外部环境中，企业创新与外部环境密不可分（Lin et al.，2009；马迎贤，2005）。企业内部的异质性资源是企业独特的竞争优势，企业通过运用异质性资源和独特性能力，可以使企业获得竞争优势，有效提升企业绩效（Wernerfelt，1984；Barney，1991）。同时，企业对内部资源的有效运用，可以帮助其抵御外部环境带来的风险和冲击（Oliver，1991；Cheng & Kesner，1997）。曾楠等（2011）探讨了企业内部资源与外部网络的交互关系对创新绩效的影响，发现企业内部能力和外部环境的不同组合方式会对企业创新绩效产生不同影响。杨潇和池仁勇（2012）将企业内部资源作为调节变量，发现企业内部资源与外部节点的交互效应对企业创新绩效具有影响。贾兴平和刘益（2014）将外部环境分为制度环境和市场环境，将内部资源分为政治关系和冗余资源，并将企业内部资源作为调节变量，研究了企业的外部环境对企业社会责任的影响，结果表明企业的内部资源正向调节外部环境对企社会责任的影响。

综合以上分析，本研究将企业具有的资源基础作为调节变量，并将其分为研发基础、合作基础、数字化基础和技术基础，这么划分的依据是：企业的知识资源在企业资源中的地位越来越受到重视（杨春华，2008），对于企业而言，其所拥有的研发能力是知识资源的重要体现（李进明，2006），因此本研究选取研发基础作为测量企业资源基础的一个指标；企业与其所在的外部环境中其他主体之间的关系是企业重要的组织资源之一（Barney，1991），本研究将这种资源概括为合作基础；Grant（1991）将企业的资源基础分为六类，其中包括企业所具有的技术资源，因此本研究选取技术基础作为资源基础的一个测量指标；除此以外，由于在探讨企业创新时，数字化转型起到了日益显著的促进作用（何帆和刘红霞，2019），且本研究的问卷调查中有关于企业数字化基础的测量条目，因此本研究在对企业资源基础的衡量中创造性地加入了数字化基础这一项指标。本研究通过上述具体指标探讨资源基础的总体作用对突发事件冲击与企业创新的关系所产生的调节效应，并提出以下研究假设：

H5：企业具有的资源基础可以调节突发事件对办公方式的冲击与企业创新之间的关系。

H6：企业具有的资源基础可以调节突发事件对生产运营的冲击与企业创新之间的关系。

H7：企业具有的资源基础可以调节突发事件对员工权益的冲击与企业创新之间的关系。

H8：企业具有的资源基础可以调节突发事件冲击强度与企业创新之间的关系。

通过以上分析，本研究的理论框架如图 1 所示。

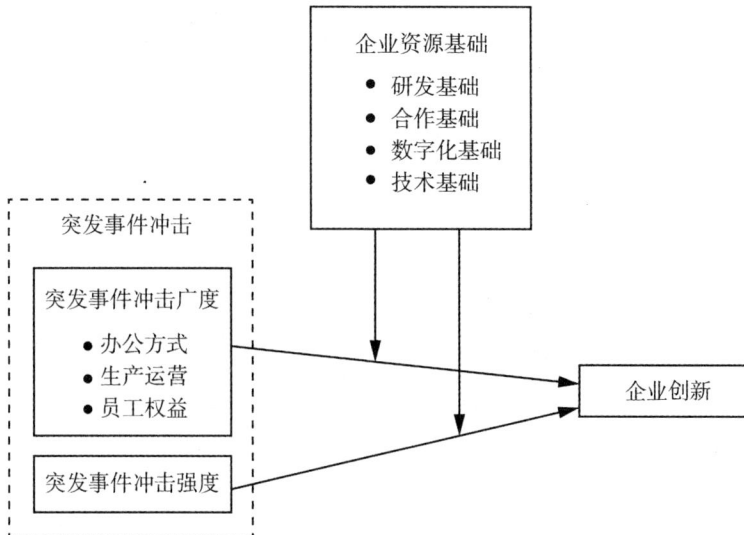

图 1　理论框架

3. 研究设计

3.1 数据来源

本研究利用2020年2月中旬进行的新冠肺炎疫情对企业经营影响的调查所获取的来自全国的689份样本数据对突发事件冲击、资源基础和企业创新之间的关系进行检验。此调查利用麦客表单生成线上问卷，通过微信发送给企业的中高层管理人员(来自北京大学、中国人民大学、浙江大学、武汉大学、对外经济贸易大学等重点高校的EMBA、MBA、EDP学员)。问卷内容涵盖了地方政策、企业经营状况、企业应对措施、企业数字化提升4个维度共计30个问题，可以全面了解企业维系经营的具体措施、疫情中的社会责任履行情况、数字技术应用和国际化经营在企业抗击疫情中发挥的作用以及企业创新。为了便于研究，剔除了不符合研究情境的样本和缺失值较多的无效样本，最终获得503份有效样本数据用于本研究，样本的统计特征如表1所示。

表1 样本统计特征

属性	分类	样本数量	百分比
企业规模	50人以下	120	23.9
	50~100人	76	15.1
	101~500人	106	21.1
	501~1000人	48	9.5
	1000人以上	153	30.4
企业年龄	10年以内	160	31.8
	11~50年	296	58.9
	50年以上	47	9.3
所有权类型	国有企业	132	26.2
	集体企业	5	1.0
	私营企业	277	55.1
	外商及港澳台投资企业	89	17.7
2019年营业收入	100万元以下	46	9.2
	100万~1000万元	77	15.3
	1000万~5000万元	73	14.5
	5000万~1亿元	44	8.7
	1亿元以上	263	52.3

属性	分类	样本数量	百分比
主要业务模式	线上为主	81	16.1
	线下为主	422	83.9

3.2 变量测量

（1）因变量——企业创新。本研究对企业创新的衡量主要分为三方面——总体创新投入、研发投入占销售收入的比重、人员培训投入占销售收入的比重。总体创新投入是被调查者对所在企业创新方面所有支出的计算和预估，可以有效衡量企业创新力度；研发投入占销售收入的比重是衡量企业对创新重视程度的有效指标（Hansen & Hill，1991；Balkin & Gomez-Mejia，2000）；对员工进行培训是提高企业创新能力的人力资源保障，因此人员培训投入占销售收入的比重也可以从侧面对企业创新进行测量。问卷填写者将对以上三个方面分别进行打分，每个方面分数范围均在 0~4 分，且为整数，并将三个方面的得分进行相加得到企业创新的总分值（0~12 分），分数越高说明企业创新力度越大。

（2）自变量——突发事件冲击广度、突发事件冲击强度。本研究共有四个自变量——突发事件对企业办公方式的冲击（X_1）、突发事件对企业生产运营的冲击（X_2）、突发事件对企业员工权益的冲击（X_3）、突发事件冲击强度（X_4）。前三个自变量衡量突发事件冲击的广度，第四个自变量衡量突发事件冲击的强度。

①突发事件冲击广度。问卷通过 5 分制的 Likert 量表来对涉及突发事件冲击广度的 14 个条目进行测量（1 代表完全不符合，5 代表完全符合）。本研究使用 SPSS 23.0 软件对 14 个条目进行探索性因子分析（EFA），提取出了三个核心因子，并将其命名为突发事件对企业办公方式的冲击、对企业生产运营的冲击和对企业员工权益的冲击。测量突发事件冲击广度量表的 Cronbach's Alpha 系数为 0.880，提取的三个因子的 Cronbach's Alpha 系数分别为 0.874、0.815 和 0.769，均在 0.6 以上，显示出了较好的信度。同时，量表的 KMO 统计量值均大于 0.8，并且 Bartlett 球形检验值为 3111.34，达到显著性水平（$p < 0.000$），表明因子分析的效度良好，数据适合进行探索性因子分析。后续将使用因子得分进行进一步统计分析。具体因子分析结果如表 2 所示。

②突发事件冲击强度。本研究对突发事件冲击强度的衡量主要分为三方面——企业现有产品线、企业的区域市场覆盖范围、企业的外部合作关系。问卷填写者将对以上三个方面分别进行打分，每个方面分数范围均在 0~4 分，且为整数，并将三个方面的得分进行相加得到突发事件冲击强度的总分值（0~12 分），分数越高说明突发事件冲击强度越大。

（3）调节变量——资源基础。调节变量分为四个分变量——研发基础（M_1）、合作基础（M_2）、数字化基础（M_3）、技术基础（M_4），分别作为调节变量与自变量生成交互项检验调节作用。以上四个分变量分别有 8、8、7、7 个题项，问卷填写者将对每个题项分别进行打分，分数范围均在 0~4 分，且为整数，将四个分变量相应题项得分进行相加得到每个分变量的总得分（M_1、M_2、M_3、M_4 的总分分别为 32 分、32 分、28 分、28 分），分数越高说明企业相应的资源基础越深厚。每个分变量对应的题项如表3所示。

表2   突发事件冲击广度问卷旋转后的因子载荷矩阵

维度	测量条目	因子		
		1	2	3
X_1：办公方式	推出了数字产品或服务	0.838		
	加快开发或应用数字基础设施和技术系统	0.791		
	加快了数字平台的搭建	0.787		
	采用了数字化的供应链渠道	0.724		
	通过在线办公软件开展工作	0.665		
X_2：生产运营	多元化进入新业务领域		0.848	
	强化整合供应链		0.792	
	积极投入技术创新		0.666	
	优化商业模式，捕捉新的顾客需求		0.617	
	开拓市场营销渠道，摆脱线下交易依赖		0.538	
X_3：员工权益	在一个工资支付周期的，按照合同约定支付工资			0.813
	对被隔离的员工，正常支付其工资			0.784
	稳定工作岗位			0.761
	对不能休假的员工，将安排补休或支付加班费			0.640
各因子解释方差%		24.936	19.541	18.095
累计解释方差%		24.936	44.476	62.571
Cronbach's Alpha 系数		0.874	0.815	0.769

注：采用主成分分析法，表中数值为采用 Varimax 旋转后的因子载荷标准。

表3   资源基础四个分变量及其测量

维度	测 量 条 目
M_1：研发基础	本企业内部研发
	购买其他企业或机构研究成果
	购买先进仪器或设备
	与供应商合作研发
	与客户合作研发
	与同行企业合作研发

维度	测 量 条 目
M_1：研发基础	与高校院所合作研发
	专门为研发进行人员培训
M_2：合作基础	同海外企业合资合作
	到海外投资建厂
	自营出口输出产品
	委托贸易公司外销产品
	代理外国厂商业务
	承接"三来一补"业务
	购买品牌使用权
	引进技术(购买技术专利、设备等)
M_3：数字化基础	本企业应用了大量数字产品或服务
	本企业应用了支撑数字产品和服务的数字平台
	本企业的数字基础设施(例如数字技术工具和系统)很完善
	本企业会自行研发或自主搭建数字产品(服务)、平台与基础设施
	本企业会从外部购买与应用数字产品(服务)、平台与基础设施
	本企业拥有数字化程度很高的商业模式
	本企业拥有数字化程度很高的内部管理与运作模式
M_4：技术基础	大数据技术(如大数据库、数据分析技术等)的采纳程度
	智能化技术(如人工智能、机器学习技术等)的采纳程度
	移动技术(如移动互联、无线通信技术等)的采纳程度
	云计算技术(如云应用、云平台技术等)的采纳程度
	物联网技术(如物联网、网络分布技术等)的采纳程度
	社会交互技术(如在线商务、即时通信技术等)的采纳程度
	平台生态技术(如生态系统、网络平台技术等)的采纳程度

（4）控制变量——企业规模、企业年龄、所有权类型、2019年营业收入、主要业务模式。

①企业规模。本研究通过对企业现有员工人数的调查来衡量企业规模，并将企业规模分为五个等级——50人以下、50~100人、101~500人、501~1000人、1000人以上，依次赋值为1~5。

②企业年龄。本研究用企业的成立时间来衡量企业年龄，即用问卷调查的年份2020减去企业成立年份。

③所有权类型。本研究将所有权类型分为四类——国有企业、集体企业、私营企业、外商及港澳台投资企业，分别赋值为1、2、3、4。

④2019年营业收入。本研究将企业2019年营业收入划分为五个等级——100万元以下、100万~1000万元、1001万~5000万元、5001万~1亿元、1亿元以上，依次赋值为1~5。

⑤主要业务模式。本研究将企业主要业务模式分为线上为主和线下为主，分别赋值为1、2。

3.3 模型选择

本研究数据为截面数据，因变量企业创新为有序离散数值，因此本研究采用Stata15.1对变量进行有序逻辑回归以构建层次回归模型。首先，构造双因素交互效应乘积项，为了防止自变量、调节变量与构造的乘积项出现高度的相关，本研究将自变量和调节变量进行了中心化处理（Aiken & West，1991），即将每个变量与其均值相减，得到的两个差再进行相乘；其次，将自变量、调节变量、控制变量、双因素交互项按照一定的顺序逐个加入方程中进行主效应和交互效应的检验，如果乘积项回归明显，方向与预测相同，则可以认为调节效应存在（温忠麟等，2012）。

4. 实证分析

4.1 描述性统计与相关性分析

本研究使用Stata15.1对变量进行了描述性统计与相关性分析（见表4）。结果表明，各自变量之间的Pearson相关系数均小于0.8，不存在严重的多重共线性问题（Rockwell，1975）。同时，对自变量进行了方差膨胀因子（VIF）检验，各自变量的方差膨胀因子均小于10，不存在严重的多重共线性问题。

4.2 回归分析

4.2.1 突发事件冲击对企业创新的直接效应检验

表5是突发事件冲击对企业创新的直接效应检验结果。其中，模型1加入了控制变量和调节变量，模型2在模型1的基础上加入了自变量 X_1，模型3在模型1的基础上加入了自变量 X_2，模型4在模型1的基础上加入了自变量 X_3，模型5在模型1的基础上加入了自变量 X_4，模型6在模型1的基础上同时加入了自变量 X_1、X_2、X_3 和 X_4。

表4

变量的描述性统计与相关系数

变量	均值	标准差	Y	C_1	C_2	C_3	C_4	C_5	M_1	M_2	M_3	M_4	X_1	X_2	X_3	X_4
Y: 企业创新	7.127	2.670	—													
C_1: 企业规模	3.076	1.555	0.109*	(2.45)												
C_2: 企业年龄	21.262	845.868	-0.021	0.082	(1.04)											
C_3: 所有权类型	2.642	1.054	-0.105*	-0.180*	0.014	(1.08)										
C_4: 2019年营业收入	3.797	1.437	0.080	0.714*	0.077	-0.136*	(2.13)									
C_5: 主要业务模式	1.839	0.368	-0.062	0.074	-0.021	-0.051	0.044	(1.08)								
M_1: 研发基础	17.177	7.937	0.352*	0.354*	0.026	-0.072	0.307*	-0.023	(1.97)							
M_2: 合作基础	9.688	8.294	0.182*	0.359*	0.007	0.070	0.262*	0.064	0.502*	(1.50)						
M_3: 数字化基础	15.298	6.534	0.303*	0.340*	-0.027	-0.058	0.222*	-0.182*	0.515*	0.300*	(2.71)					
M_4: 技术基础	16.453	6.960	0.309*	0.259*	0.006	-0.004	0.150*	-0.165*	0.464*	0.258*	0.741*	(2.39)				
X_1: 办公方式	-0.000	1.000	0.268*	0.237*	0.079	-0.087	0.129*	-0.139*	0.297*	0.194*	0.483*	0.452*	(1.51)			
X_2: 生产运营	-0.000	1.000	0.314*	-0.069	0.065	0.045	-0.015	-0.064	0.222*	0.085	0.123*	0.155*	0.000	(1.24)		
X_3: 员工权益	-0.000	1.000	0.208*	0.099*	-0.067	-0.074	0.163*	0.027	0.263*	0.042	0.098*	0.132*	-0.000	0.000	(1.13)	
X_4: 突发事件冲击强度	5.070	3.027	0.242*	-0.081	0.045	-0.015	-0.099*	-0.072	0.247*	0.180*	0.134*	0.206*	0.284*	0.361*	-0.014	(1.38)

注：* 表示在 $p<0.05$ 上显著；括号内为将全部自变量纳入回归时的 VIF 值。

表 5　　　　　　　　　突发事件冲击对企业创新的直接效应检验结果

变量	模型 1	模型 2	模型 3	模型 4	模型 5	模型 6
C_1：企业规模	− 0.077 (0.077)	− 0.098 (0.077)	− 0.017 (0.077)	− 0.067 (0.077)	− 0.044 (0.077)	0.002 (0.078)
C_2：企业年龄	− 0.000 (0.000)	− 0.000 (0.000)	− 0.000 (0.000)	− 0.000 (0.000)	− 0.000 (0.000)	− 0.000 (0.000)
C_3：所有权类型	− 0.182** (0.076)	− 0.167** (0.076)	− 0.214*** (0.077)	− 0.174** (0.076)	− 0.175** (0.075)	− 0.174** (0.077)
C_4：2019 年营业收入	− 0.003 (0.078)	0.004 (0.079)	0.028 (0.079)	− 0.033 (0.079)	0.011 (0.078)	− 0.062 (0.080)
C_5：主要业务模式	− 0.168 (0.226)	− 0.102 (0.227)	− 0.103 (0.226)	− 0.184 (0.226)	− 0.068 (0.230)	− 0.012 (0.228)
M_1：研发基础	0.070*** (0.014)	0.070*** (0.014)	0.057*** (0.014)	0.061*** (0.014)	0.060*** (0.014)	0.038*** (0.015)
M_2：合作基础	0.001 (0.012)	0.000 (0.012)	− 0.000 (0.012)	0.005 (0.012)	− 0.005 (0.012)	0.003 (0.012)
M_3：数字化基础	0.022 (0.020)	0.010 (0.021)	0.028 (0.020)	0.024 (0.020)	0.030 (0.020)	0.020 (0.020)
M_4：技术基础	0.037** (0.019)	0.030 (0.019)	0.031* (0.018)	0.036* (0.018)	0.030 (0.019)	0.017 (0.018)
X_1：办公方式		0.300*** (0.095)				0.372*** (0.099)
X_2：生产运营			0.491*** (0.087)			0.519*** (0.094)
X_3：员工权益				0.238*** (0.085)		0.345*** (0.087)
X_4：突发事件冲击强度					0.116*** (0.029)	0.054* (0.032)
N	503	503	503	503	503	503
Pseudo R^2	0.043	0.047	0.057	0.046	0.050	0.072

注：*、**和***，分别表示 $p<0.1$，$p<0.05$ 和 $p<0.01$；括号内为回归系数的标准差。

由模型 1 可知，企业的所有权类型（C_3）可以显著影响企业创新（系数 = − 0.182，$p<0.05$），国有企业（赋值为 1）的创新作用相比其他所有权类型的企业而言更为明显；调节变量研发基础（M_1）和技术基础（M_4）对企业创新有显著的正向影响（系数 = 0.070，$p<0.01$；系数 = 0.037，$p<0.05$）。由模型 2 可知，突发事件造成的办公方式冲击（X_1）对企

业创新具有显著的正向影响（系数＝0.300，$p<0.01$），假设H1得到验证。由模型 3 可知，突发事件造成的生产运营冲击（X_2）对企业创新具有显著的正向影响（系数＝0.491，$p<0.01$），假设 H2 得到验证。由模型 4 可知，突发事件造成的员工权益冲击（X_3）对企业创新具有显著的正向影响（系数＝0.238，$p<0.01$），假设 H3 得到验证。由模型 5 可知，突发事件冲击强度（X_4）对企业创新具有显著的正向影响（系数＝0.116，$p<0.01$），假设 H4 得到验证。模型 6 同时加入了所有自变量，每个自变量对因变量的影响方向没有改变，并且依然显著，假设 H1、H2、H3 和 H4 进一步得到验证。

4.2.2 资源基础的调节效应检验

表6 是资源基础的调节效应检验结果。其中，模型 7 在模型 2 的基础上加入了四个调节变量分别与 X_1 形成的交互项，模型 8 在模型 3 的基础上加入了四个调节变量分别与 X_2 形成的交互项，模型 9 在模型 4 的基础上加入了四个调节变量分别与 X_3 形成的交互项，模型 10 在模型 5 的基础上加入了四个调节变量分别与 X_4 形成的交互项。

表6 资源基础的调节效应检验结果

变量	模型 7	模型 8	模型 9	模型 10
C_1：企业规模	－0.104(0.077)	－0.014(0.077)	－0.073(0.077)	－0.042(0.077)
C_2：企业年龄	－0.000(0.000)	－0.000(0.000)	－0.000(0.000)	－0.000(0.000)
C_3：所有权类型	－0.196**(0.076)	－0.233***(0.077)	－0.192**(0.076)	－0.204**(0.076)
C_4：2019 年营业收入	－0.004(0.079)	0.041(0.079)	0.039(0.080)	0.009(0.079)
C_5：主要业务模式	－0.118(0.230)	－0.109(0.228)	－0.190(0.227)	－0.136(0.232)
M_1：研发基础	0.074***(0.014)	0.058***(0.014)	0.064***(0.014)	0.064***(0.014)
M_2：合作基础	0.001(0.012)	0.006(0.012)	0.008(0.012)	－0.005(0.012)
M_3：数字化基础	0.001(0.021)	0.019(0.020)	0.015(0.021)	0.019(0.020)
M_4：技术基础	0.043**(0.019)	0.042**(0.018)	0.039**(0.019)	0.037**(0.019)
X_1：办公方式	0.240**(0.099)			
X_2：生产运营		0.546***(0.089)		
X_3：员工权益			0.212**(0.090)	
X_4：突发事件冲击强度				0.110***(0.029)
$X_1 \times M_1$	0.031*(0.016)			
$X_1 \times M_2$	－0.020(0.019)			
$X_1 \times M_3$	－0.071***(0.022)			

变量	模型 7	模型 8	模型 9	模型 10
$X_1 \times M_4$	$0.049^{**}(0.021)$			
$X_2 \times M_1$		$0.040^{**}(0.017)$		
$X_2 \times M_2$		$-0.036^{*}(0.020)$		
$X_2 \times M_3$		$-0.071^{***}(0.021)$		
$X_2 \times M_4$		$0.062^{***}(0.020)$		
$X_3 \times M_1$			$0.041^{**}(0.017)$	
$X_3 \times M_2$			$-0.023(0.020)$	
$X_3 \times M_3$			$-0.066^{**}(0.027)$	
$X_3 \times M_4$			$0.018(0.023)$	
$X_4 \times M_1$				$0.003(0.006)$
$X_4 \times M_2$				$-0.001(0.006)$
$X_4 \times M_3$				$-0.028^{**}(0.007)$
$X_4 \times M_4$				$0.022^{***}(0.008)$
N	503	503	503	503
Pseudo R^2	0.054	0.066	0.051	0.056

注：$*$ 、$**$ 和 $***$，分别表示 $p<0.1$，$p<0.05$ 和 $p<0.01$；括号内为回归系数的标准差。

由模型 7 可知，在加入了 X_1 与四个调节变量构成的交互项之后，可以发现其中三个交互项对因变量有显著影响，这说明企业具有的资源基础可以调节突发事件对办公方式的冲击(X_1)与企业创新之间的关系，假设 H5 大部分得到验证。具体来看，研发基础(M_1)和技术基础(M_4)对 X_1 与因变量之间关系的调节作用是正向的(系数 = 0.031，$p < 0.1$；系数 =0.049，$p < 0.05$)，合作基础(M_2)和数字化基础(M_3)对 X_1 与因变量之间关系的调节作用是负向的(系数 =-0.020，$p > 0.1$；系数 =-0.071，$p < 0.01$)。由模型 8 可知，在加入了 X_2 与四个调节变量构成的交互项之后，可以发现四个交互项对因变量均有显著影响，这说明企业具有的资源基础可以调节突发事件对生产运营的冲击(X_2)与企业创新之间的关系，假设 H6 得到验证。具体来看，研发基础(M_1)和技术基础(M_4)对 X_2 与因变量之间关系的调节作用是正向的(系数 = 0.040，$p < 0.05$；系数 =0.062，$p < 0.01$)，合作基础(M_2)和数字化基础(M_3)对 X_2 与因变量之间关系的调节作用是负向的(系数 =-0.036，$p < 0.1$；系数 =-0.071，$p < 0.01$)。由模型 9 可知，在加入了 X_3 与四个调节变量构成的交互项之后，可以发现其中两个交互项对因变量有显著影响，这说明企业具有

的资源基础可以调节突发事件对员工权益的冲击(X_3)与企业创新之间的关系，假设 H7 部分得到验证。具体来看，研发基础(M_1)和技术基础(M_4)对 X_3 与因变量之间关系的调节作用是正向的(系数 = 0.041，$p < 0.05$；系数 = 0.018，$p > 0.1$)，合作基础(M_2)和数字化基础(M_3)对 X_3 与因变量之间关系的调节作用是负向的(系数 = -0.023，$p > 0.1$；系数 = -0.066，$p < 0.05$)。由模型 10 可知，在加入了 X_4 与四个调节变量构成的交互项之后，可以发现其中两个交互项对因变量有显著影响，这说明企业具有的资源基础可以调节突发事件冲击强度(X_4)与企业创新之间的关系，假设 H8 部分得到验证。具体来看，研发基础(M_1)和技术基础(M_4)对 X_4 与因变量之间关系的调节作用是正向的(系数 = 0.003，$p > 0.1$；系数 = 0.022，$p < 0.01$)，合作基础(M_2)和数字化基础(M_3)对 X_4 与因变量之间关系的调节作用是负向的(系数 = -0.001，$p > 0.1$；系数 = -0.028，$p < 0.01$)。

综上，可以发现，虽然其中有少部分系数并不显著，但是结果具有一个共性 —— 研发基础(M_1)和技术基础(M_4)对四个自变量与因变量之间关系的调节作用均是正向的，合作基础(M_2)和数字化基础(M_3)对四个自变量与因变量之间关系的调节作用均是负向的。这种共性有利于得出具体而稳健的结论。

4.3 稳健性检验

为了使得所得结论具有稳健性和可靠性，本研究将数字化转型作为替代因变量重新对直接效应和调节效应进行检验，检验的方式依旧是通过有序逻辑回归构建层次回归模型。由于新冠肺炎疫情的影响和冲击，众多企业采取线上办公方式，将数字化转型作为对企业创新的衡量是很符合此次新冠肺炎疫情的实际的，越具有创新精神的企业，在本次疫情期间越是倾向于加快数字化转型的步伐，将办公、供应链、产品和服务、内部沟通、技术改进等领域与数字化结合，以求适应现实需要。稳健性检验的结果如表 7 和表 8 所示。

表 7　　　　　　　　　以数字化转型为因变量的直接效应检验结果

变量	模型 1'	模型 2'	模型 3'	模型 4'	模型 5'	模型 6'
C_1：企业规模	-0.041 (0.079)	-0.138* (0.080)	-0.009 (0.079)	-0.025 (0.079)	0.024 (0.079)	-0.022 (0.081)
C_2：企业年龄	0.000 (0.000)	-0.000 (0.000)	0.000 (0.000)	0.000 (0.000)	0.000 (0.000)	-0.000 (0.000)
C_3：所有权类型	-0.202** (0.078)	-0.173** (0.078)	-0.209*** (0.078)	-0.197** (0.078)	-0.189** (0.079)	-0.160** (0.079)
C_4：2019 年营业收入	0.065 (0.079)	0.155** (0.078)	0.053 (0.079)	0.026 (0.080)	0.106 (0.080)	0.108 (0.080)
C_5：主要业务模式	-0.269 (0.224)	-0.145 (0.221)	-0.228 (0.224)	-0.299 (0.223)	-0.182 (0.226)	-0.022 (0.219)
M_1：研发基础	0.039*** (0.013)	0.048*** (0.013)	0.032** (0.013)	0.029** (0.014)	0.026** (0.013)	0.005 (0.015)

变量	模型 1′	模型 2′	模型 3′	模型 4′	模型 5′	模型 6′
M_2：合作基础	− 0.019* (0.011)	− 0.025** (0.011)	− 0.020* (0.011)	− 0.013 (0.012)	− 0.033*** (0.012)	− 0.028** (0.012)
M_3：数字化基础	0.032 (0.021)	− 0.010 (0.021)	0.034 (0.021)	0.035* (0.021)	0.042** (0.021)	0.004 (0.021)
M_4：技术基础	0.072*** (0.019)	0.033* (0.019)	0.070*** (0.019)	0.069*** (0.019)	0.058*** (0.018)	0.018 (0.018)
X_1：办公方式		1.328*** (0.111)				1.408*** (0.120)
X_2：生产运营			0.254*** (0.089)			0.321*** (0.094)
X_3：员工权益				0.301*** (0.086)		0.560*** (0.089)
X_4：突发事件冲击强度					0.223*** (0.030)	0.149* (0.032)
N	503	503	503	503	503	503
Pseudo R^2	0.041	0.100	0.044	0.046	0.062	0.130

注：*、**和***，分别表示 $p<0.1$，$p<0.05$ 和 $p<0.01$；括号内为回归系数的标准差。

表8 以数字化转型为因变量的调节效应检验结果

变量	模型 7′	模型 8′	模型 9′	模型 10′
C_1：企业规模	− 0.139*(0.080)	− 0.014(0.080)	− 0.014(0.079)	0.031(0.080)
C_2：企业年龄	− 0.000(0.000)	0.000(0.000)	0.000(0.000)	0.000(0.000)
C_3：所有权类型	− 0.177**(0.079)	− 0.231***(0.078)	− 0.201**(0.078)	− 0.206**(0.080)
C_4：2019 年营业收入	0.153*(0.078)	0.066(0.079)	0.025(0.080)	0.111(0.080)
C_5：主要业务模式	− 0.139(0.223)	− 0.237(0.226)	− 0.321(0.225)	− 0.238(0.228)
M_1：研发基础	0.048***(0.013)	0.031**(0.013)	0.026*(0.014)	0.031**(0.013)
M_2：合作基础	− 0.024**(0.012)	− 0.022*(0.012)	− 0.016(0.012)	− 0.039***(0.012)
M_3：数字化基础	− 0.011(0.021)	0.029(0.021)	0.026(0.021)	0.042**(0.021)
M_4：技术基础	0.034*(0.019)	0.074***(0.019)	0.072***(0.019)	0.056***(0.019)
X_1：办公方式	1.312***(0.116)			
X_2：生产运营		0.300***(0.090)		

变量	模型 7′	模型 8′	模型 9′	模型 10′
X_3：员工权益			$0.262^{***}(0.091)$	
X_4：突发事件冲击强度				$0.213^{***}(0.031)$
$X_1 \times M_1$	$-0.001(0.016)$			
$X_1 \times M_2$	$0.006(0.019)$			
$X_1 \times M_3$	$-0.009(0.022)$			
$X_1 \times M_4$	$0.006(0.021)$			
$X_2 \times M_1$		$-0.008(0.017)$		
$X_2 \times M_2$		$0.015(0.020)$		
$X_2 \times M_3$		$-0.058^{**}(0.023)$		
$X_2 \times M_4$		$0.053^{**}(0.021)$		
$X_3 \times M_1$			$-0.018(0.017)$	
$X_3 \times M_2$			$0.007(0.019)$	
$X_3 \times M_3$			$-0.053^{*}(0.028)$	
$X_3 \times M_4$			$0.027(0.024)$	
$X_4 \times M_1$				$-0.006(0.006)$
$X_4 \times M_2$				$0.007(0.006)$
$X_4 \times M_3$				$-0.011^{***}(0.008)$
$X_4 \times M_4$				$0.020^{**}(0.008)$
N	503	503	503	503
Pseudo R^2	0.100	0.047	0.049	0.066

注： * 、 ** 和 *** ，分别表示 $p<0.1$， $p<0.05$ 和 $p<0.01$ ；括号内为回归系数的标准差。

直接效应方面，模型 1′ 与模型 1 相比结果基本一致，但调节变量合作基础（M_2）对因变量的影响相较于模型 1 变得显著了（$p < 0.1$）。模型 2′ 中，自变量 X_1 对因变量的影响依然是正向且显著的（系数 = 1.328，$p < 0.01$），假设 H1 依然得到验证。模型 3′、模型 4′和模型 5′ 均与模型 3、模型 4 和模型 5 所得结论一致，假设 H2、H3 和 H4 依然得到验证。

调节效应方面，模型 7′ 中 X_1 与四个调节变量构成的交互项中，四个交互项对因变量的影响均不显著，因此假设 H5 没有得到验证，这与上文得到的结论不一致。模型 8′ 中 X_2与四个调节变量构成的交互项中，两个交互项对因变量的影响显著，因此假设 H6 部分得到验证，这与上文得到的结论一致。模型 9′ 中 X_3 与四个调节变量构成的交互项中，一个交互项对因变量的影响显著，因此假设 H7 部分得到验证，这与上文得到的结论一致。模型 10′ 中 X_4 与四个调节变量构成的交互项中，两个交互项对因变量的影响显著，因此假设 H8 部分得到验证，这与上文得到的结论一致。

综上，可以发现，稳健性检验中直接效应的结果与上文一致，调节效应的结果与上文基本一致，总体而言本研究所得结果具有稳健性。其中，稳健性检验中调节效应系数的正负方向依然具有一个共性——合作基础(M_2)和技术基础(M_4)对四个自变量与因变量之间关系的调节作用均是正向的，研发基础(M_1)和数字化基础(M_3)对四个自变量与因变量之间关系的调节作用均是负向的。这种共性与上文略有不同，可能是因为替换的因变量具有自身特性，所以所得结论与上文不完全一致。

5. 结论与讨论

5.1 研究结论

本研究探讨了突发事件冲击的广度(办公方式、生产运营和员工权益)和强度与企业创新之间的关系，并加入了企业资源基础（研发基础、合作基础、数字化基础和技术基础)作为调节变量，提出了突发事件冲击广度和强度与企业创新之间关系的相关假设，通过实证检验，得到三个主要结论：第一，突发事件冲击广度与企业创新具有正相关关系，即突发事件对办公方式、生产运营和员工权益方面造成的冲击，可以有效促进企业创新发展。这可能是因为，企业越是多方面受到疫情冲击，就越有进行创新的动力和紧迫感。第二，突发事件冲击强度与企业创新具有正相关关系，即企业受到的突发事件冲击越强烈，越有利于企业创新。究其原因，企业感受到的冲击强度越大，就越容易对冲击做出反应，从而促使企业进行创新来应对疫情。第三，企业具有的资源基础可以调节突发事件冲击广度和强度与企业创新之间的关系。不同资源基础的调节作用是不同的，研发基础和技术基础具有正向调节作用，而合作基础和数字化基础具有负向调节作用。企业的研发基础和技术基础越深厚，就越有能力进行疫情的应对，越容易进行办公模式和运营模式的改变，从而正向调节突发事件冲击对企业创新的作用。而合作基础和数字化基础深厚的企业，其本身的网络资源和数字化水平较高，可以在一定程度上缓解疫情带来的冲击，从而负向调节突发事件冲击对企业创新的作用。

5.2 管理启示

突发事件具有突发性和不可预测性，因此对突发事件的应对显得至关重要。本研究对突发事件冲击和企业创新的关系进行讨论后，得出两个管理启示：其一，在面对突发事件冲击时，企业要善于抓住发展机遇，适时从多个方面改变企业发展，不仅要应对突发事件冲击，还要以此为契机进行企业创新，增强企业的应急管理能力；其二，企业要善于利用自己的资源基础，具有深厚研发基础和技术基础的企业，在面对突发事件冲击时要利用自己的技术优势大力进行模式调整和技术改变，以求最大程度上利用突发事件来加速企业创新。具有深厚合作基础和数字化基础的企业在面对突发事件时，可以依靠自己较紧密的网络资源和较高的数字化水平适度减缓调整的步伐，做到稳中求进。

5.3 不足与未来展望

本研究受到新冠肺炎疫情的启发，利用相关问卷数据进行了实证分析，但因资源和水平的限制，依然存在不足之处，期待未来能够进一步探索：其一，本研究的数据来自2020年2月中旬进行的问卷调查，此时新冠肺炎疫情还未结束，若采用处于不同阶段的新冠肺炎疫情数据加以对比讨论，或许能够得出更加全面的结论；其二，本研究以新冠肺炎疫情为例对突发事件冲击进行研究，具有一定的特殊性，如果有其他类似突发事件的数据能够加以验证，结论将更加具有稳健性。

◎ 参考文献

[1]冯素玲，刘会敏，杨杨. 强监管改善了中国网贷市场的有效性吗？[J]. 管理评论，2019(31).

[2]高越，李荣林. 外来冲击对我国出口企业创新活动的影响研究——以2008年金融危机为例[J]. 国际商务(对外经济贸易大学学报)，2019(4).

[3]何帆，刘红霞. 数字经济视角下实体企业数字化变革的业绩提升效应评估[J]. 改革，2019(4).

[4]黄送钦，吕鹏，范晓光. 疫情如何影响企业发展预期？——基于压力传导机制的实证研究[J]. 财政研究，2020(4).

[5]贾俊雪，郭庆旺. 经济开放、外部冲击与宏观经济稳定——基于美国经济冲击的影响分析[J]. 中国人民大学学报，2006(6).

[6]贾兴平，刘益. 外部环境、内部资源与企业社会责任[J]. 南开管理评论，2014，17(6).

[7]鞠国华. "外部冲击"的国内研究综述[J]. 经济学动态，2009(5).

[8]李进明. 浅谈高新技术企业财务管理中存在的问题及对策[J]. 金融经济(理论版)，2006(8).

[9]李升泉. 外部冲击对企业供应链协同创新的影响和最优决策研究[J]. 系统工程，2017，35(6).

[10]李宗洁，王玉荣，杨震宁，余伟. 事件冲击力对高技术企业研发绩效的影响——以动态能力为调节变量[J]. 科技进步与对策，2018，35(1).

[11]刘东，刘军. 事件系统理论原理及其在管理科研与实践中的应用分析[J]. 管理学季刊，2017(2).

[12]吕剑. 外部冲击对我国进口贸易影响的实证分析[J]. 世界经济与政治论坛，2007(2).

[13]马迎贤. 组织间关系：资源依赖视角的研究综述[J]. 管理评论，2005(2).

[14]隋钰冰，尹志超，何青. 外部冲击与中国城镇家庭债务风险——基于CHFS微观数据的实证研究[J]. 福建论坛(人文社会科学版)，2020(1).

[15]唐衍伟.我国国有外贸企业应对外部冲击的战略分析[J].财经问题研究,2003(5).

[16]王茂祥,李东.外部环境变化对企业战略创新的影响及其案例分析[J].现代管理科学,2015(4).

[17]王崇锋,赵潇雨.下沉市场的社交电商商业模式研究——拼多多之胜与淘集集之败[J].财务管理研究,2020(3).

[18]温忠麟,刘红云,侯杰泰.调节效应和中介效应分析[M].北京:教育科学出版社,2012.

[19]吴坎坎,张雨青,Peter Tianzhi Chen.灾后民众创伤后应激障碍(PTSD)与事件冲击量表(IES)的发展和应用[J].心理科学进展,2009,17(3).

[20]肖瑶,党兴华,成泷.创新网络破坏事件对个体与集体学习的影响[J].科学学研究,2017,35(3).

[21]肖瑶,向希尧,成泷.破坏事件对创新组织双元学习的影响研究[J].科学学研究,2019,37(8).

[22]许光建,黎珍羽."新冠肺炎"疫情对我国口罩产业的影响[J].经济与管理评论,2020,36(3).

[23]杨春华.资源概念界定与资源基础理论述评[J].科技管理研究,2008(8).

[24]杨潇,池仁勇.外部结点、内部资源与企业创新绩效的关系研究:以长三角地区199家科技服务业企业为实证[J].研究与发展管理,2012,24(1).

[25]杨青,陈峰,龚懿婷.外部冲击视角下的CEO薪酬研究:个体揩油还是集体辩护[J].广东财经大学学报,2018,33(1).

[26]尹志超,路慧泽,潘北啸.中美贸易战对中国股市的影响——基于事件研究法的分析[J].管理学刊,2020,33(1).

[27]曾楠,高山行,崔宁宁.企业内部资源、能力与外部网络对绩效的交互效应研究[J].技术与创新管理,2011,32(3).

[28]查炎平.新冠肺炎疫情给企业信息化建设上的一堂课[N].中国建设报,2020-03-16(1).

[29]张平."外部冲击"下的经济增长和宏观政策选择[J].经济学动态,2005(5).

[30]张杰,刘志彪,郑江淮.中国制造业企业创新活动的关键影响因素研究——基于江苏省制造业企业问卷的分析[J].管理世界,2007(6).

[31]张利庠,张喜才.外部冲击对我国农产品价格波动的影响研究——基于农业产业链视角[J].管理世界,2011(1).

[32]张素培,庄越.基于事件系统理论的事故组织行为分析[J].安全与环境工程,2017(4).

[33]张默,任声策.创业者如何从事件中塑造创业能力?——基于事件系统理论的连续创业案例研究[J].管理世界,2018,34(11).

[34]张之扬.浅谈传统企业在新冠肺炎疫情下的营销工作模式转型之道[J].辽宁经济,2020(3).

[35]中国经济增长与宏观稳定课题组，张平，刘霞辉，张晓晶，汪红驹. 外部冲击与中国的通货膨胀[J]. 经济研究，2008(5).

[36]Aiken, L. S. , West, S. G. Multiple regression: testing and interpreting interactions-Institute for Social and Economic Research (ISER)[J]. *Evaluation Practice*, 1991, 14(2).

[37] Axelrod, C. Networking capability and international entrepreneurship[J]. *International Marketing Review*, 2012, 23(5).

[38]Anderson, E. G. , Lewis, K. A dynamic model of individual and collective learning amid disruption[J]. *Organization science*, 2014, 25(2).

[39] Barney, J. B. Firmresources and sustained competitive advantage[J]. *Journal of Management*, 1991, 17(1).

[40] Balkin, D. B. , Gomez-Mejia, G. M. Is CEO pay in hightechnology firms related to innovation? Some empirical evidence[J]. *Academy of Management Journal*, 2000, 43(1).

[41] Cheng, J. L. C. , Kesner, I. F. Organizational slack and response to environmental shifts: The impact of resource allocation patterns[J]. *Journal of Management*, 1997, 23(1).

[42]Chen, G. , Ployhart, R. E. , Thomas, H. C. , et al. The power of momentum: a new model of dynamic relationships between job satisfaction change and turnover intentions[J]. *Academy of Management Journal*, 2011, 54(1).

[43] Grant, R. The resource-based theory of competitive advantage: implication for strategy formulation[J]. *California Management Review*, 1991, 33(3).

[44] Hansen, G. S. , Hill, C. W. L. Are institutional investors myopic? A time-series study of four technology-driven industries[J]. *Strategic Management Journal*, 1991, 12(1).

[45]Lin, Z. , Peng, M. W. , Yang, H. , et al. How do networks and learning drive M&As? An institutional comparison between China and the United States[J]. *Strategic Management Journal*, 2009, 30(1).

[46] Morgeson, F. P. , Mitchell, T. R. , Liu, D. Event system theory: an event-oriented approach to the organizational sciences[J]. *Academy of Management Review*, 2015(40).

[47] Oliver, C. Strategic responses to institutional processes[J]. *Academy of Management Review*, 1991, 16(1).

[48]Pfarrer, M. D. , Pollock, T. G. , Rindova, V. P. A tale of two assets: the effects of frim reputation and celebrity on earnings surprises and investors' reactions[J]. *Academy of Management Journal*, 2010, 53(5).

[49] Rockwell, R. C. Assessment ofmulticollinearity: the haitovsky test of the determinant[J]. *Sociological Methods & Research*, 1975, 3(3).

[50]Wernerfelt, B. A resource-based view of the firm[J]. *Strategic Management Journal*, 1984, 5(2).

Emergency Shock, Resource Base and Enterprise Innovation

— Evidence from COVID-19

Yang Zhenning[1]   Hou Yifan[2]

(1, 2 International Business School, University of International Business

and Economics, Beijing, 100029)

Abstract: Emergencies are unpredictable, so it is crucial to respond to emergencies. Based on the event system theory, resource-based theory, and enterprise innovation theory, this study used 689 copies of COVID-19 questionnaire data as samples to study the impact of the impact of the breadth and intensity of emergency shock on enterprise innovation, and included the resource base of enterprises as a regulatory variable in the model for regression analysis. The results of the study show that: First, the breadth of emergency shock has a positive correlation with enterprise innovation. Next, the intensity of emergency shock has a positive correlation with enterprise innovation. Last, the resource base that an enterprise has can adjust the relationship between the breadth and intensity of emergency shock and enterprise innovation. The R&D base and technology base have positive regulating effects, and the cooperation base and the digitization base have negative regulating effects. Finally, two management revelations are proposed for companies to better cope with the impact of emergencies.

Key words: Emergency shock; Resource base; Enterprise innovation; Event system theory; COVID-19

专业主编：陈立敏

党组织嵌入与民营企业环保投入：私营企业调查数据的实证检验[*]

● 徐光伟[1,2]　李剑桥[3]　刘　星[4]

（1，3 常州大学商学院　常州　213164；2 上海财经大学工商管理博士后流动站　上海　200433；
4 重庆大学经济与工商管理学院　重庆　400030）

【摘　要】党组织嵌入民营企业影响企业社会责任行为吗？从企业环保投入视角利用全国私营企业调查数据检验企业成立党组织以及出资人党委任职对环保投入的影响，研究发现：成立党组织的私营企业显著增加了治理污染投入或环保治污费；出资人在党委中任职也显著增加了治理污染投入或环保治污费；出资人具有人大、政协政治身份、企业家权威以及企业中的群众组织如工会、职工代表大会在党组织嵌入影响企业环保投入中发挥了显著的调节作用。研究从企业环境保护视角证实了民营企业中党组织嵌入的积极作用，丰富了本土特色党组织治理相关研究文献，为当前加强和改进非公有制经济党建工作提供了有意义的借鉴。

【关键词】党组织　组织嵌入　环境保护　民营企业
中图分类号：F275.5　　　文献标识码：A

1. 引言

改革开放以来，非公有制企业党建工作不断加强并且在整个党建工作中越来越重要。特别是党的十八大后全面从严治党以来，众多的民营企业积极成立基层党组织。据党内统计公报，2016 年有 185.5 万个非公有制企业建立了党组织，占非公有制企业总体的 67.9%，较 2015 年大幅增加了 25.3 万个。据 2019 年党内统计公报，全国有 158.5 万家非公有制企业法人单位建立了党组织，26.5 万个社会组织法人单位建立了党组织。民营企

---

* 基金项目：国家自然科学基金重点项目"制度环境、公司财务政策选择和动态演化研究"（项目批准号：71232004）；江苏省社会科学基金项目"适应性效率视角下企业投资结构偏向的治理机制研究"（项目批准号：17GLC010）。

通讯作者：徐光伟，E-mail：xuguangwei333@163.com。

业成立党组织是我国特有的经济现象，对非公有制经济持续健康发展产生了重要影响。党组织的治理作用对于理解我国政党制度与公司治理问题具有重要意义。根据社会学中的"嵌入理论"（embeddedness theory），中国共产党和社会之间存在"嵌入"事实（罗峰，2009；孙柏瑛和邓顺平，2015）。那么，党组织嵌入民营企业是否影响以及如何影响企业的行为决策？这是当前推进企业基层党建工作与完善现代企业制度亟待解决的重要问题。

已有文献研究了党组织参与治理对国有企业的公司治理水平（Chang & Wong，2004；马连福等，2012）、董事会决策（柳学信等，2020）、冗余雇员及高管薪酬（马连福等，2013）、高管腐败（严若森和吏林山，2019）、内部人控制问题（王元芳和马连福，2014；王彦玲，2014）、并购行为（陈仕华和卢昌崇，2014）、信息披露（崔兵，2015；程海艳等，2020）的影响。对民营企业中党组织作用的研究主要集中在员工社会保障（龙小宁和杨进，2014；Dong et al.，2011）、企业社会责任（梁建，2012；郑登津和谢德仁，2019；徐光伟等，2019；王舒扬等，2019）、贷款获取以及公司绩效（Li et al.，2008；叶建宏，2017）等等方面。由于民营企业私有产权特征且以盈利为目的，因此民营企业中的党组织与国有企业中的党组织在功能、地位、作用上具有很大差异。随着党组织覆盖面的扩大，研究民营企业中党组织的嵌入效应应该更具价值。此外，尚未有研究关注民营企业中党组织嵌入对环保投入的影响。党组织的存在及其嵌入公司治理决策中对企业行为的影响机理与路径仍是未知之谜，亟待打开两者之间关系的内部"黑箱"。党组织嵌入对企业的影响可能存在正反两种不同情形，以环保投入具体行为决策为视角有助于深化对党组织嵌入效应的认知。

基于此，本文以全国私营企业调查样本为研究对象，分析党组织嵌入对民营企业环保投入的影响，研究发现：（1）成立党组织的私营企业显著增加了治理污染投入或环保治污费；（2）出资人在党委中任职也显著增加了治理污染投入或环保治污费；（3）出资人具有人大、政协政治身份、企业家权威以及企业中的群众组织如工会、职工代表大会在党组织嵌入影响企业环保投入中发挥了显著的调节作用。研究从企业环境保护视角证实了民营企业中党组织嵌入的积极作用，丰富了本土特色党组织治理相关研究文献，为当前加强和改进非公有制经济党建工作提供了有意义的借鉴。

本文可能的贡献在于：（1）党组织嵌入对公司治理的影响是构建本土特色公司治理理论的重要内容，研究丰富了党组织在私营企业中的作用、路径以及经济后果等理论探索；（2）党组织参与治理是党建理论与公司治理理论交叉研究领域，研究有助于两个不同领域的研究有效融合和发展具有中国特色的现代企业制度；（3）当前全面从严治党向纵深推进，研究不仅有助于扩大企业基层党组织的覆盖面，也有助于提升党建工作科学化水平。

2. 制度背景与理论分析

2.1 民营企业党建工作的制度演进

非公有制企业党建工作经历了以下几个时期的发展：（1）起步探索阶段（1979—1997年）。从党的十一届三中全会到十五大召开前，我国非公有制经济逐步恢复并在曲折中发展。这一时期，非公有制经济组织是党建工作的新领域，对在非公有制企业开展党的工作尚处争论之中，有关党组织在非公有制企业中的地位、职责、作用等更是没有形成系统的指导理论。(2)规范提高阶段(1998—2002年)。十五大后，非公有制经济在国民经济中的地位得到了前所未有的重视和肯定，非公有制经济得到了快速发展。这一时期，对于进一步加强非公有制企业党建工作统一了思想认识，明确了工作目标和指导方针。非公有制经济领域党的工作覆盖面迅速扩大，经过积极探索初步回答了党组织如何充分发挥工作等重要问题。(3)创新发展阶段(2003—2012年)。随着非公有制经济的快速发展，这一时期的党建工作也走上了法律化、制度化、规范化的轨道，但非公有制企业党组织覆盖面仍有待扩大，而且还有相当一部分非公有制企业党组织不能有效发挥作用。在党组织与企业管理层互动机制方面，还在探索党组织参与企业经营管理和重要决策的有效途径和方法。(4)深化发展阶段(2013年至今)。十八大以来，我国加大力度不断扩大非公有制经济党组织和党建工作的覆盖面。此外，成立企业党组织的要发挥实质性作用，按照全面从严治党要求加强非公有制企业党建工作。非公有制企业党组织和党员的作用得到了进一步的发挥，但党组织在企业中宣传党的路线方针政策、团结凝聚职工群众、维护各方合法权益、建设先进企业文化的有效途径和方法仍在实践探索中。

党章中明确规定"企业、农村、机关、学校、科研院所、街道、人民解放军连队和其他基层单位，凡是有正式党员三人以上的，都应当成立党的基层组织"。在民营企业中建立党组织是建设中国特色社会主义制度的必然要求，也为社会主义市场经济中企业长期健康发展提供了制度保障。2005年对《公司法》进行了修订，将原第十七条"公司中中国共产党基层组织的活动，依照中国共产党章程办理"修改为第十九条"在公司中，根据中国共产党章程的规定，设立中国共产党的组织，开展党的活动。公司应当为党组织的活动提供必要条件"。法律和党章的规定都为民营企业成立党组织并开展组织活动提供了依据。在条件具备的民营企业中建立党组织是大势所趋。《公司法》还为工会与职工代表大会开展工作提供了法律保障。工会与职工代表大会由党组织领导及其相互协调配合，更有助于发挥党组织的政治引领和文化引领作用。2012年颁布的《关于加强和改进非公有制企业党的建设工作的意见(试行)》是目前为止非公有制企业党建最权威的文件。文件明确了非公有制企业党组织的功能定位，阐释了党组织和党员发挥作用的有效途径。文件首次全面系统地对党组织的作用和职能作出了明确规定。

十八大以来，为贯彻落实全面从严治党的新要求，党中央高度重视非公有制企业党建工作。不仅要扩大非公有制企业党组织和党的工作覆盖面，而且要规范开展党建工作，切实发挥党组织的实质性作用，发挥党组织在企业发展中的政治引领和文化引领"两个作用"。十九大指出，党的基层组织是确保党的路线方针政策和决策部署贯彻落实的基础。要以提升组织力为重点，突出政治功能，把基层党组织建设成为宣传党的主张、贯彻党的决定、领导基层治理、团结动员群众、推动改革发展的坚强战斗堡垒。党支部要担负好直接职责，引导广大党员发挥先锋模范作用。加强基层党组织建设、扩大党组织覆盖面的同时，着力解决一些基层党组织弱化、虚化、边缘化问题。自十六大以来，非公有制企业党建工作走上了法律化、制度化、规范化的轨道。党组织在非公有制企业中的职责、地位、作用已明确。关键核心问题在于党组织能否有效融入企业经营管理活动之中，切实发挥其政治优势和文化优势，切实以促进非公有制企业长期健康发展为出发点，提升企业的公司治理水平，提高企业的经营业绩。

2.2 党组织嵌入与企业环境保护

在新古典经济学框架下，个体行为的原子化观点强调对自我利益的功利性追求。尤其是私营企业以个人利益或企业价值最大化为诉求，而相对忽视了其社会属性和可持续发展目标。在转型国家中，私营企业是国民经济的重要组成部分，并在社会、政治、文化中起到重要的作用。因而无法简单地将企业的行为决策与所处的社会环境割裂，经济行为是嵌入社会结构之中的（Granovetter，1985）。同时，随着产权保护的不断加强完善，民营企业的私有产权逐步得到保护；但转型中的正式制度与社会规范尚不健全，企业家在不违反法律的界限内追逐自身权益的极大化让企业逐步忽视了其社会属性。而在产权保护较弱的国家，企业存在建立政治联系替代产权保护的动机（Porta，2000）。因此，经济组织与政治组织之间存在着相互嵌入的现实。

在民营企业中建立党组织是经济组织与政治组织相互嵌入的具体表现。政治嵌入的内在表现是国家的政治制度、政治体制以及权力结构会影响组织的经济行为（Zukin & Dimaggio，1990）。党组织在民营企业中的政治嵌入影响激励了经济组织的行为，企业的经营活动更多地受到政治的引导和限制。将党组织嵌入民营企业的目标是发挥党组织的政治引领和文化引领作用。政治嵌入约束了个人或组织的短视化经济行为，深化了个人利益与集体、国家利益的相互融合。同时，作为对兼顾社会利益的有效补偿，政治嵌入有利于组织对外部资源的获得（杨玉波等，2014）。Li 等（2008）和叶建宏（2017）的研究均发现民营企业中党政背景有利于企业获得贷款及外部资源。通过企业党组织与上级和地方党组织建立网络联系，两个不同的网络之间形成了信息和资源的交集。这使民营企业能够更加及时地了解国家环保政策的转向，使党中央可以及时地了解基层贯彻污染防治战略的情况。

经济组织的行为同样受到社会文化环境的影响。民营企业中党组织的嵌入将社会主义核心价值观厚植于民营经济发展愿景中。营造和谐美丽共同发展的良好社会环境是社会主义共同的价值追求，也会对市场经济中经济主体的利益追求形成有效的弥补。文化嵌入性关注共有信念、价值观、传统习惯等对组织经济目标实现的影响（Zukin & Dimaggio，1990）。民营企业中党组织的文化引领作用旨在构建人与人、人与自然和谐共处的价值观念。Hagedoorn（2006）研究发现，处于不同社会文化环境的组织进行业务合作选择时有不同的倾向。这说明不同的文化价值观念确实影响组织的经济行为。梁建等（2010）利用中国私营企业调查数据研究发现民营企业中党组织的存在对企业慈善捐赠行为具有显著正向影响。这说明企业党建文化对企业社会责任行为具有促进作用。同样，企业加大环保投入也是履行应尽的社会义务，民营企业中党组织成立带来和谐文化的嵌入能促进环保责任的履行。

民营企业家对党建工作的认同形成强关系嵌入。不同组织之间相互学习彼此的知识，相互了解，相互依赖从而促进了不同组织之间信任的深化（Uzzi，1997）。民营企业积极建立党组织以及企业家对党建工作的认可加强了政党与非公组织之间的信任。强关系嵌入带来的积极治理效应有利于塑造共同的行为规范和获得社会认可，培育互利互惠以及长期合作意识，共同携手建立解决问题的制度安排(Rowley，2015)。地方党组织与民营企业强化联系有利于对地方经济发展中的环境保护问题形成共识。这种长期经济活动中形成的一定的群体思维和群体认识对于组织经济行为产生引导和限制。在地方党组织与民营企业之间存在环保执行信息不对称的情境下认知嵌入性促进了政策的执行。

综上所述，相对于没有党组织的民营企业，有党组织嵌入的民营企业在环境保护方面会投入更多。基于此，本文提出如下假设：

H：相比没有党组织的民营企业，有党组织嵌入的民营企业会增加环保方面的投入。

3. 研究设计

3.1 样本选取与数据来源

本文以 2010 年、2012 年全国私营企业抽样调查数据为样本，以问卷中设置的私营企业是否有党组织等相关信息检验党组织的嵌入对民营企业环保支出的影响。样本数据的选取主要基于以下考虑：一是金融危机之后大规模经济刺激政策导致持续产能过剩，造成对环境的严重破坏。以此期间的数据为样本能有效检验非公制企业中党组织对环保投入的影响。二是全国私营企业抽样调查数据全面、详细、准确地反映了私营企业基层党建情况。若以上市公司作为研究对象，不仅企业党建信息披露不充分，而且还可能存在样本选择性偏差。三是多数研究对象集中在国有企业和上市公司，而对民营企业党建工作以及非上市公司的研究应该更具有理论与实践价值。样本具体分布特征如下(见表1)：(1)制造业 3477 家，占比 37.01%；批发零售业 1725 家，占比 18.36%。(2)东部地区 5574 家，占比 57.55%；中部地区 2231 家，占比 23.03%；西部地区 1881 家，占比 19.42%。(3)独资企业 4282 家，占比 45.06%；有限责任公司 3723 家，占比 39.18%；股份有限公司 915 家，占比 9.63%；合伙企业 582 家，占比 6.13%。(4)创办 5 年内的企业 1797 家，占比 19.68%；创办 5 ~ 10 年的 3159 家，占比 34.59%；创办 10 ~ 20 年的 3827 家，占比 41.92%；创办 20 年以上的 349 家，占比 3.82%。(5)在工商联注册登记的 5645 家，占比 58.27%；在工商局注册登记的 4042 家，占比 41.73%。(6)2010 年调查的企业 4614 家，占比 47.63%；2012 年调查的企业 5073 家，占比 52.37%。总体上，私营企业集中在制造业、批发零售行业，东部地区超过半数，近一半的企业为独资企业，大多数企业创办时间超过 5 年。

表 1 样本分布情况

行业名称	公司数量	样本比例	分布情况	公司数量	样本比例
制造业	3477	37.01%	东部	5574	57.55%
批发零售	1725	18.36%	中部	2231	23.03%
农林牧渔	672	7.15%	西部	1881	19.42%
建筑业	636	6.77%	共计	9686	100%

行业名称	公司数量	样本比例	分布情况	公司数量	样本比例
信息服务	442	4.70%	独资企业	4282	45.06%
住宿餐饮	435	4.63%	有限责任公司	3723	39.18%
公共管理	362	3.85%	股份公司	915	9.63%
房地产	302	3.21%	合伙企业	582	6.13%
交通运输	297	3.16%	共计	9502	100%
采矿业	221	2.35%	创办5年内	1797	19.68%
租赁	196	2.09%	创办5~10年	3159	34.59%
居民服务	174	1.85%	创办10~20年	3827	41.92%
文化体育	102	1.09%	创办20年以上	349	3.82%
电力煤气水	101	1.08%	共计	9132	100%
科研技术	72	0.77%	在工商联注册登记	5645	58.27%
金融	56	0.60%	在工商局注册登记	4042	41.73%
卫生	51	0.54%	共计	9687	100%
教育	49	0.52%	2010年调查	4614	47.63%
公共设施	25	0.27%	2012年调查	5073	52.37%
共计	9395	100%	共计	9687	100%

3.2 模型建立与变量说明

依据理论分析与研究假设，本文主要建立以下模型检验民营企业中党组织嵌入对环保投入的影响。具体检验民营企业是否成立党组织、主要出资人在企业党委中任职对企业环保治理的影响。因此，本文选择两个因变量反映环保投入，分别为企业是否有治理污染投入（Fee_1）和企业是否有环保治污费（Fee_2）。自变量分别选择私营企业中是否有中共党组织（Party）和主要出资人是否在企业党委中任职（Committee）两个变量反映党组织嵌入程度。由于企业不同特征、处于不同行业和地区的企业环保投入可能存在差异，因此还设置了企业家性别、年龄、受教育程度、企业营业收入、企业创办年数、企业类型控制变量以及地区、年度和行业控制变量。基于此，建立了以下计量分析模型，详细的变量解释见表2。

$$Fee = \beta_0 + \beta_1 Party + \beta_2 Gender + \beta_3 Age + \beta_4 Education + \beta_5 Revenue + \beta_6 Establish + \beta_7 LTD +$$
$$\beta_8 Private + \beta_9 LLC + \beta_{10} East + \beta_{11} Middle + \sum Year + \sum Industry + \varepsilon \qquad (1)$$

表 2　　　　　　　　　　　　　　　　变 量 解 释

变量名称	变量符号	变量说明
治理污染投入	Fee$_1$	企业有治理污染投入设为1，否则为0
环保治污费	Fee$_2$	企业有环保治污费设为1，否则为0
是否有党组织	Party	企业中有无中共党组织，如成立了基层党组织则设为1，否则为0
是否在企业党委任职	Committee	企业主要出资人在企业党委任职设为1，否则为0
企业家性别	Gender	企业主要出资人性别，男性设为1，女性设为0
企业家年龄	Age	企业主要出资人的年龄
企业家受教育程度	Education	企业主要出资人文化程度为初中及以下设为0，高中、中专设为1，大专及以上设为2
营业收入	Revenue	企业的营业收入
企业创办年数	Establish	企业登记注册为私营企业的年数
有限责任公司	LTD	企业目前注册的类型是有限责任公司设为1，否则为0
私营企业	Private	企业目前注册的类型是私营企业设为1，否则为0
股份有限公司	LLC	企业目前注册的类型是股份有限公司设为1，否则为0
东部地区	East	企业所在地邮政编码为东部地区设为1，否则为0
中部地区	Middle	企业所在地邮政编码为中部地区设为1，否则为0
年度	Year	选择2010年、2012年的调查数据，2012年设为1，否则为0
行业	Industry	按照问卷涉及的19个行业分类设置18个虚拟变量

4. 实证结果及分析

4.1　描述性统计

表3报告了主要变量的描述性统计结果。共有8666家私营企业填写了治理污染投入信息，有8531家私营企业填写了环保治污费信息。观测样本中有33.5%的私营企业有治理污染投入，35.6%的企业有环保治污费。共有9038家私营企业填写了是否存在党组织，有9006家私营企业填写了主要出资人党委任职信息。观测样本中31.4%的私营企业中有中共党组织存在，15.5%的企业主要出资人在企业党委中任党委书记、副书记或委员。观测样本中83.9%的私营企业主要出资人为男性。企业主要出资人平均年龄为46岁，最小

16 岁,最大 93 岁。企业主要出资人学历多为大专及以上学历。企业年平均营业收入 11744 万元,最小 0 元,最大 6760000 万元。样本企业平均创办年数为 9.41 年,最短 0 年,最长 24 年。

表3 主要变量描述性统计

变量	均值	中值	最小值	25%	75%	最大值	标准差	观测值
Fee_1	0.335	0	0	0	1	1	0.472	8666
Fee_2	0.356	0	0	0	1	1	0.479	8531
Party	0.314	0	0	0	1	1	0.464	9038
Committee	0.155	0	0	0	0	1	0.362	9006
Gender	0.839	1	0	1	1	1	0.367	9638
Age	45.928	46	16	40	52	93	8.901	9559
Education	1.536	2	0	1	2	2	0.667	9504
Revenue	11744	900	0	130	4658	6760000	115845	8904
Establish	9.407	9	0	5	13	24	5.076	9132

4.2 相关性分析

表4报告了主要变量的相关性分析结果。首先,私营企业是否有治理污染投入(Fee_1)、是否有环保治污费(Fee_2)两个变量与有无中共党组织(Party)变量之间呈现显著正相关关系。私营企业中有党组织的存在会增加企业治理污染投入和环保治污费,符合预期。其次,Fee_1 和 Fee_2 两个变量与私营企业主要出资人是否在企业党委中任职(Committee)变量呈现显著正相关关系。主要出资人在企业党委中任职也会增加企业治理污染投入和环保治污费,与预期一致。Fee_1 与 Fee_2 两个变量之间高度正相关。其余变量的相关性分析结果见表4。相关性分析结果与本文理论分析和研究假设一致。

表4 变量相关性分析

	Fee_1	Fee_2	Party	Committee	Gender	Age	Education	Revenue	Establish
Fee_1		0.642***	0.256***	0.153***	0.093***	0.103***	0.021***	0.334***	0.177***
Fee_2	0.642***		0.234***	0.139***	0.061***	0.107***	0.009	0.303***	0.164***
Party	0.256***	0.234***		0.520***	0.119***	0.211***	0.154***	0.492***	0.266***
Committee	0.153***	0.139***	0.520***		0.111***	0.214***	0.128***	0.301***	0.164***
Gender	0.093***	0.061***	0.119***	0.111***		0.092***	-0.008	0.151***	0.097***
Age	0.097***	0.105***	0.203***	0.204***	0.086***		-0.138***	0.220***	0.313***

	Fee$_1$	Fee$_2$	Party	Committee	Gender	Age	Education	Revenue	Establish
Education	0.027*	0.014	0.148***	0.121***	−0.013	−0.142***		0.164***	0.045***
Revenue	0.050***	0.030**	0.075***	0.046***	0.012	0.023	0.035**		0.385***
Establish	0.175***	0.160***	0.251***	0.156***	0.093***	0.296***	0.032**	0.074***	

注：下三角为 Pearson 相关系数，上三角为 Spearman 相关系数，***，**，* 分别表示显著性水平为 1%，5%，10%。

4.3 单变量分析

将私营企业调查样本按是否有中共党组织、企业主要出资人是否在党委中任职分为两组进行单变量分析，结果见表 5。在有中共党组织的私营企业中，51.82% 的企业有治理污染投入、52.28% 的企业有环保治污费。而在没有中共党组织的私营企业中，仅有 26.48% 的企业有治理污染投入、29.27% 的企业有环保治污费。并且，在有无中共党组织的两组样本中，企业是否有治理污染投入（Fee$_1$）、是否有环保治污费（Fee$_2$）经均值 T 检验以及中值 Z 检验存在显著差异。在主要出资人在党委中任职的私营企业中，49.57% 的企业有治理污染投入、49.92% 的企业有环保治污费。而主要出资人没有在党委中任职的私营企业中，30.38% 的企业有治理污染投入、32.75% 的企业有环保治污费。单变量分析结果与相关性分析结果一致，也支持了本文提出的研究假设。

表 5　　　　　　　　　　　　　　单变量分析

	Party = 1			Party = 0			T 值	Z 值
	均值	中值	观测值	均值	中值	观测值		
Fee$_1$	0.5182	1	2559	0.2648	0	5571	23.05***	22.33***
Fee$_2$	0.5228	1	2504	0.2927	0	5500	20.33***	19.82***
	Committee = 1			Committee = 0			T 值	Z 值
	均值	中值	观测值	均值	中值	观测值		
Fee$_1$	0.4957	0	1287	0.3038	0	6810	13.53***	13.38***
Fee$_2$	0.4992	0	1270	0.3275	0	6712	11.83***	11.73***

注：***，**，* 分别表示显著性水平为 1%，5%，10%。

4.4 回归分析

表 6 报告了私营企业中有无中共党组织对企业是否有治理污染投入和环保治污费的影响的 OLS 回归分析结果。表 6 中模型（1）和（2）的回归分析结果显示 Party 回归系数在 1% 水平上显著为正，这说明有党组织的私营企业治理污染投入比例较高。同样，表 6 中模型

（3）和（4）的回归分析结果显示 Party 变量回归系数也在 1% 水平上显著为正，这说明有党组织的私营企业中环保治污费的比例较高。表 6 中的回归分析结果与单变量分析、相关性分析结果一致，实证了本文提出的研究假设。控制变量中，企业主要出资人为男性治理污染投入的比例更大。企业主要出资人年龄越大，有环保治污费的比例越大。Education 变量回归系数显著为负，说明企业主要出资人学历越低，企业治理污染投入的比例越大、有环保治污费的比例越大。Ln(Revenue)、Establish 变量回归系数显著为正，说明企业营业收入越大、注册成立时间越长，企业治理污染投入的比例越大、有环保治污费的比例越大。LTD 变量回归系数显著为负，说明有限责任公司治理污染投入的比例更小、有环保治污费的比例更小。此外，股份有限公司治理污染投入的比例更小，东部地区企业治理污染投入的比例更大、有环保治污费的比例更大。后文控制变量的回归分析结果基本一致，不再赘述。

表 6　　　　　　是否成立党组织对环保投入的影响：OLS 回归分析

变量	因变量：Fee_1		因变量：Fee_2	
	模型（1）	模型（2）	模型（3）	模型（4）
Constant	-0.200^{***}	-0.236^{***}	-0.127^{***}	-0.159^{*}
	(0.044)	(0.086)	(0.046)	(0.092)
Party	0.155^{***}	0.149^{***}	0.138^{***}	0.135^{***}
	(0.014)	(0.014)	(0.014)	(0.014)
Gender	0.049^{***}	0.046^{***}	0.022	0.021
	(0.014)	(0.014)	(0.015)	(0.015)
Age	0.001	0.001	0.001^{**}	0.001^{**}
	(0.001)	(0.001)	(0.001)	(0.001)
Education	-0.020^{**}	-0.021^{**}	-0.028^{*}	-0.029^{***}
	(0.008)	(0.009)	(0.009)	(0.009)
Ln(Revenue)	0.027^{***}	0.027^{***}	0.027^{***}	0.026^{***}
	(0.002)	(0.002)	(0.002)	(0.002)
Establish	0.006^{***}	0.006^{***}	0.007^{***}	0.007^{***}
	(0.001)	(0.001)	(0.001)	(0.001)
LTD	-0.093^{***}	-0.091^{***}	-0.101^{***}	-0.104^{***}
	(0.027)	(0.027)	(0.028)	(0.028)
Private	0.006	0.012	-0.014	-0.011
	(0.025)	(0.025)	(0.025)	(0.025)

变量	因变量: Fee₁		因变量: Fee₂	
	模型(1)	模型(2)	模型(3)	模型(4)
LLC	0.049*	0.056*	−0.001	0.002
	(0.029)	(0.030)	(0.030)	(0.030)
East	−0.041***	−0.040***	−0.063***	−0.062***
	(0.014)	(0.015)	(0.015)	(0.015)
Middle	−0.023	−0.020	−0.008	−0.005
	(0.016)	(0.017)	(0.017)	(0.017)
Year	0.068***	0.069***	0.036*	0.039*
	(0.020)	(0.021)	(0.020)	(0.021)
行业		控制		控制
R-squared	0.111	0.115	0.097	0.098
F	73.57***	37.47***	79.43***	31.37***
N	7087	7000	6997	6913

注: ***, **, *分别表示显著性水平为1%、5%、10%, 括号内为 robust standard errors。

表 7 使用 logit 回归检验有无中共党组织对企业是否有治理污染投入以及环保治污费的影响。模型(1)和(2)中 Party 回归系数依然在 1% 水平上显著为正, 模型(3)和(4)中 Party 变量回归系数的符号也未改变。表 7 的 logit 回归结果与表 6 的 OLS 回归结果基本一致, 进一步验证了本文提出的研究假设。

表 7 　　　　　　　**是否成立党组织对环保投入的影响: logit 回归分析**

变量	因变量: Fee₁		因变量: Fee₂	
	模型(1)	模型(2)	模型(3)	模型(4)
Constant	−4.358***	−4.718***	−3.674***	−3.967***
	(−15.770)	(−10.754)	(−13.933)	(−9.058)
Party	0.550***	0.538***	0.491***	0.492***
	(8.906)	(8.620)	(7.997)	(7.921)
Gender	0.225***	0.220***	0.077	0.079
	(2.813)	(2.719)	(1.008)	(1.030)
Age	0.002	0.002	0.006*	0.006*
	(0.647)	(0.572)	(1.804)	(1.795)

变量	因变量：Fee₁		因变量：Fee₂	
	模型（1）	模型（2）	模型（3）	模型（4）
Education	−0.142***	−0.141***	−0.162***	−0.162***
	（−3.356）	（−3.283）	（−3.918）	（−3.876）
Ln（Revenue）	0.210***	0.206***	0.185***	0.181***
	（15.441）	（14.473）	（14.429）	（13.489）
Establish	0.026***	0.026***	0.029***	0.029***
	（4.460）	（4.344）	（5.060）	（4.869）
LTD	−0.512***	−0.491***	−0.527***	−0.531***
	（−3.907）	（−3.683）	（−4.114）	（−4.098）
Private	0.006	0.036	−0.084	−0.073
	（0.051）	（0.294）	（−0.732）	（−0.626）
LLC	0.133	0.179	−0.080	−0.058
	（0.963）	（1.271）	（−0.595）	（−0.425）
East	−0.218***	−0.212***	−0.315***	−0.306***
	（−3.050）	（−2.933）	（−4.492）	（−4.327）
Middle	−0.100	−0.09	−0.025	−0.011
	（−1.200）	（−1.073）	（−0.306）	（−0.135）
Year	0.317***	0.309***	0.166*	0.168*
	（3.485）	（3.264）	（1.842）	（1.803）
行业		控制		控制
pseudo R-squared	0.098	0.100	0.082	0.082
LR chi²	892.63***	901.73***	759.54***	751.32***
N	7087	7000	6997	6913

注：***，**，*分别表示显著性水平为1%、5%、10%，括号内为 t 值。

5. 进一步检验

5.1 企业出资人党委任职的影响

在企业高管和党组成员"双向进入、交叉任职"制度下，企业主要出资人可以进入企业党委中任职，使得党组织对治理机制以及经营决策产生重要影响。一般情况下，企业主要出资人兼任企业党委书记或副书记。如果企业党委会议中有主要出资人参与，或经营决策过程中企业党委成员也参与其中，那么企业高管和党组成员之间可以充分加强沟通。因此，企业主要出资人在党委中任职将更进一步地影响企业的环保投入决策。表 8 报告了企业主要出资人是否在党委中任职对企业治理污染投入 Fee_1、环保治污费 Fee_2 的影响。模型(1)(2)(3)(4)中 Committee 变量的回归系数均显著为正。与企业是否有党组织对环保投入的影响一致，企业主要出资人在党委中任职增加了企业治理污染投入和环保治污费。研究从私营企业是否有党组织以及主要出资人在党委中任职的角度证实党组织的嵌入对企业环保投入具有显著正向影响，也从企业社会责任承担视角证实了党组织嵌入的积极作用。

表 8　　　　　主要出资人进入企业党委对环保投入的影响：logit 回归分析

变量	因变量：Fee_1		因变量：Fee_2	
	模型(1)	模型(2)	模型(3)	模型(4)
Constant	−4.980***	−5.477***	−4.300***	−4.789***
	(−18.214)	(−12.053)	(−16.432)	(−10.555)
Committee	0.329***	0.313***	0.296***	0.280***
	(4.524)	(4.254)	(4.073)	(3.815)
Gender	0.264***	0.264***	0.109	0.115
	(3.281)	(3.241)	(1.429)	(1.501)
Age	0.002	0.002	0.006*	0.006*
	(0.617)	(0.509)	(1.933)	(1.927)
Education	−0.100**	−0.100**	−0.125***	−0.124***
	(−2.378)	(−2.349)	(−3.028)	(−2.989)
Ln(Revenue)	0.252***	0.249***	0.223***	0.220***
	(18.976)	(17.751)	(17.624)	(16.482)
Establish	0.031***	0.031***	0.032***	0.031***
	(5.272)	(5.108)	(5.510)	(5.272)
LTD	−0.444***	−0.428***	−0.487***	−0.497***
	(−3.367)	(−3.192)	(−3.764)	(−3.807)
Private	−0.058	−0.038	−0.086	−0.09
	(−0.487)	(−0.312)	(−0.750)	(−0.772)

变量	因变量：Fee₁		因变量：Fee₂	
	模型（1）	模型（2）	模型（3）	模型（4）
LLC	0.083	0.123	−0.101	−0.087
	（0.592）	（0.867）	（−0.740）	（−0.631）
East	−0.225***	−0.212***	−0.291***	−0.279***
	（−3.126）	（−2.913）	（−4.122）	（−3.918）
Middle	−0.093	−0.080	−0.021	−0.006
	（−1.105）	（−0.946）	（−0.256）	（−0.078）
Year	0.177**	0.168*	0.096	0.089
	（2.032）	（1.844）	（1.114）	（0.995）
行业	控制	控制	控制	控制
pseudo R-squared	0.095	0.097	0.081	0.081
LR chi²	860.75***	868.63***	744.14***	735.54***
N	7048	6961	6966	6881

注：***，**，*分别表示显著性水平为1%，5%，10%，括号内为t值。

5.2 企业出资人身份的调节效应

私营企业主要出资人如果具有人大代表或政协委员等政治身份，预计党组织的嵌入更能有效地发挥治理作用。具有政治关联的企业家更加积极主动地贯彻国家战略方针政策，能够落实企业基层党建工作，发挥党组织政治引领和文化引领的实质性作用。因此，预计私营企业主要出资人具有人大代表或政协委员身份能显著增强党组织对环保投入的影响。在前文计量模型中加入一个 Consultative 变量反映企业出资人是否具有人大代表或政协委员身份。若是人大代表或政协委员，Consultative 取值1，否则取值0。表9报告了主要出资人的人大代表、政协委员身份在党组织对环保投入中的调节作用。模型（1）（3）中 Party 变量的回归系数与前述一致，Party 变量与出资人身份变量 Consultative 的交乘项的回归系数显著为正，说明出资人人大代表、政协委员身份在党组织对环保投入的影响中发挥显著的正向调节作用。模型（2）（4）中 Committee 变量的回归系数为负，但不显著。Committee 变量与出资人身份变量 Consultative 的交乘项的回归系数则显著为正。出资人人大代表、政协委员身份在出资人党委任职对环保投入的影响中发挥显著的正向调节作用。调节效应结果表明，出资人具有政治关系能有效促进党组织作用的发挥。

变量	因变量：Fee$_1$		因变量：Fee$_2$	
	模型（1）	模型（2）	模型（3）	模型（4）
Constant	−4.732***	−5.481***	−3.948***	−4.767***
	（−10.263）	（−11.446）	（−8.629）	（−10.056）
Party	0.400***		0.329***	
	（4.263）		（3.511）	
Party×Consultative	0.222**		0.250**	
	（2.220）		（2.489）	
Committee		−0.001		−0.008
		（−0.004）		（−0.063）
Committee× Consultative		0.438***		0.421***
		（3.139）		（3.032）
Gender	0.249***	0.302***	0.070	0.109
	（2.936）	（3.535）	（0.866）	（1.360）
Age	0.001	0.001	0.006*	0.007*
	（0.387）	（0.319）	（1.870）	（1.898）
Education	−0.121***	−0.079*	−0.156***	−0.118***
	（−2.714）	（−1.783）	（−3.572）	（−2.736）
Ln（Revenue）	0.209***	0.253***	0.184***	0.225***
	（14.028）	（17.294）	（13.100）	（16.079）
Establish	0.024***	0.030***	0.027***	0.031***
	（3.907）	（4.785）	（4.404）	（5.027）
LTD	−0.447***	−0.375***	−0.571***	−0.516***
	（−3.199）	（−2.679）	（−4.224）	（−3.796）
Private	0.069	0.012	−0.091	−0.095
	（0.531）	（0.091）	（−0.734）	（−0.763）
LLC	0.189	0.153	−0.109	−0.124
	（1.271）	（1.025）	（−0.760）	（−0.853）
East	−0.184**	−0.191**	−0.281***	−0.264***
	（−2.431）	（−2.519）	（−3.794）	（−3.552）
Middle	−0.103	−0.099	0.013	0.006
	（−1.161）	（−1.112）	−0.153	−0.071

表9　　　　　　　　　　主要出资人人大、政协身份的调节效应：logit 回归分析

37

变量	因变量：Fee₁		因变量：Fee₂	
	模型（1）	模型（2）	模型（3）	模型（4）
Year	0.323***	0.194**	0.202**	0.117
	(3.304)	(2.070)	(2.097)	(1.271)
行业	控制	控制	控制	控制
pseudo R-squared	0.104	0.102	0.087	0.086
LR chi²	876.23***	851.11***	737.65***	728.04***
N	6502	6475	6427	6405

注：***，**，*分别表示显著性水平为1%、5%、10%，括号内为t值。

5.3 企业出资人权威的调节效应

企业重大决策或日常管理由出资人做出，体现了出资人在企业管理中的权威。民营企业所有权与经营权的高度一致不利于现代企业制度作用的发挥。企业经营管理中依赖于企业家的权威，无法发挥职业经理人的人才优势。企业重大决策或日常管理由出资人做出预计对环保投入发挥负向调节作用。表10中Authority变量表示企业的重大决策或日常管理是否由企业主要出资人做出，若是则Authority变量设为1，否则设为0。表10报告的结果显示，模型（1）（2）中Party变量与Authority变量的交乘项的回归系数显著为负，说明出资人权威在党组织对环保投入的影响中发挥显著的负向调节作用。模型（3）（4）中Committee变量与Authority变量的交乘项的回归系数也为负，但不显著。出资人权威在党委任职对环保投入的影响中发挥显著的负向调节作用。研究结果部分说明，企业重大决策或日常管理由出资人做出存在抑制企业党组织作用于环保投入的可能。

表10　　　　　　　　　　**主要出资人权威的调节效应：logit回归分析**

变量	因变量：Fee₁		因变量：Fee₂	
	模型（1）	模型（2）	模型（3）	模型（4）
Constant	−4.690***	−3.929***	−5.422***	−4.715***
	(−10.426)	(−8.729)	(−11.587)	(−10.083)
Party	0.651***	0.589***		
	(8.274)	(7.513)		
Party×Authority	−0.205**	−0.180**		
	(−2.318)	(−2.031)		
Committee			0.417***	0.381***
			(4.088)	(3.749)

变量	因变量：Fee_1		因变量：Fee_2	
	模型（1）	模型（2）	模型（3）	模型（4）
Committee×Authority			−0.202	−0.184
			（−1.603）	（−1.462）
Gender	0.219***	0.074	0.261***	0.108
	（2.669）	（0.958）	（3.165）	（1.392）
Age	0.001	0.006*	0.001	0.006*
	（0.383）	（1.671）	（0.234）	（1.708）
Education	−0.148***	−0.162***	−0.109**	−0.125***
	（−3.427）	（−3.838）	（−2.526）	（−2.974）
Ln（Revenue）	0.208***	0.182***	0.253***	0.223***
	（14.404）	（13.377）	（17.786）	（16.427）
Establish	0.026***	0.029***	0.031***	0.032***
	（4.280）	（4.870）	（5.084）	（5.309）
LTD	−0.451***	−0.485***	−0.397***	−0.460***
	（−3.340）	（−3.695）	（−2.921）	（−3.472）
Private	0.076	−0.026	−0.01	−0.053
	（0.608）	（−0.219）	（−0.077）	（−0.445）
LLC	0.255*	0.009	0.191	−0.029
	（1.785）	（0.066）	（1.321）	（−0.208）
East	−0.208***	−0.311***	−0.215***	−0.290***
	（−2.838）	（−4.335）	（−2.911）	（−4.016）
Middle	−0.075	−0.001	−0.062	0.006
	（−0.885）	（−0.017）	（−0.718）	（−0.069）
Year	0.313***	0.179*	0.172*	0.101
	（3.288）	（1.904）	（1.864）	（1.115）
行业	控制	控制	控制	控制
pseudo R-squared	0.103	0.085	0.100	0.084
LR chi^2	916.85***	759.60***	878.02***	740.43***
N	6870	6786	6817	6740

注：***，**，*分别表示显著性水平为1%，5%，10%，括号内为t值。

5.4　企业中群众组织的调节效应

企业中除了存在中共党组织，还有群众组织如工会、职工代表大会也可能会影响党组织作用于环保投入。工会、职工代表大会与党组织旨在维护各方合法权益，构建和谐稳定的劳资关系，促进企业长期健康发展。此外，工会、职工代表大会在党组织的领导下相互协作更有助于党组织作用的有效发挥。因此，预计工会、职工代表大会的建立在党组织对环保投入的影响中发挥正向调节作用。表 11 中设置了 Polity 变量表示企业是否有工会、职工代表大会，若有则取值为 1，否则为 0。表 11 中的结果显示，模型（1）（2）中 Party 变量与 Polity 变量的交乘项的回归系数显著为正，说明私营企业中有工会、职工代表大会在党组织对环保投入的影响中发挥显著的正向调节作用。模型（3）（4）中 Committee 变量与 Polity 变量的交乘项的回归系数也显著为正。工会、职工代表大会在党委任职对环保投入的影响中发挥显著的正向调节作用。回归结果显示，工会、职工代表大会有助于党组织嵌入作用的发挥。

表 11　　　　　　　　　企业政治组织的调节效应：logit 回归分析

变量	因变量：Fee$_1$		因变量：Fee$_2$	
	模型（1）	模型（2）	模型（3）	模型（4）
Constant	−4.532***	−3.854***	−5.311***	−4.720***
	（−9.830）	（−8.330）	（−11.103）	（−9.847）
Party	−0.165	−0.129		
	（−0.957）	（−0.753）		
Party×Polity	0.286***	0.254***		
	（4.272）	（3.806）		
Committee			−0.154	−0.137
			（−0.916）	（−0.828）
Committee×Polity			0.207***	0.185***
			（3.008）	（2.721）
Gender	0.177**	0.042	0.230***	0.088
	（2.102）	（0.522）	（2.721）	（1.094）
Age	0.001	0.005	0.001	0.006*
	（0.188）	（1.522）	（0.163）	（1.702）
Education	−0.135***	−0.150***	−0.089**	−0.107**
	（−3.000）	（−3.396）	（−1.983）	（−2.445）

变量	因变量：Fee₁		因变量：Fee₂	
	模型（1）	模型（2）	模型（3）	模型（4）
Ln（Revenue）	0.204***	0.184***	0.248***	0.224***
	（13.716）	（12.998）	（16.824）	（15.852）
Establish	0.025***	0.026***	0.031***	0.029***
	（4.013）	（4.195）	（4.844）	（4.651）
LTD	−0.480***	−0.550***	−0.423***	−0.521***
	（−3.470）	（−4.090）	（−3.043）	（−3.839）
Private	0.047	−0.103	−0.037	−0.122
	（0.364）	（−0.817）	（−0.286）	（−0.973）
LLC	0.200	−0.071	0.127	−0.111
	（1.360）	（−0.492）	（0.857）	（−0.763）
East	−0.188**	−0.290***	−0.186**	−0.257***
	（−2.508）	（−3.927）	（−2.468）	（−3.459）
Middle	−0.072	0.007	−0.057	0.017
	（−0.819）	（0.078）	（−0.641）	（0.194）
Year	0.303***	0.177*	0.165*	0.103
	（3.104）	（1.832）	（1.747）	（1.105）
行业	控制	控制	控制	控制
pseudo R-squared	0.101	0.086	0.099	0.085
LR chi²	845.83***	721.78***	814.87***	707.25***
N	6413	6323	6374	6291

注：***，**，*分别表示显著性水平为1%，5%，10%，括号内为 t 值。

5.5 内生性与稳健性

党组织嵌入对民营企业环保投入的影响难以反向传导。一是民营企业是否建立党组织取决于企业党员职工的人数。根据党章，凡是有正式党员三人以上的，都应当成立党的基层组织。因此，企业是否成立党组织与企业环保投入无关。二是企业规模越大可能环保投入越多，但企业规模与环保投入之间也并非一定存在线性关系。三是民营企业是否建立党组织与地方基层党建政策有关。民营经济发达的地区，更加重视地方基层党建工作。基于此，我们认为，企业环保投入影响党组织的嵌入缺少理论和经验支撑。本文因变量与自变量之间不会存在严重的内生性关系。本文进行了如下稳健性测试：(1)以企业主要出资人是否为党员替代自变量进行回归，结果与 Party 和 Committee 变量一致；(2)以治理污染投入以及环保治污费经企业规模平减后作为因变量，回归结果不变；(3)剔除调查中的缺失数据后重新回归结果保持不变；(4)将样本按调查年份分为 2010 年和 2012 年两组分别回归，两组回归结果保持一致。基于此，我们认为民营企业党组织嵌入对环保投入的影响是稳健的。

6. 研究结论

民营企业中党组织嵌入影响企业社会责任行为吗？本文从企业环保投入视角检验民营企业党组织嵌入对治理污染投入以及环保治污费的影响。利用全国私营企业调查数据实证检验发现：(1)成立党组织的私营企业显著增加了企业治理污染投入以及环保治污费；(2)私营企业主要出资人在党委中任职与党组织存在的作用一致，显著增加了企业治理污染投入以及环保治污费；(3)私营企业主要出资人具有人大代表或政协委员身份在出资人党委任职对环保投入的影响中具有显著的正向调节作用；(4)私营企业重大决策或日常管理由出资人做出在党组织嵌入对环保投入的影响中具有显著的负向调节作用；(5)私营企业中存在工会、职工代表大会在党组织嵌入对环保投入的影响中具有显著的正向调节作用。研究结果表明，从企业环境保护视角来看，民营企业中党组织嵌入推动了企业践行社会责任，维护了利益相关者权益，缓解了企业与社会和自然之间的矛盾。本文为民营企业中党组织存在的积极作用提供了直接经验证据，丰富了党组织治理相关研究文献，为加强和改进非公有制经济党建工作提供了借鉴。

本文研究的主要启示有：(1)民营企业中党组织嵌入有助于企业环保投入的增加。因此，以企业长期利益为出发点推进企业基层党建工作能够实现两个方面目标的有效融合。不仅推进了非公有制企业党建工作，而且实现了企业长期健康发展；(2)企业党建工作是对现代企业制度的有效弥补，避免了短期利益化倾向。党组织嵌入不仅需要关注党建理论的发展而且需要关注公司治理理论的进展，并积极推广实践工作中好的经验与做法；(3)党组织作用的发挥与企业和出资人的特征密切相关，需要充分调动企业家党建工作的积极性以及营造企业长远发展的集体主义文化，为党组织有效嵌入企业经营决策之中提供良好的组织氛围。

本文可能的不足之处在于：(1)民营企业中党组织嵌入对企业环保投入影响的内在机理与路径尚缺乏进一步检验。未来可探析党组织嵌入对企业章程、治理结构、企业决策等的影响；(2)囿于数据限制，无法检验民营企业成立党组织前后的环保投入变化。在控制其他可能的潜在因素干扰下，可以尝试利用配对样本对比分析有无党组织嵌入的民营企业环保投入差异。

◎ 参考文献

[1]程海艳,李明辉,王宇.党组织参与治理对国有上市公司盈余管理的影响[J].中国经济问题,2020(2).

[2]陈仕华,卢昌崇.国有企业党组织的治理参与能够有效抑制并购中的"国有资产流失"吗?[J].管理世界,2014(5).

[3]崔兵.党组织参与国有企业治理对环境信息披露的影响研究[D].东北财经大学,2015.

[4]梁建,陈爽英,盖庆恩.民营企业的政治参与、治理结构与慈善捐赠[J].管理世界,2010(7).

[5]柳学信,孔晓旭,王凯.国有企业党组织治理与董事会异议——基于上市公司董事会决议投票的证据[J].管理世界,2020(5).

[6]龙小宁,杨进.党组织、工人福利和企业绩效:来自中国民营企业的证据[J].经济学报,2014(2).

[7]罗峰.社会组织的发展与执政党的组织嵌入:政党权威重塑的社会视角[J].中共浙江省委党校学报,2009(4).

[8]马连福,王元芳,沈小秀.国有企业党组织治理、冗余雇员与高管薪酬契约[J].管理世界,2013(5).

[9]马连福,王元芳,沈小秀.中国国有企业党组织治理效应研究——基于"内部人控制"的视角[J].中国工业经济,2012(8).

[10]孙柏瑛,邓顺平.以执政党为核心的基层社会治理机制研究[J].教学与研究,2015,49(1).

[11]王舒扬,吴蕊,高旭东,等.民营企业党组织治理参与对企业绿色行为的影响[J].经济管理,2019(8).

[12]王彦玲.国有企业监事会中心治理架构与廉政防控[J].理论与改革,2014(5).

[13]王元芳,马连福.国有企业党组织能降低代理成本吗?——基于"内部人控制"的视角[J].管理评论,2014,26(10).

[14]徐光伟,李剑桥,刘星.党组织嵌入对民营企业社会责任投入的影响研究——基于私营企业调查数据的分析[J].软科学,2019(8).

[15]严若森,吏林山.党组织参与公司治理对国企高管隐性腐败的影响[J].南开学报(哲学社会科学版),2019(1).

[16]杨玉波,李备友,李守伟.嵌入性理论研究综述:基于普遍联系的视角[J].山东社会科学,2014(3).

[17]叶建宏.民企党组织参与公司治理:获取外部资源还是提升内部效率?[J].当代经济管理,2017(9).

[18]于连超，张卫国，毕茜. 党组织嵌入与企业环境信息披露[J]. 江西财经大学学报，2019(2).

[19]郑登津，谢德仁. 非公有制企业党组织与企业捐赠[J]. 金融研究，2019(9).

[20]Chang, E. C. , Wong, S. M. L. Political control and performance in China's listed firms[J]. *Journal of Comparative Economics*, 2004, 32(4).

[21]Dong, Z. , Luo, Z. , Wei, X. Social insurance with Chinese characteristics: the role of communist party in private firms[J]. *China Economic Review*, 2016(37).

[22]Granovetter, M. Economic action and social structure: the problem of embeddedness[J]. *American Journal of Sociology*, 1985, 91(3).

[23] Hagedoorn, J. Understanding the cross-level embeddedness of interfirm partnership formation[J]. *Academy of Management Review*, 2006, 31(3).

[24] Li, H. , Meng, L. , Wang, Q. , et al. Political connections, financing and firm performance: evidence from Chinese private firms[J]. *Journal of Development Economics*, 2008, 87(2).

[25]Porta, R. L. , Lopez-De-Silanes, F. , Shleifer, A. , et al. Investor protection and corporate governance[J]. *Journal of Financial Economics*, 2000, 58(1-2).

[26]Rowley, T. , Behrens, D. , Krackhardt, D. Redundant governance structures: an analysis of structural and relational embeddedness in the steel and semiconductor industries [J]. *Strategic Management Journal*, 2015, 21(3).

[27] Uzzi, B. Social structure and competition in interfirm networks: the paradox of embeddedness[J]. *Administrative Science Quarterly*, 1997, 42(1).

[28]Zukin, S. , Dimaggio, P. *Structures of capital: The social organization of the economy*[M]. New York: Cambridge University Press, 1990.

Party Organization Embedding and Environmental Protection Investment of Private Enterprises
— An Empirical Test of Private Enterprise Survey Data

Xu Guangwei[1,2]　　Li Jianqiao[3]　　Liu Xing[4]

(1, 3 Business School, Changzhou University, Changzhou 213164; 2 Postdoctoral Station for Business Administration, Shanghai University of Finance Economics, Shanghai 200433; 4 School of Economics and Business Administration, Chongqing University, Chongqing 400030)

Abstract: Does the party organization embedding the private enterprise influence corporate social responsibility behavior? From the perspective of environmental protection, we examine the impact of the establishment of Party organization and investor appointed in the Party committees on environmental protection using the survey data of the national private enterprises. The establishment of private organization in the private enterprise has significantly increased pollution control investment or environmental pollution control fees. The investor appointed in the Party committees also has significantly increased pollution control investment or environmental pollution control fees. The investor has the political identity of the NPC or CPPCC, the important decision-making of the enterprise making by the investor, and the trade union workers' congress in the enterprise play a significant regulatory role. The study confirms the positive role of party organization in private enterprises from the perspective of corporate environmental protection, enriches the research literature on party organization governance with local characteristics, and provides a meaningful reference for strengthening and improving the party construction work of non-public economy.

Key words: Party Organization; Organization Embeddedness; Environmental Protection; Private Enterprise

专业主编：陈立敏

领导工作场所孤独感对接纳建议的影响[*]

——一个竞争性假设

● 张光磊[1]　马　荣[2]　董　悦[3]　罗文豪[4]

（1，2，3 武汉理工大学管理学院　武汉　430000；
4 北方工业大学经济管理学院　北京　100144）

【摘　要】工作场所是人们实现自我价值，获取情感与人际满足的重要场所。孤独感作为工作场所中的一种重要情感体验，时刻影响着人们的行为与工作表现。既有研究关于工作场所孤独感的后效作用是积极还是消极的却呈现不一样的结果，本文尝试将社会交换的情感理论和归属调节模型引入领导工作场所孤独感对其接纳建议行为的影响研究中，提出竞争性假设，并进一步根据社会判断研究提出满足其关系的边界调节。通过实验研究和实证研究进行假设验证，结果表明领导工作场所孤独感对接纳建议有显著负向影响；下属的友善和能力在领导工作场所孤独感与接纳建议行为之间起调节作用。本研究还讨论了其中的理论与实际应用价值。

【关键词】领导工作场所孤独感　接纳建议行为　下属友善　下属能力

中图分类号：F272.92　　　　文献标识码：A

1. 引言

　　孤独，即当情感需求与社交需求得不到满足时产生的复杂情绪，是一种令人沮丧的心理状态（Cooper & Quick，2003）。研究表明，孤独个体在社交网络中难以与他人有情感上的联系，并不容易体验到亲密感和归属感（McWhirter，1990）。个体有天生想要形成社会联系和相互关爱承诺的驱动力，当这些社会联系被切断时，会对人产生不利的影响（Baumeister & Leary，1995）。随着科技的发展和社交媒体的出现，人们有更多远程工作的

　　* 基金项目：国家自然科学基金"脏工作如何不脏？中国情境下肮脏工作的内涵结构、作用机制及干预策略研究"（项目批准号：71972149）；武汉理工大学自主创新研究"宁愿一人脏，换来他人净：肮脏工作的多视角干预机制研究"（项目批准号：2020III040）。

　　通讯作者：罗文豪，E-mail：whluo1988@ hotmail. com。

机会以及更加开放的工作场所环境，但这也带来了更少的人际交流，我们比以往任何时候都感到更加孤独（Rosen et al.，2019）。企业高层是孤独的典范，超过一半的小企业主感到"存在的孤独感"（Lam & Lau，2012）。作为组织决策的最后"把关者"，领导孤独感可能影响其与员工之间的意见互换与整合，使其将个人的孤独情绪有意无意地代入组织决策中，从而影响组织发展。

回顾以往研究，关于工作场所孤独感的后效影响并未厘清。孤独感会给孤独个体带来一系列情绪、认知、态度和行为的消极结果（Heinrich & Gullone，2006），比如孤独的人往往具有消极的自我认知（Cacioppo & Hawkley，2009），刻意远离社交活动（Harris et al.，2013）。但孤独感也可能为个体带来积极后果，它激发了人们建立社会联系的强大动力，并使人们做出迎合群体的行为（Gardner et al.，2005）。领导决定着组织的资源分配与未来导向，相比于员工，领导心理变化可能给组织决策与发展带来不同且更大的影响，但是关于领导孤独感到底会阻碍领导进一步的社交互动还是会作为一种信号去鼓励领导寻找新的社交线索并增加社交行为，目前还尚不清楚。

在组织中，接纳建议是一种典型的决策性互动行为，即领导接受员工为改变组织现状而提出的改进意见和建议（Fast et al.，2014）。对于处于激烈竞争中的现代企业，员工建言一直以来都被认为是管理者进行高质量决策和提高组织绩效的有效驱动力（Morrison，2014）。但是只有建言被领导者采纳，建言的益处才能得以发挥，组织才能解决现有或潜在的问题（Mcclean et al.，2017），因此接纳建议行为需要领导与员工之间进行信息的对接和更广泛的互动。

基于此，本研究将根据社会交换的情感理论和归属调节模型将领导孤独感与接纳建议行为相联系，探讨领导孤独感对接纳建议行为的影响以及边界条件。根据社会判断理论（Harris & Fiske，2007），人们对目标的行为取决于他们对目标能力和友善的判断（汪新建等，2014）。友善的判断会影响对他人动机的信任程度，而能力的判断会影响对他人有效确定动机的能力的评估（Fiske et al.，2002）。因此，本文认为下属的友善和能力会调节领导工作场所孤独感与接纳建议的关系。

综上考虑，本文拟从以下几方面对现有研究进行拓展：首先，本研究拓宽了工作场所孤独感研究的理论视角。对于孤独感是否会促进个体社交尚不清楚，而学者们也普遍认为弄清该问题在理论和实践上都很重要。基于此，本文从社会交换的情感理论和归属调节模型两种视角出发，提出工作场所孤独感影响接纳建议行为的竞争性假设。其次，本研究将领导工作场所孤独感和接纳建议结合起来，是对工作场所孤独感结果变量的延伸。既有关于工作场所孤独感的研究不仅多聚焦于员工，主要的结果变量还是员工的情绪体验如社会焦虑、工作满意度等，而本研究主要聚焦于组织中的核心人物——领导的工作场所孤独感，并拓宽该变量的研究范围，把领导的工作场所孤独感与其自身的接纳建议行为相联系，探讨它们之间的关系。最后，本研究把领导对下属的判断作为调节，探索源特征如何缓和领导工作场所孤独感和领导接纳建议之间的关联。

2. 研究假设

2.1 领导工作场所孤独感对领导接纳建议影响的竞争性假设

社会交换的情感理论认为，社会交往中的情绪是建立与他人联系的首要因素（Lawler et al., 2008），社会交往将产生积极或消极情感，这些情感影响个体对与他人以及更广泛的人际关系的评估。因此，当交换成功或得到满足时，个体可能会因为交换而产生积极情绪，并给予自身更多的信任；而当交换没有成功或得到满足时，就会产生消极情绪，同时导致对自身的不信任感。在人际交往中，领导者与下属之间的互动所带来的积极情绪与信任和归属感密切相关，并进一步转化为情感交流和帮助行为（Lawler et al., 2014）。相反，消极情绪（如孤独感）与不信任感会让领导认为不值得付出努力维持人际关系（Ozcelik & Barsade, 2018），进而减少社会关系的互动，从而不接纳建议。

同时，社会交换的情感理论也指出，社会交换产生的情绪是基于刺激而产生的，不受行动者的控制，但它们释放了一个归因过程，从而产生更具体的、以对象为中心的情绪（Wesselmann et al., 2012）。如果社会交往中产生了积极情绪，积极情绪的归因则会使个体加强对相关社交关系的依恋，随着交换任务的不断成功，交换者对社交关系的情感依恋程度越来越高，就会更加合作与包容；而消极情绪则不同，在交换反复失败的情况下，交换个体会主动避免产生交换行为（Lawler et al., 2008）。工作场所孤独感会使领导将其消极情绪归因于之前的社会交往，这种归因则会导致领导做出远离社会交往的举动，并使领导面临悲观和不利情绪，减少与他人的互动，产生一系列消极社交行为（Sbarra, 2015）。当员工向领导提出现有组织制度不完善、文化不到位等问题时，孤独感控制下的领导更有可能倾向于逃避和退缩，并减少社会互动及接纳建议行为。

相反，归属感调节模型则表明领导工作场所孤独感与领导接纳建议之间存在正相关关系。建立和维持良好的社会关系是人类心理学的核心动机（Twenge et al., 2007）。满足归属感需要频繁地与他人互动，并且创造基于共同关心的长期、稳定的关系（Bartholomew & Horowitz, 1991）。当个体的归属感需要未被满足时，归属感调节模型就会激励其关注社会线索，积极寻求重新连接和建立关系的机会。孤独感是一种触发因素，它使人认识到归属感需求没有得到满足，并鼓励个体监控环境，寻找线索和融入的机会（Gardner et al., 2005）。与这一观点相一致的是，先前的研究发现，孤独感高的个体在寻找社交线索时有更强的关注度，并表现出对社会信息的高度敏感性（Gardner et al., 2005），结交新朋友及与他人合作的愿望也更强烈（Lam & Mayer, 2013），比其他人更容易遵从他人的意见（Williams, 2000）。这可能意味着孤独的个体有学习社会接纳的动机，在经历高孤独感或者社会排斥之后，可能会为了与他人交往而调整自己的行为模式（Bangee et al., 2014）。因此，当领导的工作场所孤独感高时，面对下属的建言更愿意采纳。因为社交需求与情感需求没有得到满足的他们往往有强烈的归属感，更加关注帮助他们驾驭社会环境的相关信息。下属的建言使领导更加善于感知与组织中个体互动的机会，并使其更加关注组织中存在的或者亟待解决的关键问题（Lam et al., 2019），接纳建议行为可以作为建立社会联系和长期积极关系的一种方式。孤独感对接纳建议行为的影响是由一个人归属于群体的动机和重新建立联系的感知能力所激发的，相比之下，孤独感低的领导则可能不太愿意接纳建议，因为重新建立联系的目标对他们来说不那么重要，同时他们也不太可能注意到社会环境中的互动机会。

基于两种竞争性的观点，本文提出了以下两种竞争性的假设：

假设 H1a：领导工作场所孤独感与领导接纳建议负相关。

假设 H1b：领导工作场所孤独感与领导接纳建议正相关。

2.2 社会判断的调节作用：下属的能力和友善

除了这两个相互竞争的观点之外，本研究认为领导工作场所孤独感和接纳建议之间的关系可能取决于下属（建言者）的特征。在一个高度竞争、快节奏、全球化的环境中，领导经常需要快速地判断他人。如前所述，社会判断理论认为人们会首先判断目标的友善和能力，然后使用这些判断来确定他们对目标的印象和行为（Cuddy et al.，2011）。

2.2.1 下属友善的调节作用

本研究基于领导工作场所孤独感与接纳建议间的竞争性观点，提出两个假设。

首先，当领导工作场所孤独感高时，员工以不友善或者不礼貌的方式建言会阻碍领导者接纳建议。社会交换的情感理论认为，这种不友善的方式会让领导产生更消极的情绪，并且将下属的建言视为对其权威的挑战甚至是一种有害的意图（Detert et al.，2013）。出于自我保护倾向和警惕性，这种负面情绪会让领导认为在下一步的社会交换中并不值得做出积极回应，领导可能会变得更具防御性（Sijbom et al.，2015），对于接下来的社会互动更加犹豫，因为他们害怕会带来巨大的痛苦，从而导致领导接纳建议水平较低。相反，友善或者礼貌的下属能够为组织成员提供舒适与安慰，这种建言方式也会鼓励孤独的个体展现出平易近人的态度，以及融入整体的行为（Frazier & Bowler，2015）。此外，友善的方式也会促使领导感知到员工的交往意愿，从而减弱孤独个体对工作团队的消极归因，同时领导会认为交换环境是轻松且友好的，并将该建议视为员工有帮助意图的证据，而不是挑战他们的权威。

其次，根据归属调节模型，经历工作场所孤独感的领导虽然会通过不充分的社会监测指标对自身进行调节，并为了满足归属感的需求而去寻找更广泛的社交机会及社会线索，但这种与社会重新产生联系的情况也存在一些边界因素（Gardner et al.，2005）。研究表明，那些社交与情感需求未得到满足的个体只有在认为他们被提供了重新进行社会联系的现实来源的情况下，才有可能做出进一步的有力回应（Harris & Fiske，2007）。当下属以友善且礼貌的方式建言时，领导者会认为接下来的社交环境是友好且积极的，因此对下属提出的想法更加宽容，从而增加接纳建议的可能性。相反，不友善的建言可能会转移领导对建言的注意力，并且认为下属是"敌人"（Tengblad，2012），他们可能会以敌对的眼光看待以后的互动行为，并拒绝接受建言。因此，领导工作场所孤独感对领导接纳建议的积极影响也会因缺乏友善和礼貌而减弱。据此提出以下假设：

假设 H2a：领导工作场所孤独感和领导接纳建议之间的关系由下属的友善调节，当下属更友善时，关系就不那么消极了。

假设 H2b：领导工作场所孤独感和领导接纳建议之间的关系由下属的友善调节，当下属更友善时，这种关系就更积极。

2.2.2 下属能力的调节作用

下属能力表明员工的想法是否有用或具有建设性。本研究基于社会交换的情感理论和归属调节模型提出两个竞争性假设。

首先，从社会交换的情感理论来看，对他人的消极归因阻碍了领导与下属的友好互动。当下属具有较强的能力时，领导会更加信任下属能带来明确的建议以及切实可行的解决方案。管理者也不会面临损害自身声誉的风险，因为有能力的下属的想法往往是有用的和有价值的(Abele et al.，2008)。这在一定程度上弥补了领导工作场所孤独感所带来的落差感和负面情绪。相反，当下属不太有能力时，如果领导接受他们的想法(Ashford et al.，1998)，则他们更有可能面临损害自己声誉的风险，因为能力低的员工提出的意见可能不那么有建设性。同时，孤独感高的个体往往对他人拥有较低的信任感，并常采取消极回避的方式处理风险(Bangee et al.，2014)。考虑到下属提出的建言是要改变现状并且结果未知(Burris et al.，2013)，这对管理者而言是一种不确定的过程，孤独的领导可能会因为害怕失败而逃避问题，最终不接纳建议。

其次，归属调节模型表明，当下属被认为有能力时，领导工作场所孤独感应该与领导接纳建议更积极地联系在一起，因为能力是员工值得领导关注的信号(易洋和朱蕾，2015)。要使另一个人被认为是社会联系的现实来源，就必须"估测"与其进行实际互动的可能性。当下属能力强时，领导可以"估测"值得信赖的下属能较好地完成他们的工作任务。这会让领导更加相信与此类下属实施社交是有价值、有意义且可靠的，进而愿意去接受下属的建言。相比之下，不可靠的员工提出的想法或建议不太可能引起管理者的注意。领导会担心下属没有能力，并不能完成目标(Fiske et al.，2002)，进而不与其实施有效的社交行为。因此，没有能力的下属会减弱领导工作场所孤独感对其接纳建议的积极影响。据此提出以下假设：

假设 H3a：领导工作场所孤独感和领导接纳建议之间的关系由下属的能力调节，当下属更有能力时，关系就不那么消极了。

假设 H3b：领导工作场所孤独感和领导接纳建议之间的关系由下属的能力调节，当下属更有能力时，这种关系就更积极。

基于上述理论分析，本研究的理论模型如图 1 所示：

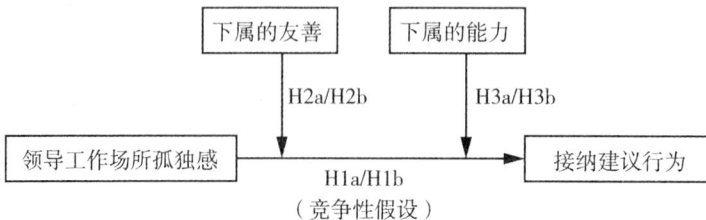

图 1　概念模型

3. 研究设计与结果

本研究采用实验研究和实证研究两种方法检验假设模型。研究一通过 MBA 学生样本，在受控环境中通过情景实验来检验领导工作场所孤独感对接纳建议行为的影响。由于研究一是在受控环境中操纵，为了提高外部有效性，研究二使用企业员工样本，利用日志法以追踪领导工作场所孤独感以及员工的特征如何影响领导接纳建议。

3.1 研究一：实验研究

3.1.1 样本与程序

本研究选取 100 名 MBA 学生为被试参加一个情节梗概实验。在进行实验前，本研究提供了一个注意力检查项目，参与者必须点击"非常不同意"框，以确保他们正在关注该问题。20 名参与者未通过注意力检查项目，从分析中删除（80%的回复率）。在剩余的 80 名参与者中，50.3%是女性，他们的平均年龄为 32.41 岁，平均工作时间为 3.48 年。

本研究采用实验法来验证假设。通过情景模拟的方法，告诉被试者本研究需要做一个为公交公司设计新公交线路的模拟实验，请他们积极配合。让被试者阅读实验材料并回答相应问题，从而达到实验目的。参与者被随机分配到 2（低与高工作场所孤独感）×2（低与高建言者友善）×2（低与高建言者能力）条件之一的实验组，并在发放链接的同时告知被试完成问卷后可获得一定金额的奖励。在进行情节梗概实验之前，首先告诉被试将自己想象成为某公交公司设计新线路的负责人，开始会要求他们做一个自己情绪体验的调查问卷，其次让参与者阅读了关于他们的下属小王的能力和友善的情节梗概描述，并进行相关变量的操纵检查。再次，本研究要求参与者填写是否会接纳建议的量表。最后，收集了人口统计信息。

3.1.2 变量操纵材料

工作场所孤独感。在高工作场所孤独感条件下，本研究要求参与者阅读以下材料：

"在公交公司，你是一个独来独往的人，你的朋友很少，你总是一个人吃饭、学习、放松。在工作中，你没有什么知心的朋友，你感觉身边的人好像都是来去匆匆，大家都忙着做自己的事情，很少有人会真正关心他人的生活。有时你想改变一下这种状况，决定和同事或朋友多沟通，却不知道该找谁。在工作中遇到困难时，你会靠自己的力量解决，因为你知道最值得依赖的人只有自己。偶尔在夜深人静的时候，一个人寂寞地待在公司，你不明白为什么总是没有人理解你，没有人真正懂你。你不知道什么时候才能改变这样的现状，感到很迷茫。"

在低工作场所孤独感条件下，本研究要求参与者阅读以下材料：

"在公交公司，你有很多知心朋友，和朋友们在一起时，你总是所有人中的焦点，大家都喜欢和你待在一起。你身边总有陪伴你的人，无论是去学习还是外出工作，都会有好朋友和你一起。偶尔，你会和同事一起去外面工作。即使在工作中遇到困难时，你也从不会感到无所适从，因为你知道，同事、朋友永远都会在你的身边陪伴你、和你一起解决问题。你经常会觉得自己很幸运，即使是在工作场所，也可以找到志趣相投的朋友。你一直从心底里相信和感谢着他们，有了他们的陪伴，就像是船拥有了任何时候都可以停靠的港湾，充满了安全感。"

下属的友善。在高友善条件下，本研究要求参与者将小王想象为他的下属，并阅读以下材料：

"在新路线开始的前几天，在你与所有公交车司机和维修人员的每周会议期间，你的下属小王举起手，并要求解决你的新计划问题。他以非常友善的口吻提出了他的想法，他告诉大家他不确定你的建议是否有效，因为你没有足够的时间进行日常维修，安排休息（加油，清理公交车等）。之后，他非常礼貌地提出了一项新计划，该计划要求更多的维护时间和人员。"

在低友善条件下，本研究要求参与者将小王想象为他的下属，并阅读以下材料：

"在新路线开始的前几天，在你与所有公交车司机和维修人员的每周会议期间，你的下属小王举起手，并要求解决你的新计划问题。他以不怎么友善的口吻提出了他的想法，他告诉大家他认为你的建议存在问题，因为你没有足够的时间进行日常维修，安排休息（加油，清理公交车等）。之后，他以并不礼貌的态度提出了一项新计划，该计划要求更多的维护时间和人员。"

下属的能力。在高能力条件下，本研究要求参与者将小王想象为他的下属，并阅读以下材料：

"在新路线开始的前几天，在你与所有公交车司机和维修人员的每周会议期间，你的下属小王举起手，并要求解决你的新计划问题。小王是一位经验丰富的维护计划员，他是所在行业的专家，有良好的声誉，平时的工作表现非常出色。讨论后，他提出了一项新计划。"

在低能力条件下，本研究要求参与者将小王想象为他的下属，并阅读以下材料：

"在新路线开始的前几天，在你与所有公交车司机和维修人员的每周会议期间，你的下属小王举起手，并要求解决你的新计划问题。小王是一个新的维护计划员，他是一个新手，还没有获得代表最高水平的声誉，平时工作表现也一般。讨论后，他提出了一项新计划。"

3.1.3 测量

工作场所孤独感。被试完成包含 20 个题项的 UCLA 量表（Russell et al., 1980），如"你会感到与周围人的关系不和谐吗"？

下属的友善。本研究采用了 Colquitt 所提出的五个题项来衡量建言者的友善（Colquitt, 2001），如"小王以礼貌的方式对待我""小王对我非常友善""小王对我表示尊重""小王没有发表不当言论或评论"。

下属的能力。本研究采用了 Fiske 等提出的五个题项来衡量建言者的能力（Fiske et al., 2002），如"小王是他所在领域的专家""小王经验丰富""小王知识渊博""小王技术娴熟"。

接纳建议。本研究借鉴 Burris 所提出的三个题项测量接纳建议行为（Burris, 2012），如"我将吸收下属的意见并修正我之前的计划""下属的意见非常有价值""我同意下属的看法"。

3.1.4 操纵检验

对工作场所孤独感的操纵结果显示,高工作场所孤独感的被试比低工作场所孤独感的被试有更高的孤独感水平,且差异显著($M_高 = 4.38$,SD = 0.667,$M_低 = 1.85$,SD = 0.662;$t(78) = 16.985$,$p<0.001$),因此可以验证,高孤独感材料启动组被试和低孤独感材料启动组被试均启动成功;对下属友善的操纵结果显示,高友善的被试比低友善的被试有更高的友善水平,且差异显著($M_高 = 4.28$,SD = 0.679,$M_低 = 1.78$,SD = 0.698;$t(78) = 16.244$,$p<0.001$),操纵成功;对下属能力的操纵结果显示,高能力的被试比低能力的被试有更高的能力水平,且差异显著($M_高 = 4.38$,SD = 0.628,$M_低 = 1.83$,SD = 0.636;$t(78) = 18.046$,$p<0.001$),操纵成功。

3.1.5 结果分析

为了检验本研究的假设,本研究采用分组变量——领导工作场所孤独感为自变量,接纳建议行为作为因变量进行了单因素方差分析(one-way ANOVE)。结果表明,不同水平的领导工作场所孤独感操作之间的接纳建议行为($F(1, 10.236)$,$P<0.05$)有显著差异影响,如下表1所示。事后比较分析结果与预期一致,相较于低领导工作场所孤独感的情境,高情境下的参与者具有更低水平的接纳建议行为(平均值为2.98,标准差为1.561)。在低领导工作场所孤独感的情境条件下的被试相较于在高领导工作场所孤独感的情境下的被试,其接纳建议水平(平均值为3.95,标准差为1.131)较高。结果显示高领导工作场所孤独感会阻碍领导接纳建议。假设 H1a 得到验证。

表1   **方 差 分 析**

		平方和	df	平均值平方	F	显著性
接纳建议	组间	19.013	1	19.013	10.236	0.002
	组内	144.875	78	1.857		

与假设 H2a 一致,本研究发现领导工作场所孤独感与建言者能力对管理者接纳建议有显著的交互作用($F(1, 16.830)$,$P<0.001$)(见表2),领导工作场所孤独感与建言者友善对管理者接纳建议也有显著的交互作用($F(1, 4.380)$,$P<0.05$)(见表3),这证实了下属能力和友善的调节作用。

表2   **接纳建议的两因素方差分析(一)**

误差来源	平方和	自由度	均方	F	显著性	偏 Eta 平方	统计检验力
工作场所孤独感	19.013	1	19.013	35.114	0.000	0.316	1.000
下属能力	94.613	1	94.613	174.740	0.000	0.697	1.000
孤独感×能力	9.113	1	9.113	16.830	0.000	0.181	0.982
误差	41.150	76	0.541				
总变异	163.887	79					

表3 接纳建议的两因素方差分析(二)

误差来源	平方和	自由度	均方	F	显著性	偏 Eta 平方	统计检验力
工作场所孤独感	19.013	1	19.013	10.660	0.002	0.123	0.897
下属友善	1.513	1	1.513	0.848	0.360	0.011	0.149
孤独感×友善	7.813	1	7.813	4.380	0.040	0.054	0.542
误差	135.550	76	1.784				
总变异	163.887	79					

总体而言,建言者友善和能力与领导工作场所孤独感之间的相互作用在假设方向上具有重要意义,为研究提供了初步证据,即当建言者更有能力时,孤独的管理者更有可能支持其建言;同样地,当建言者更有礼貌时,领导工作场所孤独感与接纳建议之间的负面关系也可能缓和。研究一利用了实验操控手段,为了提高研究的外部有效性,研究二在组织环境中检验假设。

3.2 研究二:实证研究

3.2.1 样本与程序

研究样本来源于广州的两家电子企业,研究对象为主管及其直接下属。在选择样本前,本研究对两家电子企业进行了简单调查,发现其组织文化相对宽松,组织高层鼓励员工向上级建言,因此员工的建言行为每天都会发生。数据收集是在企业人力资源部门配合下完成的。调查前,由各企业人力资源主管提供管理人员名单及其电子邮件,共确定了101名主管及其直接下属(每名员工评价一名主管),主管处于不同层级,包括总经理、项目经理、小组长等。研究开始前向参与调研的领导和员工说明本次调研的保密性,并强调问卷结果只用作研究分析,不做他用,且领导和员工不会知晓双方所填内容。本研究对研究对象进行连续5个工作日的调查。发放问卷400份,回收350份,回收率为87.5%,剔除有缺失值及任意作答的问卷,有效问卷共343份。在最终的领导有效样本中,男性占比54.8%;年龄多为30岁以上,其中30~40岁占比23.3%,40岁及以上占比43.1%;21.0%的被试者具有专科及以下学历,63.8%为本科学历,10.5%为硕士学历,4.7%为博士及以上学历;26.5%为基层管理者,39.6%为中层管理者;14.6%任期不足一年,30.9%任期为1~5年,19.8%任期为5~10年,34.7%任期10年及以上。

在用日志法进行每日调查之前的预调查阶段,先由主管填写了初始问卷,报告其人口统计的背景信息及对下属能力的看法,并由其对应员工填写了相应的问卷评估了领导-下属关系。在 3 天后展开正式调查，参与者进行为期 5 个工作日的每日调查，由群内管理员每日定时推送调查问卷以供参与者填写，主管在早晨 9 点测量其工作场所孤独感，在下午 2 点评价下属的友善，对应下属在下午 6 点评价其主管的接纳建议行为。同时，为保证准确性，管理人员会在微信群里准时提醒被试者填答问卷，并规定填答时间不超过 30 分钟。在连续 5 天的每日调查完成后，研究人员在后台进行筛选，对于有效完成所有问卷的参与者，给予相应报酬。

3.2.2　变量测量

本研究用于各变量的测量工具均采用国内外学者开发的成熟量表，国外的英文量表经历标准的"翻译-回译-再翻译"的过程后使用，测量量表的具体情况如下：

工作场所孤独感：根据 Wright（2006）等开发的 LAWS（loneliness at work scale）量表，该量表共有 16 题，包括情感剥夺（emotional deprivation）和社交缺失（lack of social companionship）两个分量表。情感剥夺分量表有 9 题，主要测量个体在工作场所中的人际关系质量，如"我经常感到同事疏远我"，社交缺失分量表有 7 题，主要测量个体在工作场所中的人际关系数量，如"在工作中，我找不到同事来分享我的个人想法"（1 = 非常不同意，5 = 非常同意，$\alpha = 0.837$）。

接纳建议：关于接纳建议的测量，由领导对应的直接下级评判领导采纳员工建言行为的程度并如实填写问卷，借鉴了前人的研究（Burris，2012），用 5 个题项来衡量领导对员工建言的认可。项目包括"我的直接领导会把我的意见传达给他/她的上级"（1 = 非常不同意，5 = 非常同意，$\alpha = 0.870$）。

下属的友善：采用了 Colquitt 所提出的 5 个题项来衡量建言者的友善，如"在你看来，这个成员是可靠的"（1 = 非常不同意，5 = 非常同意，$\alpha = 0.719$）。

下属的能力：采用了 Colquitt 所提出的 5 个题项来衡量建言者的能力，如"在您看来，这个成员能够胜任工作"（1 = 非常不同意，5 = 非常同意，$\alpha = 0.774$）。

控制变量：根据以往的研究（Lam & Lau，2012；Ozcelik & Barsade，2018），我们控制了：性别（1 = 男，2 = 女）；年龄（1 = 20 岁以下，2 = 20~30 岁，3 = 30~40 岁，4 = 40 岁及以上）；职位等级（1 = 普通员工，2 = 基层管理者，3 = 中层管理者，4 = 高层管理者）；工作任期（1 = 不足一年，2 = 1~5 年，3 = 5~10 年，4 = 10 年及以上）；受教育程度（1 = 专科及以下，2 = 本科，3 = 硕士，4 = 博士及以上）；领导-下属关系，采用了 Kenneth 等（2000）提出的 6 题项量表，题项如"在假期或办公时间之后，我会打电话给我的领导或拜访他/她"（1 = 非常不同意，7 = 非常同意，$\alpha = 0.738$）；建言类型，采用了 Liang 等（2012）提出的 10 题项量表，题项如"我提出了可以改善单位运作的建设性意见""我愿意积极地提出使单位受益的新方案"（1 = 非常不同意，7 = 非常同意，$\alpha = 0.928$）。

3.2.3　数据分析

描述性统计分析主要涉及各变量及其维度的平均值和标准差统计（见表 4），以发现其内在趋势和规律，为下文的继续研究做铺垫。

表4

各主要变量的均值、标准差和相关关系

变量	均值	标准差	1	2	3	4	5	6	7	8	9	10	11
1. 性别	1.45	0.500	—										
2. 年龄	2.98	1.03	-0.080	—									
3. 受教育水平	2.02	0.735	0.194*	-0.211*	—								
4. 职务层级	2.71	0.942	-0.023	0.087	0.355**	—							
5. 组织任期	2.79	1.08	0.062	0.392**	-0.184	-0.049	—						
6. 领导-下属关系	4.47	1.06	-0.028	0.015	-0.085	-0.151	0.102	—					
7. 建言类型	4.13	0.447	-0.032	-0.011	-0.150	0.049	0.024	0.142	—	-0.019	0.516**		-0.043
8. 领导工作场所孤独感	2.98	0.548	-0.128	-0.083	0.062	0.127	0.034	-0.250*	-0.005	—	-0.176*		0.076
9. 接纳建议	3.98	0.582	-0.148	-0.116	-0.010	-0.171	-0.110	0.179	0.567**	-0.215*	—		0.060
10. 下属能力	3.48	0.780	-0.018	0.143	-0.220*	-0.098	-0.054	0.154	-0.015	-0.111	-0.007	—	
11. 下属友善	3.56	0.648	-0.137	-0.028	-0.048	-0.030	0.041	0.044	-0.014	0.023	0.147	0.149	—

注：对角线以下为个体间变量的相关性，对角线以上为个体内变量的相关性；*** 表示 $p<0.001$，** 表示 $p<0.01$，* 表示 $p<0.05$。

运用 Mplus7.0 进行相关变量零模型分析以检验个体内和个体间差异，结果显示，各变量个体内所占方差百分比为 41% 到 60%，表明领导工作场所孤独感、接纳建议、下属友善在个体内部存在显著差异。具体结果见表 5。

表 5 各变量个体内所占方差百分比

变量	个体内方差	个体间方差	个体内所占方差百分比
领导工作场所孤独感	0.226***	0.230***	50%
接纳建议	0.331***	0.225***	60%
下属友善	0.236***	0.342***	41%

注：***表示 $p<0.001$。

3.2.4 假设检验

本研究运用多层次分析法进行检验，将接纳建议行为作为因变量，领导工作场所孤独感作为自变量，纳入性别、年龄、受教育水平、职务层次、组织任期、工作性质、领导-下属关系作为个体间层面的控制变量，建言类型作为个体内层面的控制变量。如表 6（模型 A）所示，领导工作场所孤独感有显著的负向影响（$B=-0.146$，$SE=0.050$，$p<0.01$），支持了社会交换的情感理论的观点。

表 6 检验结果

变量	接纳建议行为	
	Model A	Model B
截距	2.189***	2.969***
性别	−0.174*	−0.208
年龄	−0.025	−0.011
受教育水平	0.111*	0.073
职务层级	−0.147***	−0.137*
组织任期	−0.055	−0.067
领导-下属关系	0.029	0.087
建言类型	0.667***	0.654***
领导工作场所孤独感	−0.146**	−0.653**
下属友善		−0.322
下属能力		−0.274*
领导工作场所孤独感×下属友善		0.134*

变量	接纳建议行为	
	Model A	Model B
领导工作场所孤独感×下属能力		0.095*
残差(个体内)	0.359***	0.380***
残差(个体间)		0.329***

注：***表示 $p<0.001$ ，**表示 $p<0.01$ ，*表示 $p<0.05$ 。

本研究将接纳建议行为作为因变量，纳入性别、年龄、受教育水平、职务层次、组织任期、工作性质、领导-下属关系作为个体间层面的控制变量，建言类型作为个体内层面的控制变量，随后加入领导工作场所孤独感、下属友善、下属能力、领导工作场所孤独感与下属能力的交互项以及领导工作场所孤独感与下属友善的交互项，做跨层调节效应检验，表6(模型 B)中的结果表明领导孤独与下属友善之间的交互效应显著($B = 0.134$ ， $SE = 0.062$ ， $p<0.05$)，与下属能力之间的交互效应也显著($B = 0.095$ ， $SE = 0.045$ ， $p<0.05$)。

为了更为形象地展示下属能力和友善对领导工作场所孤独感和接纳建议行为之间的调节作用，本研究绘制了调节效应图。简单斜率分析结果显示(Preacher et al. , 2006)，当下属友善高于一个标准差时，其对领导工作场所孤独感与接纳建议行为关系的调节效应值为 -0.551 ，$95\% CI = [-0.994, -0.274]$ 不包括0；低于一个标准差时，其对领导工作场所孤独感与接纳建议行为关系的调节效应值为 -0.755 ，$95\% CI = [-1.406, -0.343]$ 不包括0；高低组差异显著，$95\% CI = [0.059, 0.420]$ 不包0，假设 H2a 得到验证。同样地，当下属能力高于一个标准差时，其对领导工作场所孤独感与接纳建议行为关系的调节效应值为 -0.418 ，$95\% CI = [-0.715, -0.121]$ 不包括0；低于一个标准差时，其对领导工作场所

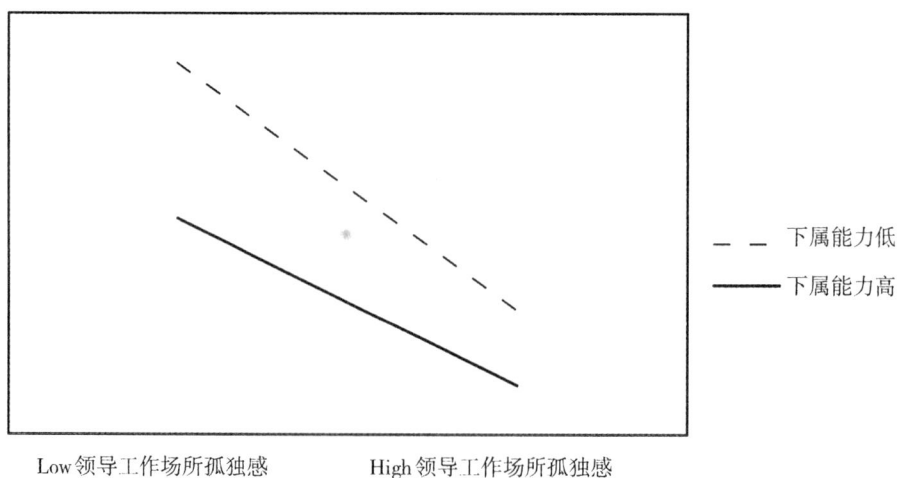

图2 调节效应图(一)

孤独感与接纳建议行为关系的调节效应值为 -0.563，$95\%\,CI = [\,-0.982,\ -0.143\,]$ 不包括 0；高低组差异显著，$95\%\,CI = [\,0.012,\ 0.277\,]$ 不包 0，假设 H3a 得到验证。调节效应见图 2、图 3。

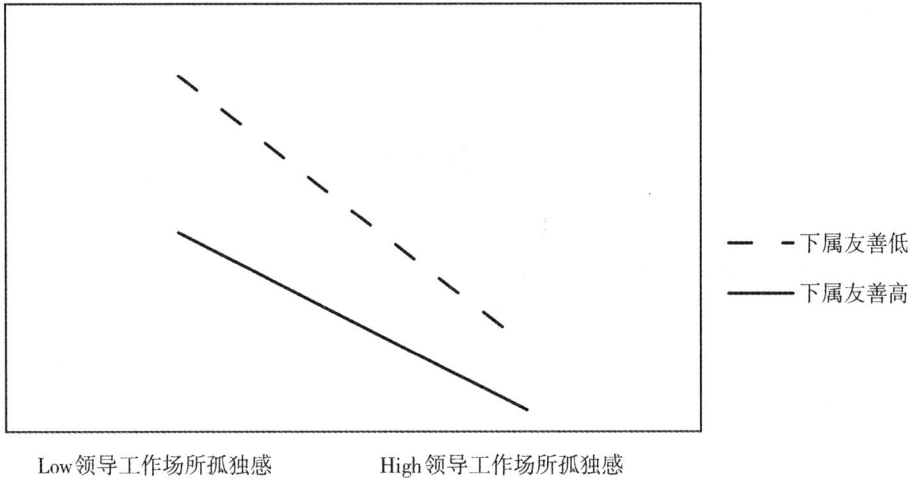

图 3　调节效应图(二)

4. 研究结果与讨论

4.1　理论贡献

本研究考察了领导工作场所孤独感与领导接纳建议行为之间的关系，借助社会交换的情感理论和归属调节模型提出了一个竞争性的假设，并采用实验研究和实证研究的方法验证了下属的友善和能力的调节作用。本文主要研究结论包括以下方面：

第一，本研究拓宽了工作场所孤独感研究的理论视角。既有研究关于工作场所孤独感到底会阻碍社交还是促进社交一直存在不一致性，本研究整合了这些观点，并通过社会交换的情感理论和归属调节模型提出了一个竞争性的假设，结果证明孤独的领导不愿接纳建议，因为他的负面情感基调会带来他日后的低社交行为，但如果建言者更有能力或者以友善的方式建言会缓解孤独的领导不愿接纳建议的负面效应。从归属调节模型来看，对社会交换的情感理论的支持可能是由于中国人潜在的个性特征，他们相比西方人更加内敛，孤独感高的个体更容易感知周围的社会威胁，也可能因为已经尝试过社会融合，但总是失败，使得他们的社交动力逐渐退化（Heinrich & Gullone, 2006），面对负面情绪更倾向于以沉默或者低主动性来应对，而非主动适应环境，寻找新的社交机会和社交线索去使自己脱身于负面情绪。因此，本研究开拓了工作场所孤独感与接纳建议行为研究的新视角。

第二，本研究将领导工作场所孤独感与接纳建议行为相联系，是对于工作场所孤独感结果变量的延伸。以往学者大多集中于领导孤独感或员工孤独感对员工行为和心理等结果变量的探讨(Ertosun & Erdil，2012)，本文则在此基础上进行挖掘，聚焦于领导自身行为的结果变量，领导在组织发展中有重大作用(Waytz et al.，2015)，孤独感对领导认知行为方面的影响更大。建言对组织发展有着积极影响(Burris et al.，2017)，建言的对象——领导更是员工建言能否真正发挥作用的决定者，因此，本研究将领导工作场所孤独感与领导接纳建议行为联系，并探讨两者之间的关系，这对现有研究和理论做出了贡献。

第三，探索调节变量的意义在于明晰该影响过程的情景效应，因而本研究对于更深刻地理解领导工作场所孤独感与接纳建议行为之间的黑箱具有重要的理论建构意义。本研究引入了社会认知的普遍维度，把建言和社会说服的研究结合起来，探索源特征如何缓和领导工作场所孤独感与接纳建议之间的联系。研究结果发现，越有能力或越友善的下属越会缓和领导孤独感对其接纳建议行为的负面效应。探索这种互动提供了对除了内容以外的因素所产生的建言结果的新见解(Frazier & Bowler，2015)。

第四，研究方法的完善。由于研究的谨慎与深入，学者们已将工作场所孤独感这一情绪体验置于微观个体层面进行探讨，而理论表明接纳建议作为一种行为表现，也具有不稳定的倾向，即会随着时间和情境的变化而发生波动(Rosen et al.，2019)，但已有研究却很少将其在个体内部的变化进行准确描述。因此在研究二中，本文使用日志法对上述各变量进行每日水平的考察。

4.2 管理启示

本文的研究结果为员工和管理者提供了宝贵的见解。

孤独不仅仅是一种个体现象，而且是与工作绩效密切相关的社会现象(Peng et al.，2017)。企业应该意识到员工的建言可以使组织获得创新和发展、取得进步，但建言的接收者——领导更是组织运行中的中坚力量。孤独的领导会给领导行为带来一定的负面影响，从而使其无法正常行使领导职能，或者这种消极情感会阻碍领导做出有利于组织发展的决策。鉴于领导对组织绩效的重要影响，以及领导工作场所孤独感对接纳建议的消极影响，应鼓励组织为领导提供一定支持，采取适当的措施来缓解其孤独状态，满足受影响成员对社会关系的心理需求。干预措施包括改变孤独个体倾向于适应不良社会认知，例如鼓励成员参与团队活动，为其提供社会支持和更多社会交往机会，提供友爱的交流环境，并营造良好的组织情境等。

此外，本研究在分析领导工作场所孤独感与其接纳建议行为之间的关系时，提出应当注意两者之间的关系可能受到其他因素调节，即下属的友善和能力：下属越友善或越有能力越会缓解领导工作场所孤独感对接纳建议行为的负面影响。因此员工在建言之前应该认识到自己的能力。特别是对于能力低的新员工，领导孤独感高时，建言可能不会被采纳。如果员工渴望做出贡献，那么以尊重、友好的方式建言就很重要。有研究结果表明，当面对工作场所孤独感高的领导时，员工在建言时应考虑使用更多礼貌用语(例如"请")(Wei et al.，2018)。同时，组织也应该阻止员工隐藏自己的能力，并鼓励他们注意人际交往带来的温暖。认识到自己的能力以及以礼貌的方式建言都可以通过培训加强，研究证明提高员工的礼貌和人际关系敏感性可以帮助企业增强制定最佳实践的能力(Greenberg &

Colquitt, 2013）。通过表现出友善和有能力，员工不仅可以从中受益而且可以积极影响其领导的行为选择。

4.3 研究局限及未来展望

尽管本研究做出了贡献，但仍存在局限性。

首先，本研究没有直接检查领导工作场所孤独感、建言者友善或能力影响管理者接纳建议的内在心理机制。对这些机制的研究——使用诸如领导社交自我效能感、建言的感知动机和建言的预期有用性——可以更准确地解释其中的关系。

其次，关于工作场所孤独感的研究多集中在个体层面，而在群体层面的研究比较缺乏。职场是一个多层级的群体组织，其不仅受组织内个体自身的特质、情感、认知方面的影响，还会受到各层级之间的相互影响。因此未来的研究可以探索工作场所孤独感对组织层面的影响机制。同时，本文只研究了工作场所孤独感对领导认知、行为产生的影响，并未考虑个体或者群体是否能作为影响工作场所孤独感的前因变量。所以，可以发掘的研究课题还有很多。

最后，本文使用的量表大多是从西方文化组织情境下翻译过来的，并且都具有良好的信效度，但在不同文化背景下的员工可能会有不同的体验和表达情感的方式，在不同的文化背景下也可能会出现文化适应性的问题。因此，今后应该发展出适合我国本土文化的量表来进行测量。此外，本研究开拓了基于东方情境的工作场所孤独感与接纳建议行为研究的新视角，但正如以往的研究所表明的那样，工作场所孤独感也可能会促进社交，未来的研究可以考虑文化差异或领导的相关特质等是否会对研究结果产生不一样的影响。

◎ 参考文献

[1] 汪新建，程婕婷，管健. 解析群际偏见——基于刻板印象内容模型的认知神经研究[J]. 广东社会科学，2014(3).

[2] 易洋，朱蕾. 下属建言与领导纳言——基于 ELM 理论一个被中介的调节模型[J]. 南方经济，2015，33(7).

[3] Abele, A. E., Cuddy, A. J., Judd, C. M., et al. Fundamental dimensions of social judgment[J]. *European Journal of Social Psychology*, 2008, 38(7).

[4] Ashford, S. J., Rothbard, N. P., Piderit, S. K., et al. Out on a limb: the role of context and impression management in selling gender-equity issues[J]. *Administrative Science Quarterly*, 1998, 43(1).

[5] Bangee, M., Harris, R. A., Bridges, N., et al. Loneliness and attention to social threat in young adults: findings from an eye tracker study[J]. *Personality & Individual Differences*, 2014(63).

[6] Bartholomew, K., Horowitz, L. M. Attachment styles among young adults: a test of a four-

category model[J]. *Journal of Personality and Social Psychology*, 1991, 61(2): 226-244.

[7] Burris, E. R. The risks and rewards of speaking up: managerial responses to employee voice[J]. *Academy of Management Journal*, 2012, 55(4).

[8] Burris, E. R., Detert, J. R., Romney, A. C. Speaking up vs. Being heard: the disagreement around and outcomes of employee voice[J]. *Organization Science*, 2013, 24 (1).

[9] Cacioppo, J. T., Hawkley, L. C. Perceived social isolation and cognition[J]. *Trends in Cognitive Sciences*, 2009, 13(10).

[10] Cacioppo, J. T., Cacioppo, S., Boomsma, D. I. Evolutionary mechanisms for loneliness [J]. *Cognition & Emotion*, 2014, 28(1).

[11] Colquitt, J. A. On the dimensionality of organizational justice: a construct validation of a measure[J]. *Journal of Applied Psychology*, 2001, 86(3).

[12] Cooper, C. L., Quick, J. C. The stress and loneliness of success [J]. *Counselling Psychology Quarterly*, 2003, 16(1).

[13] Detert, J. R., Burris, E. R., Harrison, D. A., et al. Voice Flows to and around Leaders: understanding When Units Are Helped or Hurt by Employee Voice [J]. *Administrative Science Quarterly*, 2013, 58(4).

[14] Ertosun, G., Erdil, O. The effects of loneliness on employees' commitment and intention to leave[J]. *Procedia - Social and Behavioral Sciences*, 2012, 41(2).

[15] Fast, N. J., Burris, E. R., Bartel, C. A. Managing to stay in the dark: managerial self-efficacy, ego defensiveness, and the aversion to employee voice [J]. *Academy of Management Journal*, 2014, 57(4).

[16] Fiske, S. T., Cuddy, A. J. C., Glick, P., et al. A model of (often mixed) stereotype content: competence and warmth respectively follow from perceived status and competition[J]. *Journal of Personality & Social Psychology*, 2002, 82(6).

[17] Frazier, M. L., Bowler, W. M. Voice climate, supervisor undermining, and work outcomes a group-level examination[J]. *Journal of Management*, 2015, 41(3).

[18] Gardner, W. L., Pickett, C. L., Jefferis, V., et al. On the outside looking in: loneliness and social monitoring[J]. *Personality & Social Psychology Bulletin*, 2005, 31(11).

[19] Greenberg, J., Colquitt, J. *A. Handbook of organizational justice*[M]. London: Psychology Press, 2013.

[20] Harris, L. T., Fiske, S. T. Social groups that elicit disgust are differentially processed in mPFC[J]. *Social Cognitive and Affective Neuroscience*, 2007, 2(1).

[21] Harris, R. A., Qualter, P., Robinson, S. J. Loneliness trajectories from middle childhood to pre-adolescence: Impact on perceived health and sleep disturbance[J]. *Journal of*

Adolescence, 2013, 36(6).

[22] Heinrich, L. M. , Gullone, E. The clinical significance of loneliness: a literature review [J]. *Clinical Psychology Review*, 2006, 26(6).

[23] Kenneth S. Law, Chi-Sum Wong, Duanxu Wang et al. Effect of supervisor – subordinate guanxi on supervisory decisions in China: an empirical investigation[J]. *The International Journal of Human Resource Management*, 2000, 11(4).

[24] Lam, C. F. , Mayer, D. M. When do employees speak up for their customers? A model of voice in a customer service context[J]. *Personnel Psychology*, 2013, 67(3).

[25] Lam, C. F. , Lee, C. , Sui, Y. Say it as it is: consequences of voice directness, voice politeness, and voicer credibility on voice endorsement[J]. *Journal of Applied Psychology*, 2019, 104(5).

[26] Lam, L. W. , Lau, D. C. Feeling lonely at work: investigating the consequences of unsatisfactory workplace relationships [J]. *International Journal of Human Resource Management*, 2012, 23(20).

[27] Lawler, E. J. , Thye, S. R. , Yoon, J. *Emotions and group ties in social exchange*[M]. Dordrecht: Springer, 2014.

[28] Lawler, E. J. , Thye, S. R. , Yoon, J. Social exchange and micro social order [J]. *American Sociological Review*, 2008, 73(4).

[29] Liang, J. , Farh, C. I. C. , Farh, J. L. Psychological antecedents of promotive and prohibitive voice: a two-wave examination[J]. *Academy of Management Journal*, 2012, 55 (1).

[30] Masi, C. M. , Chen, H. Y. , Hawkley, L. C. , et al. A meta-analysis of interventions to reduce loneliness[J]. *Personality and Social Psychology Review*, 2011, 15(3).

[31] Mcclean, E. , Martin, S. R. , Emich, K. J. , et al. The social consequences of voice: an examination of voice type and gender on status and subsequent leader emergence [J]. *Academy of Management Journal*, 2017, 61(5).

[32] McWhirter, B. T. Loneliness: a review of current literature, with implications for counseling and research[J]. *Journal of Counseling & Development*, 1990, 68(4).

[33] Morrison, E. W. Employee voice and silence [J]. *Annual Review of Organizational Psychology and Organizational Behavior*, 2014(1).

[34] Oneill, O. A. , Rothbard, N. P. Is love all you need? The effects of emotional culture, suppression, and work – family conflict on firefighter risk-taking and health[J]. *Academy of Management Journal*, 2017, 60(1).

[35] Ozcelik, H. , Barsade, S. G. No employee an island: workplace loneliness and job performance[J]. *Academy of Management Journal*, 2018, 61(6).

[36] Peng, J., Chen, Y., Xia, Y., et al. Workplace loneliness, leader-member exchange and creativity: the cross-level moderating role of leader compassion [J]. *Personality and Individual Differences*, 2017(104).

[37] Preacher, K. J., Curran, P. J., Bauer, D. J. Computational tools for probing interactions in multiple linear regression, multilevel modeling, and latent curve analysis[J]. *Journal of Educational & Behavioral Statistics*, 2006, 31(4).

[38] Rosen, C. C., Simon, L. S., Gajendran, R. S., et al. Boxed in by your inbox: implications of daily e-mail demands for managers' leadership behaviors[J]. *Journal of Applied Psychology*, 2019, 104(1).

[39] Russell, D. W., Peplau, L. A., Cutrona, C. E. The revised ucla loneliness scale: Concurrent and discriminant validity evidence [J]. *Journal of Personality and Social Psychology*, 1980, 39(3).

[40] Sbarra, D. A. Taking stock of loneliness: introduction to the special section [J]. *Perspectives on Psychological Science*, 2015, 10(2).

[41] Sijbom, R. B. L., Janssen, O., Van Yperen, N. W. How to get radical creative ideas into a leader's mind? Leader's achievement goals and subordinates' voice of creative ideas[J]. *European Journal of Work and Organizational Psychology*, 2015, 24(2).

[42] Tengblad, S. *The work of managers: Towards a practice theory of management* [M]. Oxford: Oxford University Press, 2012.

[43] Twenge, J. M., Baumeister, R. F., Dewall, C. N., et al. Social exclusion decreases prosocial behavior[J]. *Journal of Personality and Social Psychology*, 2007, 92(1).

[44] Waytz, A., Chou, E. Y., Magee, J. C., et al. Not so lonely at the top: the relationship between power and loneliness[J]. *Organizational Behavior & Human Decision Processes*, 2015(130).

[45] Wei, Q., Muzi, L. I., Chen, X., et al. Social class and social perception: is warmth or competence more important? [J]. *Acta Psychologica Sinica*, 2018, 50(2).

[46] Wesselmann, E. D., Wirth, J. H., Mroczek, D. K., et al. Dial a feeling: detecting moderation of affect decline during ostracism[J]. *Personality and Individual Differences*, 2012, 53(5).

[47] Williams, K. D., Cheung, C. K. T., Choi, W. Cyberostracism: effects of being ignored over the Internet[J]. *Journal of Personality & Social Psychology*, 2000, 79(5).

[48] Wright, Sarah L, Burt, et al. Loneliness in the workplace: construct definition and scale development[J]. *New Zealand Journal of Psychology*, 2006, 35(2).

The Influence of Leader's Workplace Loneliness on Voice-taking Behavior
— A Competing Hypothesis

Zhang Guanglei[1]   Ma Rong[2]   Dong Yue[3]   Luo Wenhao[4]

(1, 2, 3 Management school of Wuhan University of Technology, Wuhan, 430000;

4 Economics and Management school of North China University of Technology, Beijing, 100144)

Abstract: The workplace is an important place for people to realize their self-worth, get emotional and interpersonal satisfaction. As an important emotional experience in the workplace, loneliness always affects people's behavior and work performance. However, the aftereffects of workplace loneliness have different results, this study attempts to introduce the effect theory of social exchange and the model of belonging regulation into the study of the impact of leader's workplace loneliness on their voice-taking behavior, and proposes a competitive hypothesis. Then, we further derived from social judgment research that subordinate's warmth and subordinate's competence can regulate the relationship between leader's workplace loneliness and voice taking behavior. Theoretically, it broadens the theoretical perspective of workplace loneliness research, extends the investigation of workplace loneliness outcome variables, and clarifies the boundary conditions of workplace loneliness. In practice, this study has a referential role in guiding organizations and managers how to grasp the loneliness of leaders in the workplace.

Key words: Leader's workplace loneliness; Voice-taking behavior; Subordinate's warmth; Subordinate's competence

专业主编：杜旌

新股发行制度变迁与 A 股市场 IPO 抑价[*]

● 李青原[1]　李锡培[2]

（1，2 武汉大学经济与管理学院　武汉　430072）

【摘　要】文章以 1993—2018 年 3204 家 A 股非金融 IPO 公司为研究样本，考察新股发行制度变迁对 IPO 抑价程度的影响。实证结果表明，四次发行审核制度变迁对 IPO 抑价程度均有显著的降低作用，其中"保荐制"阶段下降幅度最大。从定价制度来看，放开市盈率阶段并没有显著降低 IPO 抑价程度，只有"询价制"切实缓解了 IPO 高抑价问题。从上市地点来看，"通道制"改革对深市上市公司 IPO 抑价程度的降低作用更加显著，其余三次制度变迁对沪深两市上市公司 IPO 抑价程度的降低作用均无显著差异。从新股实际首日收益率来看，前三次制度变迁显著降低了新股实际首日收益率，而"推进注册制"阶段使新股表现出更高的实际首日收益率。文章梳理新股发行制度改革历程，并基于大样本、长时间的实证研究提出有针对性的政策建议，对进一步推进新股发行注册制改革具有参考意义。

【关键词】新股发行制度　IPO 抑价　资源配置

中图分类号：F275　　　　　文献标识码：A

1. 引言

IPO（initial public offerings）抑价现象是指上市公司首次公开发行定价低于上市首日的市场价格，IPO 抑价程度是衡量 IPO 市场效率的核心指标（Chambers and Dimson，2009）。自 1993 年我国证券市场建立了全国统一的股票发行制度以来，一级市场一直呈现着"无风险"的特点，IPO 抑价程度较高。1993—2018 年我国 A 股市场 IPO 平均抑价率达 76.8%，远高于美国（1980—2003 年平均抑价率为 18.7%）等发达国家资本市场（Ritter，2004）。我国资本市场建立初期，IPO 高抑价对资本市场的发展起到了一定的促进作用，有效保障了

──────────

　* 基金项目：国家社会科学基金重大项目"政府职能转变的制度红利研究"（项目批准号：18ZDA113）的研究成果之一。

　通讯作者：李锡培，E-mail：ynyllxp605515@163.com。

资本市场的快速发展。但是长期的高抑价造成投资者对新股的狂热追逐，使其识别风险和评价公司的能力减弱，并将大量资金集中于一级市场进行短期套利，导致炒新和投机文化盛行，严重阻碍了我国资本市场的良性发展。

国外文献主要基于信息不对称理论解释 IPO 抑价。一方面发行方与投资者之间存在信息不对称。信号传递假说认为，抑价是一种传递真实价值的信号，并且公司倾向于委托声誉较好的承销商传递风险较低的信号，让投资者认为购买 IPO 公司股票有利可图。另一方面，投资者内部存在信息不对称。"赢者诅咒"假说认为，为了吸引信息劣势投资者参加申购，发行人只有将足够高的 IPO 抑价作为对信息劣势投资者的补偿（Rock，1986；Allen et al，1989；Ellul and Pagano，2006；Ritter，2011）。但是中国资本市场情况特殊，新股发行长期受到严格管制，能够上市的企业十分有限，股票供给缺乏弹性。此外，发行人为保证顺利发行，有意压低新股定价，使得二级市场充斥着投机气氛，首日价格居高不下，IPO 抑价程度较高。由此可以看出，新股发行制度是导致 A 股市场 IPO 高抑价的重要因素。

2019 年 1 月 23 日，习近平总书记主持召开中央全面深化改革委员会第六次会议并发表重要讲话，会议审议通过了《在上海证券交易所设立科创板并试点注册制总体实施方案》。核准制向注册制过渡已经进入试点阶段，在新时代全面深化改革的背景下，如何进一步推进新股发行注册制改革，降低 IPO 抑价程度，提高资源配置效率，促进资本市场良性发展，在学术和实践两方面均有重大意义。故本文以 1993—2018 年 3204 家 A 股非金融 IPO 公司为研究样本，梳理新股发行制度改革历程，探究各阶段、各行业 IPO 抑价特点，验证新股发行制度变迁是否对 IPO 抑价有显著影响，试图基于大样本、长时间的描述性、实证分析，提出有价值、有针对性的政策建议。

本文可能的贡献在于以下三个方面：第一，梳理了新股发行制度改革历程，为"制度与 IPO 抑价"领域提供了新鲜证据。第二，拓展了"制度与 IPO 抑价"领域的相关文献。现有研究大多样本期间选择较短，样本 IPO 公司数量较少，多为简单的定量分析，且将发行审核制度和新股定价制度割裂开来进行实证研究（肖曙光和蒋顺才，2006；刘志远等，2011；张小成等，2012）。本文基于大样本、长时间梳理新股发行制度改革历程，并结合新股发行审核制度、新股定价制度进行实证研究。第三，本文研究结论具有一定的现实意义和政策价值。研究结论表明，随着新股发行制度的市场化改革不断推进，IPO 抑价程度不断降低。但新股发行制度在 2014 年后无实质性变化，加之新股首日限价政策的实施，使得新股首日实际收益率较高，新股定价效率较低，不利于资本市场健康发展。故应尽快改革新股发行体制，释放制度红利，进一步降低 IPO 抑价程度，提高一级市场资源配置效率。进一步研究发现，"保荐制"和"询价制"对降低 IPO 抑价效果显著，故应进一步发挥承销商和机构投资者的作用，有效落实询价制度，不让询价流于形式。同时二级市场应取消新股首日价格管制，提高资源配置效率。本文还发现行业特征对 IPO 抑价影响显著，故进行制度安排时应考虑行业特征，可以先对低抑价的行业试点注册制。本文梳理改革历程，总结经验教训，为决策层进行制度设计提供了新鲜的实证依据，为进一步推进新股发行制度改革提供了重要参考。

2. 新股发行制度变迁

新股发行制度，是指首次公开发行股票时新股定价、承销和发售的制度安排，主要包括三个方面：发行审核制度、新股定价制度和新股配售制度。自 1993 年我国证券市场建立全国统一的股票发行制度至今，我国新股发行制度改革的简要历程如表 1、表 2、表 3 所示：

表 1　　　　　　　　　　　　　　　中国发行审核制度沿革

时间	发行审核制度	
1993—1995 年	审批制	"额度管理"阶段：1993 年 4 月 25 日确立审批制，由证券监管机构结合宏观经济需要，经国务院批准，制定当年的股票发行总规模，下达计委，计委再根据各地区经济发展状况分配额度。证券监管机构对企业进行实质审查，并对相关发行指标作出安排
1996—2000 年		"指标管理"阶段：1996 年，国务院证券委员会推行"总量控制、限报家数"的指标管理办法，由证券监管机构会同计委制定股票发行总额度，再由证券监管机构根据市场情况向各省级政府和行业管理部门下达指标，对符合条件的预选企业同意其上报发行股票正式申报材料并审核
2001—2003 年	核准制	"通道制"阶段：2001 年 3 月 17 日，证监会宣布取消股票发行审批制，实施核准制下的"通道制"，即由证监会确定每家证券公司的通道数量，每家证券公司推荐的企业每核准一家才能再报一家
2004—2013 年		"保荐制"阶段：2004 年 2 月 1 日起实行保荐制，有资格的保荐人推荐符合条件的公司公开发行证券和上市，并对所推荐的发行人的信息披露质量和所做承诺提供持续训示、督促、辅导、指导和信用担保
2014 年至今		推进注册制阶段：2013 年 11 月，十八届三中全会审议通过的《中共中央关于全面深化改革若干重大问题的决定》中明确提出，推进股票发行注册制改革。在此之后为了推动注册制改革，实施了一系列的制度安排，逐步淡化证监会在审核过程中的价值判断，并精简对 IPO 公司发行条件的规定

资料来源：根据相关政策文件、证监会研究报告(祁斌和黄明，2013)整理。

表 2

中国新股定价制度沿革

时间	定价方式	新股定价制度
1993—1998 年	固定价格和固定市盈率定价	固定价格定价是指由证监会决定发行价格。固定市盈率定价，即"新股发行价格=每股税后利润×市盈率"，合理的市盈率水平最终由证监会确定。最初发行市盈率上限为 15 倍，后来放宽
		上网竞价发行（1994—1995 年）：预先确定发行底价，投资者以不低于发行底价的价格申报，按照时间优先、价格优先的原则成交
1999—2002 年	放开市盈率限制	1999 年 7 月 1 日《证券法》生效，规定股票发行价格由发行人和承销商根据客观条件和市场状况合理协商后确定，报证监会审核通过
		询价方式尝试（1999—2002 年）：发行人和主承销商确定发行价格区间，报证监会批准，根据向法人投资者路演、询价、预约配售的情况确定股票发行价格
		网上累计投标定价方式（2001—2002 年）：发行人和主承销商预先确定价格区间，投资者在该区间内进行竞价投标，承销商则根据一定的超额认购倍数来确定最终的发行价格
2001—2004 年	控制市盈率定价	2001 年 11 月以后，规定市盈率不可超过 20 倍
2005 年至今	询价制	2005 年 1 月 1 日，股票发行实行询价制，规定发行人及其保荐机构应采用向机构投资者累计投标询价的方式确定发行价格。2009 年 6 月起，先后进行了四个阶段的改革，逐步淡化新股定价中的行政指导。2012 年 3 月重启价格管制，2014 年 6 月起，新股发行市盈率控制在 23 倍以内
2012 年至今	混合定价方式	2012 年 5 月规定，首次公开发行股票，可以通过向询价对象询价的方式确定股票发行价格，也可以通过发行人与主承销商自主协商直接定价等其他合法可行的方式确定发行价格

资料来源：根据相关政策文件、证监会研究报告（祁斌和黄明，2013）、相关文献（宋顺林，2017）整理。

表 3 中国新股配售制度沿革

时间	配售方式	新股配售制度（谁可以获得新股）
1993—1998 年	无限量发售认购表、与储蓄存款挂钩	无限量发售一次性认购表，公开摇号抽签，中签者可购买股票。1993 年 8 月规定，可以按居民在银行定期储蓄存款余额的一定比例配售申请表，然后对认购的申请表进行公开摇号抽签，中签者购买股票成为公司股东

时间	配售方式	新股配售制度（谁可以获得新股）
1994—1998 年	全额预缴、比例配售	投资人按照新股申购量所需资金全额预缴款项，发行人和主承销商根据每个投资人在所有申购总量中所占份额制定其配售新股的比例
1994—1995 年	上网竞价发行	预先确定发行底价，投资者以不低于发行底价的价格申报，按照时间优先、价格优先的原则成交。
1995 年至今	上网定价发行	利用证券交易所的交易系统，由主承销商作为唯一卖方，在指定的时间内按现行委托买入股票的方式进行股票申购
		上网定价发行与对法人、基金配售相结合（1999—2005 年）：1999 年 7 月规定，公司股本总额在 4 亿元以上的公司，可采用对一般投资者上网发行和对法人配售相结合的方式发行股票，后放宽限制
		上网定价发行与向二级市场投资者配售相结合（2000—2005 年）
2005 年至今	配售制度的完善	2005 年 1 月要求公开发行 4 亿股以下的网下配售数量不超过发行总量的 20%，4 亿股以上的网下配售数量不超过发行总量的 50%。2006 年 9 月，规定发行人及其主承销商网下配售股票，应当与网上发行同时进行。达到一定规模的应当在网下配售和网上发行之间建立回拨机制。同时提出超额配售选择权，即指发行人授予主承销商的一项选择权，获此授权的主承销商按同一发行价格超额发售不超过包销数额 15% 的股份
		2009 年起，配售体制先后进行了三次比较重要的改革，主要是将网上网下申购参与对象分开，进一步完善配售机制，健全"回拨"机制，调整网上网下配售比例

资料来源：根据相关政策文件、证监会研究报告（祁斌和黄明，2013）整理。

总的来说，我国资本市场从无到有，发展迅速。新股发行制度改革基本沿着逐步放权、逐步市场化、逐步加大投资者保护力度的思路进行。通过梳理改革历程，本文发现新股发行体制主要存在以下三点问题：第一，证券监管机构的权力较大，新股发行的行政审批本质没有改变；第二，配售大多以资金量为依据，使得机构投资者获利最多，中小投资者中签难，只能被迫接受二级市场的高价格；第三，询价对象有严格的限制，市盈率长期受到严格管制，使得证券价格没有公允反映其价值。上述三点问题都易造成市场的高抑价。

3. 文献回顾

自 20 世纪 90 年代以来，中国上市公司畸高的 IPO 抑价就引起了学者们的广泛关注，早期的研究主要是基于信息不对称的"赢者诅咒"假说、信号传递理论和基于信息对称的承销商声誉假说等西方资本市场理论与分析框架，虽然这些理论都能在一定程度上解释IPO抑价问题，但是有学者提出质疑，认为"赢者诅咒"假说、信号传递理论、承销商声誉假说等理论都无法很好地解释中国 IPO 抑价（王晋斌，1997；郭泓和赵震宇，2006；刘晓明等，2009）。基于信息对称和信息不对称理论的西方经典理论模型基本不适合用来解释中国 IPO 高抑价，主要是因为上述理论的假设前提为二级市场是有效市场、竞争市场，这和中国股市的实际情况不符（江洪波，2007）。

由于中国特殊的制度背景，加之新股发行制度和政策变迁频繁且巨大，不少学者开始从制度角度对中国 IPO 高抑价进行分析，认为制度是导致 IPO 高抑价的主要因素。有较多的研究从发行制度变迁角度进行的实证分析表明制度变迁显著影响 IPO 抑价。首先，在发行审核制度方面，周孝华等（2006）研究发现在审批制下新股发行价只能反映发行公司的盈利能力、偿债能力和该股票在二级市场的供求状况，IPO 定价效率有限。核准制下新股发行价不仅包括上述因素，还反映了公司的规模、未来成长能力和发行方式，说明核准制下 IPO 定价效率提高了。肖曙光和蒋顺才（2006）基于制度变迁视角的研究发现，审批制到"保荐制"四个阶段，IPO 抑价率分别为779.52%、128.79%、121.53%、70.13%。说明 IPO 抑价率受相关制度影响较大，与发行制度变革显著相关，故新股发行制度应坚持市场化改革。其次，在发行定价与配售制度方面，刘志远等（2011）发现询价制度第一阶段改革后新股定价效率明显提高，证监会取消对发行价格的管制是新股发行效率提高的前提，询价对象竞争程度是定价效率提高的根本动因。张小成等（2012）基于 CARA 模型指出，固定价格和询价发行都不能消除 IPO 抑价，但与固定价格发行相比，"询价制"发行下 IPO 抑价更低。还有学者发现新股首日涨停板制度（首日价格管制）不但没有抑制新股投机，反而导致 IPO 抑价程度更高（宋顺林和唐斯圆，2019）。

此外还有学者从二级市场定价、公司自身特征等角度研究 IPO 抑价的影响因素。曹凤歧和董秀良（2006）基于投机泡沫假说发现，我国 IPO 高抑价并非因为定价机制不合理，而是由于二级市场价格虚高。另外，也有实证研究表明 IPO 公司信息披露、盈余质量和异常审计费用都与 IPO 抑价水平显著负相关（陈胜蓝，2010；朱宏泉和朱露，2018；徐光鲁等，2018）。

4. 研究设计

4.1 研究样本及数据来源

考虑到 1993 年我国建立了全国统一的股票发行制度，本文样本选自 1993—2018 年在深圳和上海交易所上市的全部 A 股 IPO 公司，并进行如下处理：（1）剔除金融、保险行业公司；（2）剔除退市的公司；（3）由于 1993—1994 年公司每股净利润和每股净资产缺失较多，通过上市公司年报和上市公告手工收集部分缺失数据；（4）剔除数据不全的公司；（5）为了避免异常值的影响，对所有连续变量进行上下 1% 的 Winsorize 处理，最终得到 3204 个 IPO 公司数据。本文研究数据来源于 Wind 资讯和 CSMAR 数据库。

4.2 回归模型与变量说明

借鉴现有文献衡量 IPO 抑价程度的主流方法，本文采用上市首日个股回报率(IR)和经过市场调整的上市首日个股回报率(AR)作为衡量 IPO 抑价程度的指标，即被解释变量。将新股发行审核制度变迁(CHANGE1~4)作为解释变量。实证研究发现每股净资产、每股净利率越高的公司，因其质量较好，可以适当提高发行价格，使得抑价程度降低。从承销商角度来看，声誉好的投行主承销的 IPO 项目风险较小，抑价程度较低。从二级市场投资者情绪来看，二级市场投资者情绪越高，IPO 抑价程度更高(韩立岩和伍燕然，2007；孙自愿，2010)。基于前人研究结论和数据完整性两方面的考虑，本文加入以下控制变量：新股发行前每股净资产(BPS)、新股发行前每股净利润(EPS)、新股上市首日股票换手率(TURNOVER)、承销商声誉(REPUTATION)、定价方式(PRICING)、行业虚拟变量(INDUSTRY)，并建立如下多元线性回归模型：

$$IR(AR)=\beta_0+\beta_1 CHANGE_1+\beta_2 CHANGE_2+\beta_3 CHANGE_3+\beta_4 CHANGE_4+\beta_5 BPS+\beta_6 EPS+$$
$$\beta_7 TURNOVER+\beta_8 REPUTATION+INDUSTRY+\varepsilon_i$$

变量定义如表4所示：

表4　　　　　　　　　　　　　　　　主要变量及说明

名称	变量符号	定义及描述
首日个股回报率	IR	(股票在上市首日的收盘价−股票的招股价格)/股票的招股价格
经过市场调整的上市首日个股回报率	AR	上市首日的个股回报率−上市首日的市场回报率
新股发行审核制度变迁	CHANGE1~4	CHANGE1、CHANGE2、CHANGE3、CHANGE4 分别代表"指标管理"阶段、"通道制"阶段、"保荐制"阶段、推进注册制阶段的哑变量，属于该阶段赋值为1，否则为0。划分依据见表1
新股发行前每股净资产	BPS	新股发行前一年的每股净资产
新股发行前每股净利润	EPS	新股发行前一年的每股净利润
新股上市首日股票换手率	TURNOVER	上市首日股票转手买卖的频率，为首日的成交量与流通股股数的比值
承销商声誉	REPUTATION	以样本期间总承销数量排序，前十家作为高声誉承销商，赋值为1，其余取0
定价方式	PRICING	依据表2的划分标准，1999年7月至2001年10月、2005年至今为相对市场化定价阶段，赋值为1，其余为行政定价阶段，赋值为0
行业虚拟变量	INDUSTRY	按照2012年证监会行业分类标准，共18种行业分类，设17个哑变量

5. 实证结果与分析

5.1 描述性统计

5.1.1 主要变量描述性统计

从表 5 可以看出，首先，样本 IPO 公司上市首日个股回报率平均值为 76.8%，经市场调整后的上市首日个股回报率平均为 75.9%，表明 A 股市场存在较高程度的抑价。其次，新股发行前每股净利润和每股净资产的样本平均值都大于中位数，说明样本整体右偏，表明资本市场倾向选择每股净利润、每股净资产较高的公司。此外，新股上市首日股票换手率平均值为 43%，表明 A 股一级市场"炒新"热情较高。承销商声誉的平均值为 0.474，表明排名前十的承销商承办了样本中约 47%的 IPO 业务。

表 5 主要变量的描述性统计

变量名	观测数	平均数	中位数	标准差	p25	p75
IR	3204	0.768	0.440	0.780	0.439	0.953
AR	3204	0.759	0.449	0.774	0.378	0.946
BPS	3204	3.254	2.740	1.804	1.860	4.140
EPS	3204	0.671	0.568	0.423	0.380	0.840
TURNOVER	3204	0.430	0.535	0.339	0.001	0.727
REPUTATION	3204	0.474	0.000	0.499	0.000	1.000

5.1.2 各阶段 IPO 平均抑价

图 1 显示了本文划分的五个阶段 IPO 平均抑价程度大体走势。从样本平均抑价率的变化趋势来看，IPO 抑价程度总体呈下降趋势。这表明随着新股发行审核制度的变迁，IPO 抑价率不断降低。值得注意的是，2004 年"保荐制"的推出使得 IPO 抑价率大幅降低，2014 年后 IPO 平均抑价率一直保持在 44%左右。上述结果表明发行审核制度是影响 IPO 抑价程度的重要因素。

5.1.3 各行业 IPO 平均抑价

图 2 是样本分行业的平均抑价率统计，行业划分依据为上市公司行业分类指引（2012 年修订）。我们可以看出由于行业自身特征不同，各行业之间的抑价差距较大，极差高达 212%。高抑价行业主要是住宿和餐饮（215%）、综合类（142%）、房地产（128%）、批发和零售（114%）、卫生和社会工作（106%）等行业。经过市场调整的平均抑价率结果基本一致。这从侧面说明行业特征也是影响 IPO 抑价程度的重要因素。

5.1.4 主要发行方式 IPO 平均抑价

中国资本市场曾经实施过多种发行方式，包括定价和配售两个方面。本文选取网下询价、上网定价（2005 家），上网定价（666 家），向二级市场配售（202 家），全额预缴、比

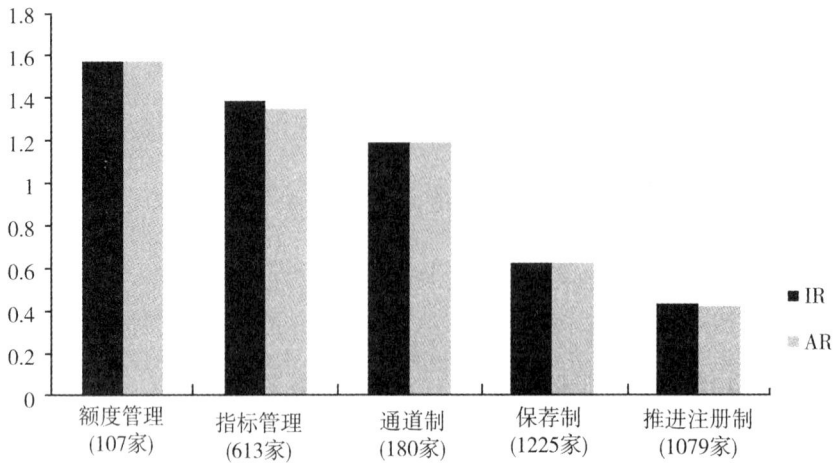

数据来源：CSMAR。

图 1　样本期间各阶段 IPO 平均抑价

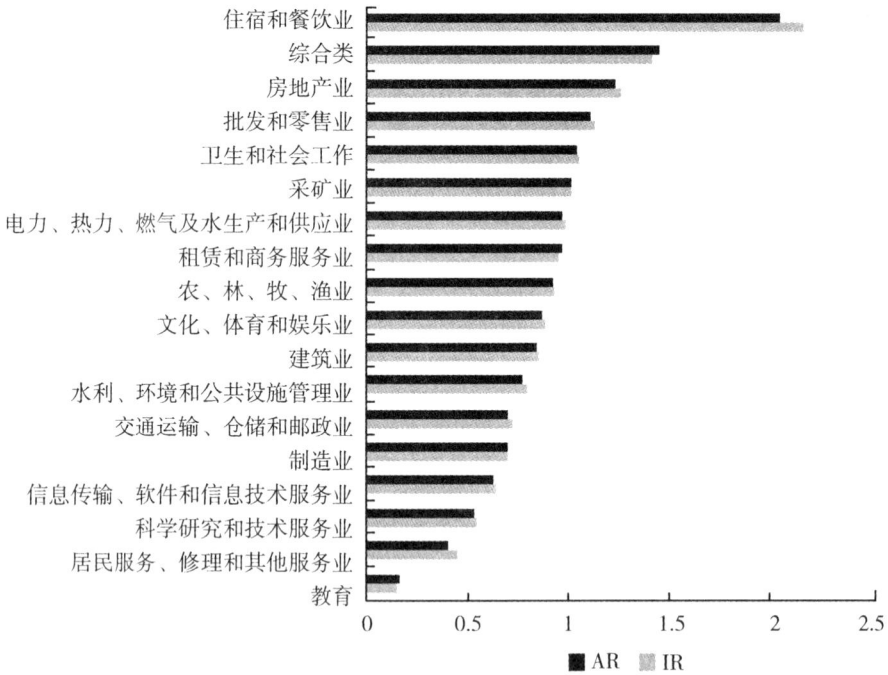

数据来源：Wind。

图 2　样本期间各行业 IPO 平均抑价

例配售(85 家)，存单抽签(52 家)等 5 种使用最多的发行方式，描述其平均抑价程度。从图 3 中我们可以看出，各发行方式之间抑价程度差异较大。网下询价、上网定价方式的抑价水平最低，为 53.2%。经过市场调整的平均抑价率结果基本一致。这说明"询价制"大幅提高了 IPO 定价效率，表明发行方式也是影响 IPO 抑价程度的重要因素。

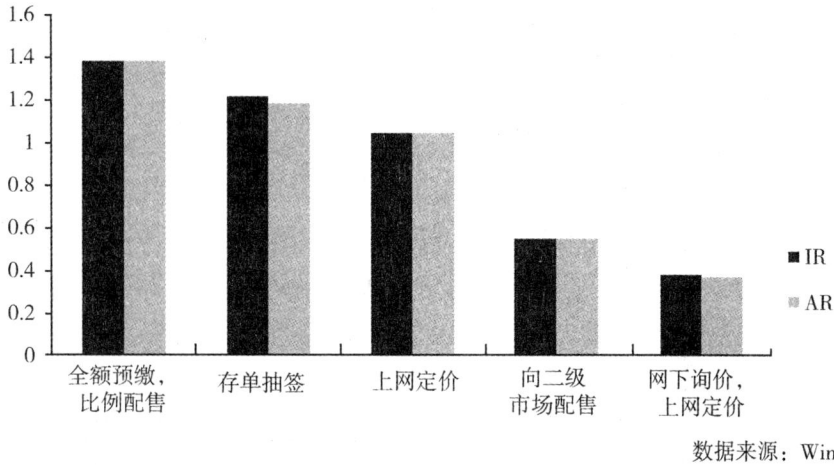

数据来源：Wind。

图 3 样本期间主要发行方式 IPO 平均抑价

5.2 单变量分析

在回归分析前，本文将五个阶段的抑价率两两进行了均值和中位数检验，结果如表 6 所示。从均值的角度看，首先，"指标管理"阶段的平均抑价率比"额度管理"阶段降低 19.9%，且均值差异在 5% 的水平下显著。其次，"通道制"阶段的平均抑价率比"指标管理"阶段降低 19%，且差异在 5% 的水平下显著。此外，"保荐制"效果最明显，该阶段平均抑价率比"通道制"阶段降低 57.1%，且差异在 1% 的水平下显著。"推进注册制"阶段的平均抑价率比"保荐制"阶段降低 17.9%，且差异在 1% 的水平下显著。从中位数的角度看，与均值结果存在两点不同。首先，"额度管理"和"指标管理"两个阶段 IPO 抑价中位数差距不大，差异不显著。本文认为主要是由于"额度管理"阶段新股发行数量较少，资源更加稀缺，少数公司 IPO 抑价偏高。其次，"推进注册制"阶段的中位数高于"保荐制"阶段，且差异显著。可能是由于 2007 年 IPO 抑价明显高于其他年份，拉高了"保荐制"阶段的平均值，加之"推进注册制"阶段 IPO 抑价基本保持在 44%，样本分布较为对称，故"推进注册制"阶段的中位数大于"保荐制"阶段。经过市场调整的抑价率结果基本一致。上述分析在一定程度上说明了随着新股发行审核制度的变迁，IPO 抑价程度不断降低，但由于近五年来发行审核制度没有实质性变革，加之上海、深圳证券交易所于 2013 年 12 月 13 日发布《关于进一步加强新股上市初期交易监管的通知》和《关于首次公开发行股票上市首日盘中临时停牌制度等事项的通知》，规定了新股上市首日 44% 涨跌幅的限制，导致绝大多数新股首日都能上涨 44%，使得 IPO 抑价一直保持在 44% 的较高水平。

表6   发行审核制度各阶段 IPO 抑价均值和中位数检验

制度阶段	N	IR		AR	
		均值(中位数)	Diff	均值(中位数)	Diff
额度管理	107	1.579(1.264)	0.199**	1.578(1.152)	0.225**
指标管理	613	1.380(1.213)	(0.051)	1.354(1.195)	(−0.043)
指标管理	613	1.380(1.213)	0.190**	1.354(1.195)	0.161**
通道制	180	1.190(0.966)	(0.247***)	1.192(0.935)	(0.260***)
通道制	180	1.190(0.966)	0.571***	1.192(0.935)	0.573***
保荐制	1,225	0.619(0.380)	(0.586***)	0.618(0.388)	(0.547***)
保荐制	1225	0.619(0.380)	0.179***	0.618(0.388)	0.189***
推进注册制	1079	0.439(0.440)	(−0.060***)	0.428(0.430)	(−0.042***)

注：括号内为各阶段中位数及中位数差异，***、**、*分别表示在1%、5%、10%的水平上显著。

5.3 回归分析

表7报告了发行审核制度变迁对 IPO 抑价影响的检验结果，第(1)和第(2)列报告审批制下"额度管理"阶段至"指标管理"阶段的回归结果；第(3)和第(4)列报告审批制阶段至"通道制"阶段的回归结果；第(5)和第(6)列报告审批制阶段至"保荐制"阶段的回归结果；第(7)和第(8)列报告审批制阶段至"推进注册制"阶段的回归结果。观察第(7)和第(8)列的结果，可以看到四次制度变迁均与 IPO 抑价程度在1%的水平上显著负相关，说明制度改革成效显著。值得注意的是，本文检验了四次制度变迁的系数差异，发现每个阶段的系数差异显著，其中"保荐制"阶段的系数为−1.215，大于前后两个阶段的系数，这表明各阶段制度变迁对 IPO 抑价影响程度差异显著，其中"保荐制"的推出对 IPO 抑价的降低作用最显著。经市场调整的 IPO 抑价结果基本一致。上述结果表明新股发行审核制度变迁是 IPO 抑价水平变化的关键因素，随着改革的不断推进，特别是"保荐制"的推出，IPO 抑价水平不断降低，证明我国新股发行体制改革成效显著，应继续坚持市场化改革方向，平稳向注册制过渡。

表7   发行审核制度变迁与 IPO 抑价

Stage	1993—2001.3		1993—2004.1		1993—2013.11		1993—2018.12	
Variables	(1) IR	(2) AR	(3) IR	(4) AR	(5) IR	(6) AR	(7) IR	(8) AR
CHANGE1	−0.362**	−0.373***	−0.434***	−0.446***	−0.445***	−0.460***	−0.436***	−0.451***
	(−2.580)	(−2.695)	(−3.086)	(−3.216)	(−3.328)	(−3.496)	(−3.23)	(−3.380)

Stage	1993—2001.3		1993—2004.1		1993—2013.11		1993—2018.12	
CHANGE2			-0.616***	-0.603***	-0.609***	-0.598***	-0.601***	-0.590***
			(-4.206)	(-4.166)	(-4.275)	(-4.256)	(-4.16)	(-4.138)
CHANGE3					-1.125***	-1.104***	-1.215***	-1.199***
					(-8.485)	(-8.446)	(-9.05)	(-9.033)
CHANGE4							-0.598***	-0.633***
							(-4.26)	(-4.594)
EPS	-0.241*	-0.288**	-0.457***	-0.502***	-0.302***	-0.309***	-0.171***	-0.173***
	(-1.703)	(-2.177)	(-3.442)	(-3.994)	(-4.414)	(-4.600)	(-4.74)	(-4.861)
BPS	-0.096**	-0.131***	-0.077*	-0.107***	-0.072***	-0.078***	-0.015*	-0.017*
	(-2.259)	(-2.964)	(-1.943)	(-2.612)	(-3.232)	(-3.474)	(-1.66)	(-1.905)
TURNOVER	0.719**	0.596**	1.060***	0.950***	1.082***	1.014***	1.083***	1.019***
	(2.490)	(2.086)	(3.975)	(3.584)	(10.21)	(9.595)	(10.55)	(9.977)
REPUTATION	-0.325***	-0.313***	-0.268***	-0.256***	-0.125***	-0.119***	-0.086***	-0.083***
	(-4.613)	(-4.460)	(-4.446)	(-4.247)	(-3.668)	(-3.488)	(-3.72)	(-3.589)
Constant	1.629***	1.769***	1.598***	1.718***	1.508***	1.546***	1.329***	1.361***
	(4.517)	(5.011)	(4.963)	(5.387)	(7.580)	(7.881)	(7.18)	(7.464)
INDUSTRY	YES	YES	YES	YES	YES	YES	YES	YES
Observations	720	720	900	900	2,125	2,125	3,204	3,204
Adj. R-Square	0.101	0.103	0.117	0.116	0.263	0.257	0.310	0.305

检验各阶段降低 IPO 抑价程度差异

CHANGE1=CHANGE2			0.010**	0.028**	0.017**	0.046**	0.018**	0.046**
CHANGE2=CHANGE3					0.000***	0.000***	0.000***	0.000***
CHANGE3=CHANGE4							0.000***	0.000***

注：括号内为使用 White(1980)方法得到的稳健性标准误，系数差异每行为 P 值，***、**、* 分别表示在 1%、5%、10%的水平上显著。

5.3.1 发行审核制度变迁、新股定价方式与 IPO 抑价

新股定价方式也是影响 IPO 抑价程度的重要因素。我国新股定价方式可以依据表 2 的标准分为以下四个阶段：固定市盈率阶段（1993—1999.6）、放开市盈率阶段（1999.7—2001.10）、控制市盈率阶段（2001.11—2004.12）、"询价制"阶段（2005 年至今）。其中固定市盈率阶段和控制市盈率阶段具有很强的行政定价性质，其余两个阶段属于相对市场化定价阶段。因"指标管理""通道制""保荐制"阶段存在相对市场化定价与行政定价交替出

现的现象，本文试图探究，在同一发行审核制度下，相对市场化定价与行政定价对 IPO 抑价的影响差异，以及不同市场化定价方式之间的影响差异。

表 8 列示了制度变迁与定价方式交互项的回归结果。其中"指标管理"阶段与定价方式的交互项系数为 0.067，且不显著。"通道制"阶段与定价方式的交互项系数为 0.481，且在 1% 的水平上显著。这说明放开市盈率定价并没有起作用，甚至加剧了 IPO 抑价程度。这主要是由于当时的股票发行市场化程度不高，市盈率定价放开后，其确定方式不合理。加之询价方式事先确定价格，导致定价效率较差。值得注意的是，"保荐制"阶段与定价方式的交互项系数为 -0.205，且在 1% 的水平上显著，这表明"询价制"的推出，要求发行人及其保荐机构向机构投资者累计投标询价确定发行价格，使得定价效率大大提升，相比于控制市盈率阶段更有利于降低 IPO 抑价程度。经市场调整的 IPO 抑价结果基本一致。

表 8 　　　　　　　　　　发行审核制度变迁、新股定价方式与 IPO 抑价

Variables	(1) IR	(2) AR
CHANGE1	-0.462***	-0.484***
	(-3.346)	(-3.535)
CHANGE1×PRICING	0.067	0.084
	(0.972)	(1.204)
CHANGE2	-0.705***	-0.697***
	(-4.907)	(-4.899)
CHANGE2×PRICING	0.481***	0.489***
	(2.648)	(2.724)
CHANGE3	-1.040***	-1.010***
	(-7.454)	(-7.326)
CHANGE3×PRICING	-0.205***	-0.222***
	(-3.483)	(-3.788)
CHANGE4	-0.594***	-0.627***
	(-4.209)	(-4.533)
EPS	-0.159***	-0.161***
	(-4.379)	(-4.466)
BPS	-0.014	-0.017*
	(-1.606)	(-1.844)
TURNOVER	1.114***	1.054***
	(10.400)	(9.892)

Variables	（1）IR	（2）AR
REPUTATION	−0.083***	−0.079***
	（−3.544）	（−3.391）
CONSTANT	1.313***	1.343***
	（7.078）	（7.348）
INDUSTRY	YES	YES
Observations	3,204	3,204
Adj. *R*-Square	0.316	0.311

注：括号内为使用 White（1980）方法得到的稳健性标准误，***、**、* 分别表示在 1%、5%、10%的水平上显著。

5.3.2　发行审核制度变迁、上市地点与 IPO 抑价

上海、深圳证券交易所在证券市场的发展过程中逐渐差异化，上交所的股票市值较大，深交所的股票市值较小（王荣欣等，2018），深市分为主板、中小板、创业板市场。平均来看，各板块 IPO 抑价从大到小的排序为：深圳主板、上海主板、深圳中小板、深圳创业板。出现此现象的原因可能是由于深圳主板上市公司大多在 2000 年以前上市，当时 A 股市场的 IPO 抑价较高，而创业板和中小板上市时间在"保荐制"改革之后，因此 IPO 抑价大幅下降。故本文试图探究，在不同市场中，发行审核制度变迁对于 IPO 抑价程度的降低效应有无差异。结果如表 9 所示，四次制度变迁均与 IPO 抑价程度显著负相关，说明制度改革在沪深两市均有显著成效。值得注意的是，只有 CHANGE2 的系数在两个市场之间差异显著，说明"通道制"改革在两市之间的差异显著，可能是由于当时深圳主板上市公司 IPO 抑价较高，"通道制"改革效果更加明显。其余三次制度变迁，对沪深两市上市公司 IPO 抑价程度的降低作用均无显著差异。

表9　　　　　　　　发行审核制度变迁、上市地点与 IPO 抑价

Variables	IR		AR	
	（1）沪市	（2）深市	（3）沪市	（4）深市
CHANGE1	−0.419**	−0.498***	−0.398**	−0.557***
	（−2.120）	（−2.785）	（−2.015）	（−3.223）
CHANGE2	−0.586***	−1.030***	−0.553***	−1.080***
	（−2.895）	（−5.926）	（−2.737）	（−6.424）

Variables	IR		AR	
	(1)沪市	(2)深市	(3)沪市	(4)深市
CHANGE3	−1.219***	−1.294***	−1.180***	−1.304***
	(−6.222)	(−7.181)	(−6.028)	(−7.494)
CHANGE4	−0.734***	−0.561***	−0.742***	−0.615***
	(−3.099)	(−3.113)	(−3.169)	(−3.541)
EPS	−0.217***	−0.131***	−0.232***	−0.128***
	(−3.907)	(−2.786)	(−4.193)	(−2.750)
BPS	0.020	−0.040***	0.022*	−0.044***
	(1.645)	(−3.100)	(1.786)	(−3.438)
TURNOVER	0.968***	1.170***	0.917***	1.107***
	(4.273)	(11.34)	(4.060)	(10.920)
REPUTATION	−0.135***	−0.053*	−0.135***	−0.049*
	(−3.637)	(−1.799)	(−3.635)	(−1.680)
CONSTANT	1.391***	1.360***	1.390***	1.419***
	(4.169)	(6.064)	(4.188)	(6.534)
INDUSTRY	YES	YES	YES	YES
Observations	1,233	1,971	1,233	1,971
Adj. R-Square	0.355	0.273	0.351	0.265

检验组间系数差异

CHANGE1 = CHANGE1	0.767	0.541
CHANGE2 = CHANGE2	0.093*	0.042**
CHANGE3 = CHANGE3	0.778	0.633
CHANGE4 = CHANGE4	0.556	0.662

注：括号内为使用 White(1980)方法得到的稳健性标准误，组间系数差异每行为 P 值，***、**、*分别表示在1%、5%、10%的水平上显著。

5.3.3 发行审核制度变迁与新股实际首日收益率

考虑到实施 IPO 首日限价政策后，绝大多数新股在上市后出现连续涨停的现象，此时使用首日收盘价来计算新股首日收益率，可能会低估其收益率。因此本文借鉴魏志华等(2019)的方法，将首日收益率的计算公式修正为：新股实际首日收益率(RIR) = (新股上市后首个收盘未涨停日的收盘价−新股发行价)/新股发行价。采用新股上市后首个收盘未涨停日的收盘价来替代新股上市首日收盘价，是因为只有收盘时涨停板打开才意味着市场真正消化了新股的相关信息，此时的股价才能真实反映新股的市场价值(魏志华等，2019)。回归结果如表 10 所示，第(1)列报告审批制下"额度管理"阶段至"指标管理"阶段的回归结果；第(2)列报告审批制阶段至"通道制"阶段的回归结果；第(3)列报告审批制阶段至"保荐制"阶段的回归结果；第(4)列报告审批制阶段至"推进注册制"阶段的回归结果。观察第(4)列我们发现，"指标管理""通道制""保荐制"三次制度变迁均与新股实际首日收益率在1%的显著水平上负相关，说明前三次制度变迁显著降低了新股实际首日收益率。值得注意的是，"推进注册制"制度变迁哑变量与新股实际首日收益率在1%的显著水平上正相关，说明此次制度变迁使新股表现出更高的实际首日收益率。出现这一现象可能是由于"推进注册制"阶段没有对新股发行审核制度进行实质性改革，只是为了推动注册制改革，实施了一系列制度安排，一级市场效率没有实质提高。此外，2013 年 12 月实施的新股首日限价政策，使得大多数新股在首日涨幅44%之后连续多日涨停，导致上市首日实际收益率较高。

表 10　　　　　　　　　发行审核制度变迁与新股实际首日收益率

Stage	1993—2001.3	1993—2004.1	1993—2013.11	1993—2018.12
Variables	(1)RIR	(2)RIR	(3)RIR	(4)RIR
CHANGE1	-0.461**	-0.523***	-0.580***	-0.505***
	(-2.390)	(-2.715)	(-3.181)	(-2.803)
CHANGE2		-0.732***	-0.755***	-0.702***
		(-3.604)	(-3.894)	(-3.660)
CHANGE3			-1.279***	-1.162***
			(-7.048)	(-6.416)
CHANGE4				0.661***
				(3.360)
EPS	-0.322**	-0.568***	-0.345***	-0.678***
	(-1.996)	(-3.578)	(-4.545)	(-8.642)
BPS	-0.120**	-0.085*	-0.069***	-0.026
	(-2.285)	(-1.686)	(-2.775)	(-1.272)
TURNOVER	0.438	0.755**	0.984***	0.710***
	(1.153)	(2.141)	(7.268)	(5.054)
REPUTATION	-0.446***	-0.367***	-0.167***	-0.153***
	(-5.015)	(-4.947)	(-4.243)	(-3.859)

Stage	1993—2001. 3	1993—2004. 1	1993—2013. 11	1993—2018. 12
CONSTANT	2.018***	1.979***	1.754***	1.816***
	(4.814)	(5.251)	(7.246)	(7.665)
INDUSTRY	YES	YES	YES	YES
Observations	720	900	2,125	3,204
Adj. R-Square	0.099	0.102	0.230	0.241

注：括号内为使用 White(1980)方法得到的稳健性标准误，***、**、*分别表示在1%、5%、10%的水平上显著。

6. 结论与政策性建议

本文研究发现，自1993年建立全国统一的股票发行制度以来，A股IPO高抑价现象一直存在，且在不同行业、不同发行方式之间差异较大。但随着发行审核制度的变迁，抑价程度不断降低。从定价制度来看，放开市盈率阶段并没有显著降低IPO抑价程度，只有"询价制"切实缓解了IPO高抑价问题。从上市地点来看，"通道制"改革对深市上市公司IPO抑价程度的降低作用更加显著。其余三次制度变迁，对沪深两市上市公司IPO抑价程度的降低作用均无显著差异。此外，前三次制度变迁显著降低了新股实际首日收益率，而"推进注册制"阶段使新股表现出更高的实际首日收益率。

本文结合研究结论提出以下政策建议：

第一，加快转变证监会职能。目前新股发行、定价受到严格管制，IPO抑价保持在44%的较高水平，且新股实际首日收益率较高，市场资源配置效率较低。证监会应进一步转变职能，改革新股发行体制，降低IPO抑价程度，提高资源配置效率。转变职能的关键在于改变新股发行行政审批与行政监管的本质。证监会应逐渐下放权力，对新股发行只做形式审核，增加对上市公司信息披露监管强度，强化公司治理与内控建设，从供给端缓解IPO高抑价问题；

第二，进一步推进新股定价和配售制度改革。2013年12月以来实施的新股首日价格管制导致新股上市后的股价短期内再次非理性攀升，同时在新股配售中，中小投资者只能参与网上申购，由于资金量小，中签非常困难，只能被迫从二级市场以更高的价格购买股票(韩立岩，2007；宋顺林，2019)。故应取消首日价格管制，同时有效落实询价制度，不让询价流于形式，让更多的机构投资者参与询价，增强买方议价能力。配售机制应向个人投资者倾斜，以便解决中小投资者中签难的问题，从而从需求端缓解IPO高抑价问题；

第三，完善监管立法，提高司法效率。在实践中法律法规的不完善和大部分法官缺乏金融知识，导致投资者通过法律途径保障权益的效率不高。故应将监管规则法律化，部门规章明细化，这样不仅有利于监管透明化，也有利于提高诉讼效率，切实保障中小投资者利益，实现司法公正；

第四，低抑价行业试点注册制。可以先对低抑价行业试点注册制，并结合目前科创板施行注册制过程中暴露出的问题，完善制度安排，条件成熟时全行业推行，使 A 股市场新股发行由核准制平稳过渡到注册制。

◎ 参考文献

[1] 曹凤岐，董秀良. 我国 IPO 定价合理性的实证分析[J]. 财经研究，2006(6).

[2] 陈胜蓝. 财务会计信息与 IPO 抑价[J]. 金融研究，2010(5).

[3] 郭泓，赵震宇. 承销商声誉对 IPO 公司定价、初始和长期回报影响实证研究[J]. 管理世界，2006(3).

[4] 韩立岩，伍燕然. 投资者情绪与 IPO 之谜——抑价或者溢价[J]. 管理世界，2007(3).

[5] 江洪波. 基于非有效市场的 A 股 IPO 价格行为分析[J]. 金融研究，2007(8).

[6] 刘晓明，胡文伟，李湛. 中国股票市场 IPO 折价实证研究[J]. 管理科学，2009，22(4).

[7] 刘志远，郑凯，何亚南. 询价制度第一阶段改革有效吗[J]. 金融研究，2011(4).

[8] 祁斌，黄明. 发行制度改革研究：比较与分析[R]. 2013.

[9] 宋顺林，唐斯圆. IPO 定价管制、价值不确定性与投资者"炒新"[J]. 会计研究，2017(1).

[10] 宋顺林，唐斯圆. 首日价格管制与新股投机：抑制还是助长？[J]. 管理世界，2019(1).

[11] 孙自愿，中国资本市场 IPO 高初始收益之谜——基于发行制度变迁与投资者情绪的思考[M]. 北京：中国经济出版社，2010.

[12] 王晋斌. 新股申购预期超额报酬率的测度及其可能原因的解释[J]. 经济研究，1997(12).

[13] 王跃堂，朱林，陈世敏. 董事会独立性、股权制衡与财务信息质量[J]. 会计研究，2008(1).

[14] 王荣欣，张波，邓军. 波动性传导、市场板块差异与股票流动性——基于高频交易量价结合的新角度[J]. 国际金融研究，2018(4).

[15] 王振山，王秉阳. 股票投机、信息发现与权益成本——对股权融资偏好的再讨论[J]. 经济评论，2018(2).

[16] 魏志华，曾爱民，吴育辉，李常青. IPO 首日限价政策能否抑制投资者"炒

新"？［J］．管理世界，2019，35(1)．

［17］肖曙光，蒋顺才．我国 A 股市场高 IPO 抑价现象的制度因素分析［J］．会计研究，2006(6)．

［18］徐光鲁，马超群，刘伟，贾钰．信息披露与 IPO 首日回报率［J］．中国管理科学，2018(10)．

［19］徐莉萍，辛宇，陈工孟．股权集中度和股权制衡及其对公司经营绩效的影响［J］．经济研究，2006(1)．

［20］张小成，黄少安，周永生．不同发行机制下 IPO 抑价比较研究［J］．中国管理科学，2012，20(6)．

［21］周孝华，赵炜科，刘星．我国股票发行审批制与核准制下 IPO 定价效率的比较研究［J］．管理世界，2006(11)．

［22］朱宏泉，朱露．异常审计费用、审计质量与 IPO 定价——基于 A 股市场的分析［J］．审计与经济研究，2018，33(4)．

［23］Allen，F.，Faulhaber，G. R. Signalling by underpricing in the IPO market［J］. Journal of Financial Economics，1989，23(2)．

［24］Chambers，D.，Dimson，E. IPO Underpricing over the very long run［J］. Journal of Finance，2009，64(3)．

［25］Ellul，A.，Pagano，M. IPO underpricing and after-market liquidity［J］. Review of Financial Studies，2006，19(2)．

［26］Ritter，J. R. Why has IPO underpricing changed over time? ［J］. Financial Management，2004，33(3)．

［27］Ritter，J. R. Equilibrium in the initial public offerings market［J］. Annual Review of Financial Economics，2011，3.

［28］Rock，K. Why new issues are underpriced［J］. *Journal of Financial Economics*，1986，15(1)．

Changes in The New Share Issuance System and A-share IPO Underpricing

Li Qingyuan[1]　　Li Xipei[2]

(1，2 Economics and Management School of Wuhan University，Wuhan，430072)

Abstract：This paper takes 3204 A-share non-financial IPO companies as research samples from 1993-2018 to investigate the impact of changes in the new share issuance system on IPO underpricing. The empirical results show that the four changes in the new share issuance system have a significant effect on IPO underpricing degree，and the "sponsorship system" phase has the largest decline. From the perspective of pricing methods，the stage of releasing P/E ratio doesn't significantly reduce the IPO underpricing degree, Only the "inquiry system" can effectively alleviate the IPO high underpricing. From the perspective of listing location, the reform of "channel system" can significantly reduce IPO underpricing of listed companies in Shenzhen, and the other three institutional changes have no significant effect on the reduction of IPO underpricing of listed companies in Shanghai and Shenzhen. From the perspective of the actual first-day return rate of new shares, the previous three institutional changes significantly reduce the actual first-day return rate of new shares, while the "promoting registration system" stage makes new shares show higher actual first-day return rate. This paper sorts out the reform process of the new share issuance. Based on large sample and long-term empirical research, this paper puts forward targeted policy recommendations, which has reference significance to further promote the reform of the new share issuance registration system.

Key words: New share issuance system; IPO underpricing; Resource allocation

专业主编：潘红波

老年消费者的国货偏爱效应：
基于本体安全感理论视角*

● 崔 楠[1] 徐 岚[2] 张留霞[3]

（1，2，3 武汉大学经济与管理学院 武汉 430072）

【摘 要】随着中国老龄人口数量逐渐增加，消费能力不断提高，品牌消费意识不断增强，老年人消费偏好问题受到了越来越多的重视，然而当前针对老年消费者品牌偏好的研究依然较少，并且缺乏对内在机制的深入探讨。基于此，本文聚焦于老年消费者的新产品购买决策这一具体情境，提出并检查了老年消费者的国产品牌偏好及其内在机制。实验结果表明：相比外国品牌身份，老年消费者对新产品的国产品牌身份的购买意向更高。其原因在于，在新产品的购买决策中，老年消费者感觉自身能力下降、不能很好地应对世界变化，本体安全感因而受到威胁，致使其选择国产品牌以帮助自己修复本体安全感。而当情境中存在高社会地位线索时，老年消费者在国产品牌和外国品牌偏好上的差异不显著。本研究的发现丰富了现有本体安全感和品牌偏好的相关研究，为品牌新产品营销提供了一种新的策略，具有丰富的理论贡献和管理启示。

【关键词】老年消费者 本体安全感 国产品牌 老年人社会地位线索
中图分类号：F713.55 文献标识码：A

1. 引言

根据《2015 年国民经济和社会发展统计公报》，到 2015 年年末，中国 60 周岁及以上

---

* 本文为国家自然科学基金项目"跨边界情境与边界设定对角色转变及消费行为的影响研究（项目批准号：71872140）"；"时间信息对消费者体验影响的研究：基于时间与体验的内在联系视角（项目批准号：71472142）"；"基于地点特征的消费者移动媒体偏好与使用行为研究：社会生态心理学的视角（项目批准号：71472141）"；"零售地点空间方位特征对零售地点体验及消费者行为的影响（项目批准号：71772141）"以及国家自然科学基金面上项目"品牌叙事连接及其对品牌态度的影响：基于叙事网络构建的视角（项目批准号：72072135）"的阶段性成果。

通讯作者：徐岚，E-mail：orange_xulan@ 163. com。

老年人口数为 22200 万人，已超过 2 亿，占总人口的比重 16.1%①。除却数量，中国老年人口的消费能力也随着经济的繁荣而不断增长（Zhang, Song & Jensen Carver, 2008）。由于中国养老保险制度的不断完善，退休金的不断提高，政府各项救助和补贴的增加，以及中国特有的养老模式，中国老年人的消费支出十分可观。

在现有关于老年消费者品牌消费的文献中，鲜有研究直接检查老年消费者的国货偏爱及其内在机制。已有文献提出老年人会由于怀旧、创新、依恋的原因更偏爱老品牌（Lambert-Pandraud & Laurent, 2010）；也有研究从恐惧管理的角度出发，发现死亡信息突显的时候，人们会更倾向于选择国产品牌（柳武妹，王海忠，何浏，2014）。在一项调查中，研究者发现年长者以及西方化程度低的人更可能购买民族品牌（Lu Hsu & Han-Peng, 2008）。然而，这项调查并没有单就老年人这个群体进行研究设计，更没能深入探讨其背后的解释机制。

随着身体日渐衰老，老年人的本体安全感会受到威胁。本体安全感反映了人们对世界可靠性和一致性的心理信任。当老年人感到自己无法像从前那样有能力应对周围环境的快速变化时，会产生极大的本体不安全感。尤其当老年人在购买新产品时，其本体安全感会受到更强的威胁，这使得他们会寻求能帮助其获得安全感提升的产品属性或价值。而国产品牌所代表的本地身份属性，有助于让老年消费者获得一种稳定安全的感受，从而减少他们在购买和消费新产品时所产生的本体不安全感。

此外，本文认为老年消费者的国产品牌偏好是存在边界的，在不同的老年人社会地位线索下，老年消费者的品牌偏好效应具有差异。高社会地位线索有助于唤醒老年人对于高权力的感知，增强控制感，进而增强人们对世界处于有秩序、结构化状态的感知，帮助老年消费者从本体安全感威胁中得到恢复，从而降低了老年消费者对国产品牌的选择偏好。而低老年社会地位线索会唤醒老年消费者的低地位感知。当老年消费者感知社会地位较低时，也就意味着他们拥有更少的资源以及在社会等级中相对于其他人处于从属地位，从而个人控制感下降（Kraus, Piff & Keltner, 2009），因而对世界的感知也变得无序和不确定。这使得老年消费者无法从本体安全感威胁中得到恢复。因此，老年消费者出于寻求本体安全感提升的潜在动机，会在选择新产品时更加偏爱国产品牌。

鉴于此，首先，本文试图聚焦于老年消费者这一独特的消费群体，检查其在购买新产品时是否对国产品牌有着显著的偏好。其次，本文首次从本体安全感角度为其提供了解释机制并检验了老年社会地位线索的调节作用。最后，本文将通过四个实验对此进行考察验证。

---

① 国家统计局.2015 年国民经济和社会发展统计公报［EB/OL］.2016-02-29［2019-01-16］. http：//www.stats.gov.cn/tjsj/zxfb/201602/t20160229_1323991.htmlhttp：//www.stats.gov.cn/tjsj/zxfb/201602/t20160229_1323991.html.

2. 文献回顾与研究假设

2.1 老年消费者的新产品品牌偏好

就产品类型而言，老年消费者对新产品的偏好较低。一方面，这是因为老年人认知能力的下降、决策中认知难度的增加，导致老年人在决策中一般采用启发式的方法，例如重复选择和延迟购买（Lambert-Pandraud, Gilles & Lapersonne，2005）。另一方面，相对于喜欢创新产品的年轻消费者而言，老年人会出于怀旧、创新意愿更低、依恋的原因而更趋向于跟已有的产品保持联系，并更偏好常见的选择（Lambert-Pandraud & Laurent，2010）。

就品牌类型而言，当前文献中鲜有研究探讨老年消费者是否有更强的国产品牌偏好，而且现有关于老年消费者国产品牌偏好的研究仍然存在局限性。Lu Hsu 和 Han-Peng 在讨论民族中心主义对消费者品牌偏好的研究中提及，老年人更容易购买民族品牌（Lu Hsu & Han-Peng，2008），但这一研究在理论上直接将老年人看作是西方化程度低的消费者，并未针对老年人检查其效应机制。柳武妹，王海忠，何浏（2014）基于恐怖管理理论发现，当媒体内容与死亡相关的时候，人们更倾向于选择国产品牌。然而，这一研究并没有以老年消费者作为研究样本。

与老年消费者品牌偏好不同。年轻消费者出于对外国品牌有更高的感知声望、更高的感知质量以及感知价值的原因而更偏爱外国品牌（Lianxi & Amy，2008）。在感知声誉方面，消费者喜欢购买外国品牌是其内心对地位渴望的一种外在写照。在感知质量方面，由于刻板印象的存在（Liu & Johnson，2005），在消费者心中，全球品牌或者外国品牌通常跟可信性和优质产品质量相联系（Jin, Chansarkar & Kondap，2006）。在感知价值方面，由于外国品牌在市场上是有限供应的，这更能提高消费者的感知价值和品牌偏好（Verhallen，1982），因此，对于消费者而言，进口有限的外国品牌更有吸引力（Lianxi & Amy，2008）。

根据上述文献，我们可以做出以下推断：消费者由于受到品牌来源地效应的影响，可能对外国品牌的新产品有更高的偏好。然而，这种偏好可能因消费者的年龄而异，对于年轻消费者而言，由于外国品牌身份可能会增加其对新产品质量、价值及声誉的感知，因此，他们对外国品牌的偏好更高。然而，对于老年消费者而言，他们在购买新产品时可能更加谨慎，而国产品牌身份可能让他们有更多的熟悉感、更少的认知处理难度，从而让他们更为信任，因此老年消费者在购买新产品时可能对本国品牌的偏好更高。

基于此，本文提出研究假设1：

假设1：相比年轻消费者，老年消费者在选择新产品时对国产品牌比对外国品牌的购买意向更高。

2.2 本体安全感

本体安全感的概念最早由吉登斯（Giddens）提出。它是一种源于对世界可靠性和一致性的心理信任所产生的安全感。吉登斯指出这种信任是人们在这个复杂的现代社会中生存所必需的。在社会生活中，人们需要感觉到世界正在以一种他们可以理解的方式存在，并且关于世界的描述与其自我身份（self-identity）是保持一致的（Hawkins & Maurer, 2011）。

本体安全感的发展从幼儿时期就已经开始，它涉及人们对世界上各种社会活动及其意义的理解（Cohen & Metzger, 1998）。也有研究认为，本体安全由对现代生活中危险、混乱情况的掌控感发展而来（Hawkins & Maurer, 2011），是一种有关人和物的可靠感。

在年龄与本体安全感的关系中，相关研究发现，老年人的本体安全感更容易受到威胁（Reifova & Fišerová, 2012）。随着老年人年龄的增加，老年人对人和事物的控制感在下降，其失落感在不断增加，这严重威胁到了老年人的本体安全感水平。研究表明，当生活环境发生变化时，老年人明显感到难以适应，即使是一个很小的变化，也能严重地威胁到老年人的安全感（Wikstrom, 2007）。

新产品的购买及消费往往涉及与常规产品所不同的知识和经验，这使老年人感觉其理解和控制过程更为困难。因为随着年龄的增大，老年人的脑部和神经系统的反应时间变慢，短期记忆范围下降，视觉、听觉和其他感官的灵敏度下降（Smith & Moschis, 1985），认知能力也大不如前。新产品相较以前产品的变化会引起老年消费者对环境的不稳定性和不确定性感知，进而威胁到他们的本体安全感。

为了恢复本体安全感，老年消费者需要寻求能够帮助其重建对环境的控制能力的工具，这既可能是功能上，也可能是符号上的。新产品的国产品牌身份，可以作为一种帮助老年消费者恢复本体安全感的工具。首先，国产品牌身份让老年消费者有更多的熟悉感，能让他们感到自己对新产品有更强的操纵能力；其次，国产品牌身份为老年消费者提供了一种重要的符号价值。由于老年消费者与国产品牌共享着同一个国家身份，这个国家身份为老年消费者理解变化的世界提供了可靠的框架，给予老年人一种心理上的稳定状态（Michael, 2010）。

社会学研究指出，大部分被忽视的民族身份和国家身份只有在被威胁的时候才会突显其价值。这是因为在被人们意识到之前，这种国家身份随着消费者的社会经济文化生活渐渐地融入了消费者的日常生活和常规活动，形成了消费者熟悉的大环境，这个稳定的环境为消费者提供了本体安全感（Marty et al., 2012）。但是，当周围世界的环境发生变化，而人们又没有足够的能力去应对这些变化时，本体安全感会受到威胁，此时国家民族身份对于个人的意义和价值得以显现（徐岚，蒋怡然，崔楠等，2020）。当传统褪色，以前的亲缘群组以及当地社区意识因为后现代的无根性失去平衡时，民族国家身份就会扮演越来越重要的角色，它有助于人们在迷失的混乱环境中恢复本体安全感（Browning & Christopher, 2015）。

综上所述，本文提出以下假设：

假设2：年龄差异（老年消费者 VS 青年消费者）对国产品牌新产品购买意向的影响由本体安全感水平所中介。

2.3 老年人社会地位线索的调节作用

社会地位涉及个人在既定社会系统中所处的位置，可能会影响人们对周遭环境的感知（Marques et al., 2015）。不同情况下，老年人对社会地位的感知不同。一方面，随着社会状态变化（如从工作到退休的角色转变）以及社会对老年人自身所固有的负面刻板印象，老年人容易产生一种处于低社会地位状态的感知（Weiss & Weiss，2016）。另一方面，在中国或一些传统文化的国家中，受文化影响，老年人被社会所尊重和爱戴，由此可能形成较高的社会地位感知。由于老年人对社会地位的感知是一个主观变量，它可能受到外在线索因素的影响。根据 Bradshaw 等人对主观社会地位的界定，本文将老年人社会地位线索定义为能唤起老年人在社会中所处位置感知高低的情境线索（Bradshaw et al.，2017）。

当存在高社会地位线索时，老年人的高地位感知被唤起。在社会等级中处于高地位状态有助于人们获得一种控制感（Magee & Galinsky，2008），使人们感到自己能够从无序的状态中快速恢复到一种有秩序、结构化的状态（Rutjens et al.，2013），从而减少因年龄和新产品所导致的本体不安全感威胁。高社会地位线索为老年消费者提供了一种稳定有序的认知预期，有助于人们暂时性地脱离动荡、不确定性的环境压力。在这种情况下，老年消费者的本体不安全感不太可能会因为年龄和新产品的特性而被持续唤起，从而降低了其对国产品牌的选择偏好。

相反，当情境中存在低社会地位线索时，老年消费者的低地位感知被唤起。当老年消费者感知社会地位低时，意味着他们拥有更少的资源以及在社会等级中相对于其他人处于从属地位，从而个人控制感下降（Kraus，Piff & Keltner，2009）。这种低社会地位线索加剧了老年消费者对周围社会环境不稳定状态无力控制的感知，这使得老年消费者在遭遇到本体安全感威胁时，无法从自我调整中得到快速恢复。因此，老年消费者出于寻求本体安全感提升的潜在动机，会在选择新产品时更加偏爱国产品牌。

据此我们提出假设3：

假设3：老年人社会地位线索调节了年龄差异对国产品牌新产品购买意向的影响。具体而言，当情境中存在低社会地位线索时，老年消费者对国产品牌比对外国品牌有更高的购买意愿；而当情境中存在高社会地位线索时，老年消费者在国产品牌和外国品牌偏好上的差异不显著。

接下来，本文采用四个实验来检验假设，其中实验一检验了老年消费者的国产品牌偏爱效应，即相比年轻消费者，是否老年消费者对国产品牌新产品的购买意向更高。实验二进一步检验了假设1和假设2，验证了本体安全感在该效应中的中介作用。实验三则检查了当人为操纵本体安全感水平时，老年消费者的国产品牌偏爱效应是否存在，其研究发现进一步支持了本体安全感的作用。实验四检验了老年人社会地位线索的调节作用。

3. 实验

3.1 实验一

实验一的目的是检验老年消费者的国产品牌偏爱效应，为了达到该目的，本研究设计了一个2（年龄：老年组 VS 年轻组）×2（品牌来源：国产 VS 外国）的组间实验，分别测量了老年消费者和年轻消费者对国产品牌/外国品牌新产品的购买意向。

3.1.1 实验过程

在实验过程中，共有131人参与了本实验。其中，老年人来自某高校老年大学，共

71人，年轻人为某高校的本科生及研究生，共60人。在每个年龄组里，他们被随机分配到国产和外国品牌两个组内。

首先，实验者要求被试想象自己在逛超市时，偶然看见一款健康智能手环，它可以通过自身内置的传感器实时监测心率与体温变化，也可以自动识别人体行为，并帮佩戴者规划作息。而且，佩戴者也可以通过手机APP实时看到自己最近一个月的健康信息记录，随时随地对自己的健康情况了如指掌。

在国产品牌组，被试被告知其接触的健康手环由一家在该领域中资深的中国公司康环生产，在外国品牌组，被试被告知其接触的产品由健康手环领域的一家外国资深公司Health Wear生产，除品牌来源地的差异之外，国产和外国品牌两组中的产品在定价、材质、款式、外形、颜色等属性特征方面完全一致。

接着，我们对不同品牌来源组中消费者对智能手环品牌的购买意向用7点量表进行了测量(1代表非常同意，7代表非常不同意)。最后，我们让被试填写了产品评价信息以及年龄、性别、受教育背景等一些个人基本信息。作为感谢，实验结束后，参与者会得到一件小礼品。

3.1.2 实验结果

对2(年龄：老年组 VS 年轻组)×2(品牌来源：国产 VS 外国)的方差分析结果显示，两个主效应是显著的。一方面，年龄对购买意向的主效应显著($F(1, 131) = 58.97$，$p < 0.001$)，说明总体来看年轻人的产品购买意向($M = 4.60$)高于老年人($M = 2.79$)，另一方面，品牌对购买意向的主效应显著($F(1, 131) = 4.22$，$p < 0.05$)，说明对于老年人而言，相比外国品牌($M = 2.05$)，他们在国产品牌上的购买意向更高($M = 3.64$)。

而且，在品牌和年龄对购买意向的交互作用上，效果也十分显著($F(1, 131) = 24.61$，$p < 0.001$)，如图1所示，在老年组下，老年人对国产品牌的购买意向($M = 3.64$)高于对外国品牌的购买意向($M = 2.05$)，而在年轻组，年轻人对国产品牌的购买意向($M = 4.25$)和对外国品牌的购买意向($M = 4.91$)没有太大差别。

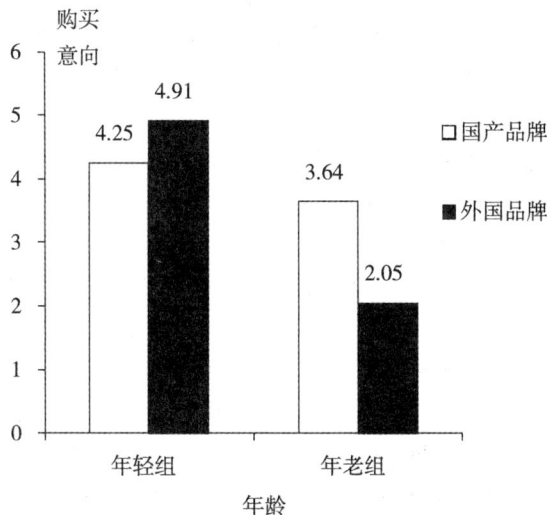

图1　老年消费者与年轻消费者的品牌购买意向对比

3.1.3 讨论

实验一的结果揭示了不同年龄消费者在国产和外国品牌购买意向方面的差异。对于年轻人而言，他们对国产品牌和外国品牌的购买意向没有显著差异。但对于老年人来说，他们对国产品牌的购买意向显著高于对外国品牌的购买意向，该发现支持了假设1。

然而，实验一并未探索老年人为何会更偏爱国产品牌的内在心理机制，本研究开展了实验二，以检查本体安全感的中介作用。

3.2 实验二

通过一个2(年龄：老年组 VS 年轻组)×2(品牌来源：国产 VS 外国)的组间实验设计，我们分别测量了老年消费者和年轻消费者对国产及外国品牌新产品的购买意向以及他们的本体安全感水平。实验二既再次检验了实验一的主效应，又检查了本体安全感的中介作用。

3.2.1 实验过程

在实验过程中，共有128人参与了本实验。其中，老年人来自某高校老年大学，共60人，年轻人为某高校的本科生及研究生，共68人。他们被随机分配到老年组和年轻组。在每个年龄组里，他们被随机分配到国产和外国品牌两个品牌来源组内。

首先，被试被要求想象自己在逛超市时，偶然看见一款蒸汽眼罩，该蒸汽眼罩内含铁粉和水制成的发热体，通过打开包装与空气接触释放温润蒸汽，可以缓解眼疲劳、有效护眼，为眼部带来舒适体验。而且，该蒸汽眼罩轮廓流畅，能完美贴合眼部，锁住蒸汽，携带方便，可以随时随地让眼睛休息起来。在国产品牌组，被试被告知其接触的是由日用品领域的中国资深公司问康生产；在国外品牌组，被试被告知其接触的是由日用品领域的资深外国公司 Comfort 生产，但两者的定价、材质、款式、外形、颜色等属性特征完全一致。

接着，我们对消费者的品牌购买意向和本体安全感水平用7点量表进行了测量。根据本体安全感的定义，我们分别从可靠性、熟悉感和控制感三个方面来测量消费者想象其在使用实验组中的品牌新产品时的本体安全感水平，如"我相信新产品带给我的体验是稳定和可靠的""我相信新产品带给我的体验是熟悉和安全的""我感觉自己很难驾驭新产品获得良好体验(反向语句)"。

和实验一相似，我们最后让被试填写了一些产品评价信息和个人基本信息。作为感谢，实验结束后，参与者会得到一件小礼品。

3.2.2 实验结果

对2(年龄：老年组 VS 年轻组)×2(品牌来源：国产 VS 外国)的方差分析结果显示，年龄对消费者购买意向的主效应显著($F(1, 128) = 50.44$, $p < 0.001$)，说明总体来看年轻人的品牌购买意向($M = 4.95$)高于老年人($M = 2.72$)。而且，在品牌和年龄对购买意向的交互作用上，效果也十分显著($F(1, 128) = 26.09$, $p < 0.001$)，如图2所示，在老年组下，老年人对国产品牌的购买意向($M = 3.91$)高于对外国品牌的购买意向($M = 2.11$)，而在年轻组，年轻人对国产品牌的购买意向($M = 4.44$)低于对外国品牌的购买意向($M = 5.36$)。

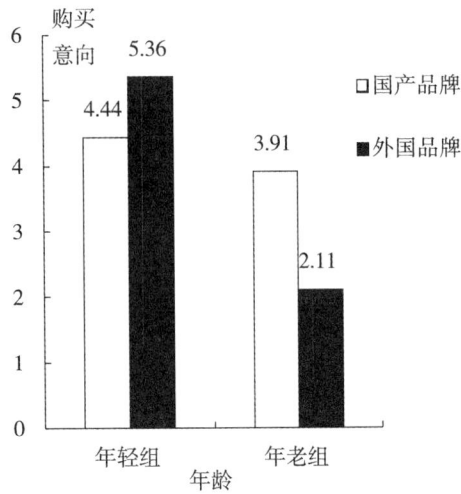

图 2　老年消费者与年轻消费者的品牌购买意向对比

对 2(年龄：老年组 VS 年轻组)×2(品牌来源：国产 VS 外国)的方差分析结果显示，年龄对消费者本体安全感的主效应显著($F(1, 128) = 70.85$, $p<0.001$)，说明总体来看年轻人的本体安全感水平($M=4.97$)高于老年人($M=2.90$)。此外，虽然品牌对消费者本体安全感的主效应并不显著($F(1, 128) = 2.08$, $p>0.05$)，但是，在品牌和年龄对消费者本体安全感的交互作用上，效果却十分显著($F(1, 128) = 16.30$, $p<0.001$)，如图 3 所示，在老年组下，老年人在购买国产品牌的情况下本体安全感($M=3.70$)高于选购外国品牌的本体安全感水平($M=2.50$)，而在年轻组，年轻人在购买国产品牌情况下的本体安全感($M=4.65$)反而略低于选购外国品牌的本体安全感水平($M=5.22$)。

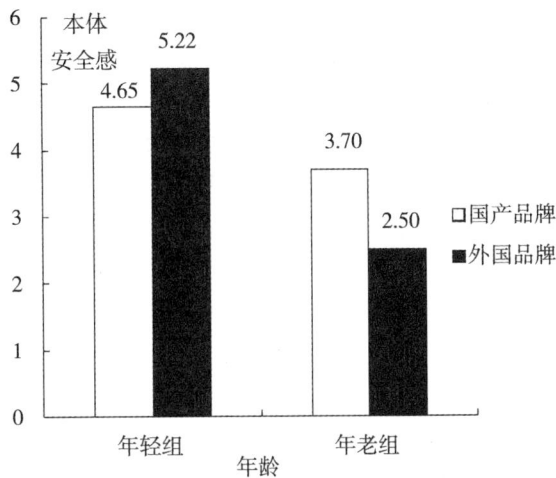

图 3　老年消费者与年轻消费者在不同品牌来源下的本体安全感对比

中介效应分析：本文根据 Preacher 和 Hayes(2004)以及 Hayes（2013）提出的 Bootstrap 方法对本体安全感的中介效应进行了详细的分析。样本量选择 5000，在 95% 置信区间下，本体安全感的中介检验结果不包含 0(LLCI = -2.5795，ULCI = -1.5262），表明本体安全感的中介效应显著，且中介效应大小为 -2.0455。此外，控制了中介变量本体安全感之后，自变量年龄对因变量消费者购买意向的影响并不显著，区间(LLCI = -0.6359，ULCI = 0.2681）包含 0。因此本体安全感在消费者年龄对消费者购买意向的影响中发挥了重要中介作用。

3.2.3　讨论

实验二的结果揭示了年龄对消费者本体安全感的影响。对于年轻人而言，他们即使是在购买外国品牌时也会拥有较高的本体安全感。不过，对于老年人来说，相比购买外国品牌，选购国产品牌反而能带来更高的本体安全感。

3.3　实验三

本文通过一个 2(品牌来源：国产 VS 外国)×2(本体安全感水平：高 VS 低)的组间实验设计来检验本文的研究假设。

3.3.1　实验过程

在实验过程中，共有 135 位老年消费者(59% 为男性，M_{age} = 63，SD_{age} = 2.62)参与了本实验。参与者被随机分配到不同本体安全感水平及不同品牌来源的四个组内。

首先，实验者要求被试阅读一段关于城市拆迁的文字材料。不同的是，本体安全感受到威胁组的被试接触的材料内容强调拆迁给社会和人们的生活带来了混乱，而本体安全感未受到威胁组的被试阅读的材料强调拆迁给社会和人们的生活带来了机会。两段材料在篇幅长度上保持一致。

接着，和实验二相似，实验者向被试展示了关于蒸汽眼罩的描述材料。随后，被试对品牌购买意向打分。最后，我们收集了被试的个人基本信息，并予以感谢。

3.3.2　实验结果

本次实验共有 135 份问卷，其中，国产品牌组 66 份，外国品牌组 69 份。

对 2(品牌来源：国产 VS 外国)×2(本体安全感水平：高 VS 低)的方差分析结果显示，品牌对老年消费者的购买意向作用显著($F(1，135)$ = 12.41，$p<0.05$)，本体安全感对老年消费者购买意向的作用不显著($F(1，135)$ = 0.17，$p>0.05$)，但品牌与本体安全感的交互作用显著($F(1，135)$ = 15.87，$p<0.001$)，如图 4 所示，当老年消费者的本体安全感水平较高时，他们对国产品牌的购买意向(M = 3.56)与外国品牌的购买意向(M = 3.65)没有显著差别，而当本体安全感水平较低时，老年消费者对国产品牌的购买意向(M = 4.28)明显高于外国品牌组(M = 2.77)。

3.3.3　讨论

实验三的结果揭示了消费者本体安全感对消费者品牌购买意向的影响。消费者本体安全感水平越高，其对品牌的购买意向越高，这与品牌是国产品牌还是外国品牌无关。

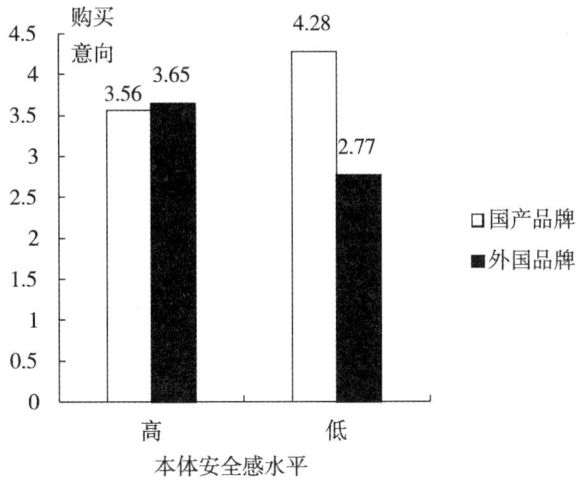

图 4　不同本体安全感水平下老年消费者的品牌购买意向对比

3.4　实验四

实验四采用了一个 2(品牌：国产 VS 外国)×3(老年社会地位线索：老年人低社会地位线索 VS 老年高社会地位线索 VS 无老年社会地位线索)的组间实验设计。其目的有两个：一是检验老年消费者的国产品牌偏好效应以及本体安全感的中介作用，以再次验证实验一和实验二的发现，增加实验的外部效度；二是增加对调节变量老年社会地位线索的考察，验证假设三，以识别影响或改变老年消费者国产品牌偏好效应的因素。

3.4.1　实验过程

共有 197 名老年消费者(50.3% 为男性，$M_{age} = 64$，$SD_{age} = 2.95$)被随机分配到此次实验中，其中，国产品牌组 95 人，外国品牌组 102 人。在每个品牌组里，他们被随机分配到老年人高社会地位线索、无老年社会地位线索和老年人低社会地位线索三个老年社会地位线索组内。

首先，被试被要求想象自己逛超市时，偶然看见一款智能手表。该智能手表具有定位、血压测量、睡眠监测、运动分析、跌倒识别、双向通话、电子围栏、语音提醒、SOS 呼救的功能。它可以通过自身内置的传感器实时监测人体心率、血压、睡眠、运动等健康数据，也可以自动识别跌倒状态，主动通知家人，以避免意外发生。

在国产品牌组，被试被告知其接触的健康手表由一家在该领域中资深的中国公司康暮生产，在外国品牌组，被试被告知其接触的产品由健康手表领域的一家外国资深公司 Health Twilight 生产，除品牌来源地的差异之外，国产和外国品牌产品在定价、材质、款式、外形、颜色等属性特征方面完全一致。

在对老年社会地位线索的操纵中，本实验选取了由阶梯作为社会等级象征物的海报图片。在老年人高社会地位线索中，被试会看到老年人站在阶梯顶端的海报画面，画面右端写着"老人像宝藏，见多识广，德高望重，宜尊宜敬"。在老年人低社会地位线索中，被试会看到老年人站在阶梯低端的海报画面，画面右侧写着"老人像夕阳，孤影摇曳，踽踽独行，宜怜宜护"。在无老年社会地位线索中，被试会看到一张没有反映任何社会地位信息的海报图片。

接着我们对不同品牌来源组中老年消费者对智能手表品牌的购买意向用 7 点量表进行了测量（1 代表购买意向非常低，7 代表购买意向非常高）。最后，我们收集了被试的本体安全感水平（Cronbach's $\alpha = 0.71$）、老年社会地位线索操纵检查及人口统计信息。其中，被试填写的老年社会地位线索操纵检查问项为七点量表（1 代表社会地位非常低，7 代表社会地位非常高）："如果人们在社会中的地位可以用数值表示，其变化范围为 1（低地位）~7（高地位），那么作为一位老年人，您感觉自己在社会中的地位如何？"（问句改编自 Weiss & Weiss，2016）。

3.4.2 实验结果

操纵检查：本文对老年社会地位线索进行了操纵检查。结果显示，老年社会地位线索变量对社会地位有显著影响（$F(1, 197) = 31.46$，$p < 0.05$），高社会地位线索下的被试（$M = 5.08$）对社会地位的评分要显著高于无社会地位线索下的被试（$M = 3.73$）和低社会地位线索下的被试（$M = 3.09$）。

主效应分析：对 2（品牌：国产 VS 外国）×3（老年人社会地位线索：低社会地位线索 VS 无社会地位线索 VS 高社会地位线索）的方差分析结果显示老年消费者国产品牌偏好的主效应显著（$F(1, 197) = 11.33$，$p < 0.05$）。老年消费者对国产品牌的购买意向（$M = 4.48$）高于对外国品牌的购买意向（$M = 3.90$）。方差分析还揭示了品牌和老年社会地位线索对消费者购买意向的交互作用十分显著（$F(1, 197) = 5.50$，$p < 0.05$），如图 5 所示。这一发现为假设三的成立提供了证据支持。对这一交互作用进行简单效应分析后发现，在控制条件

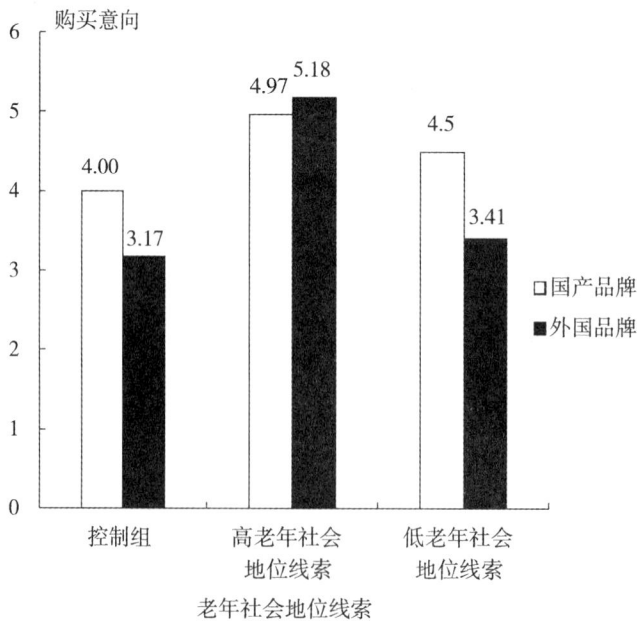

图 5　老年人社会地位线索对老年消费者国产品牌偏好的影响

下，老年消费者对国产品牌的购买意向（$M = 4.00$）高于对外国品牌的购买意向（$M = 3.17$）。这个结果与实验一的结果是一致的。当处于高社会地位线索时，老年消费者对国产品牌的购买意向（$M = 4.97$）与对外国品牌的购买意向（$M = 5.18$）相差不大。反之，当处于低社会地位线索时，老年消费者对国产品牌的购买意向（$M = 4.5$）要远高于对外国品牌的购买意向（$M = 3.41$）。因此，本文假设三得到验证。

中介效应分析：本文根据 Hayes（2013）提出的 Bootstrap 方法对本体安全感的中介效应进行了分析。在 PROCESS 中介分析过程中，本文将模型设置为8，样本量选择为5000，置信区间选择为95%，以品牌作为自变量，老年社会地位线索作为调节变量，本体安全感作为中介变量，购买意向作为因变量进行了有调节的中介效应分析。

结果表明，品牌与老年人社会地位线索对本体安全感的交互作用显著（$b = 0.4163$，$t = 2.0892$，$p < 0.05$）；本体安全感对购买意向具有显著影响（$b = 0.4863$，$t = 5.7013$，$p < 0.05$）。在低社会地位线索的条件下，老年消费者对品牌购买意向有条件的间接效应为 -0.5724，95%置信区间为 $[-1.0412，-0.2262]$，不包含0值，说明该效应显著。而直接效应为 -0.5159，95%置信区间为 $[-1.0818，0.05]$，包含0值，说明本体安全感在老年消费者的国产品牌偏好中起到中介作用。

3.4.3 讨论

实验四的结果一方面再次支持了老年消费者的国产品牌偏好效应，另一方面也验证了假设三，即老年人社会地位线索对老年消费者国产品牌偏好的调节作用。结果表明，低社会地位线索为人们提供了不稳定的情境刺激，使得老年消费者的本体安全感状态无法得到恢复和调整，从而使其对国产品牌产生偏好。而当处于老年人高社会地位线索时，老年消费者在国产和外国品牌上的偏好差异消失，原因在于老年人高社会地位线索增加了其对环境的控制感，使人们形成对环境不稳定性的控制自信和自我调整预期，从而有助于老年消费者从本体不安全感状态中得到快速恢复，因而不需要依赖国产品牌来提升自己的本体安全感，从而使他们对国产品牌的偏好减弱。

4. 研究结论与研究价值

4.1 研究结论和贡献

通过对老年消费者相关文献的梳理，本文从本体安全感的角度研究了老年消费者在选择新产品时，对品牌来源身份的选择偏好及其内在原因。通过以上三个实验研究，本文得出了以下三个结论。

第一，老年消费者对国产品牌新产品的购买意向更高。全球化的发展促进了越来越多的产品、文化流通，也让消费者的选择越来越多元化。但在实验中，我们发现，年龄对消费者的品牌购买意向有很大影响。当消费者为老年人时，相比外国品牌，他们在购买意向上反而更偏爱国产品牌，这一结果与之前学者的研究发现一致（例如，Lu Hsu & Han-Peng，2008），然而，本研究更为聚焦于直接对比消费者年龄差异的作用，其结果排除了其他非年龄因素可能的干扰，为老年消费者的国产品牌偏爱效应提供了直接的证据。

第二，本体安全感是老年消费者在购买意向上更偏爱国产品牌的内在原因。目前鲜有研究直接检查老年消费者的国产品牌偏爱效应的内在机制，本文则首次提出并检查了本体安全感的中介作用。随着年龄的增加，老年人不可避免地会出现机体功能的下降和人际关系方面的损失，这导致老年人对不断变化的环境的掌控能力下降，从而产生本体不安全感。社会学的文献指出人们需要通过常规化的实践活动、特定的物质感、象征化的形式以及制度安排这四种方式来促使本体安全感提升（Lisbeth et al.，2011）。国产品牌身份通过激发人们对与家乡相关的常规化实践活动的想象，增加其身份共享的象征性形式，从而提升了老年消费者的本体安全感。在进行新产品购买决策时，老年人通过与国产品牌建立联系，可以减轻变化带来的焦虑感，获得熟悉感、一致性和舒适性，从而提升自己的本体安全感。

本体安全感研究过去主要集中于社会政治等宏观社会学领域，本研究将其应用于消费者行为研究领域，是对本体安全感理论在微观领域应用的拓展。本研究也为品牌管理中的品牌符号意义研究提供了新的内容和方向。现有品牌管理文献表明消费者经常通过打造与品牌间的强烈联系来提升自己的安全感（Rindfleisch，Burroughs & Wong，2009），然而这些文献并未对安全感的本质以及作用机制进行深入探究，本研究丰富了该领域的成果，为进一步细致探索安全感的作用机理提供了研究基础。

第三，本研究识别了影响老年人品牌偏好效应的一个边界条件，即当存在高社会地位线索时，老年消费者在对国产和外国品牌购买意向上的差异消失。这一发现表明当社会地位有助于增加个人的控制感时，其本体安全感不易受到环境的威胁。这是因为控制感能使人们产生从无序环境中获得快速恢复的心理自信和预期（Chen，Lee & Yap，2017），从而在本体安全感受到威胁时能够快速调整和恢复原状。本研究的这一结论有助于将本体安全感理论与社会地位理论相连接，将本体安全感理论从个人角度扩展到社会系统中，以探索社会系统中的嵌入位置对本体安全感形成的影响。

4.2　管理启示

首先，企业管理者在针对老年消费者这个群体进行新产品营销策划时，可以从感情牌的角度出发，强调国产的包装风格、形式及身份，强化国产元素的营销组合，给老年消费者一种亲切熟悉的感觉。其次，国产品牌在开拓国际市场时也可以充分利用本研究的发现，通过本体安全感来开展营销。正如本体安全感文献所指出的，旅居国外的中国人会感到周围的环境与过去的常规化实践不一致，从而产生本体安全感威胁，而这正为国产品牌在国外的销售提供了机会。最后，对于外国品牌的新产品营销而言，可以借助老年高社会地位线索（比如在产品宣传海报上借助社会等级象征物阶梯，通过在宣传语上强调老年人"德高望重"等方式帮助老年消费者提取高社会地位线索），提高老年消费者对自己周围世界处于一种有序、可预测状态的感知程度，进而缓解自身本体安全感受到威胁的状态，增加老年消费者对外国品牌的购买意愿。

4.3　研究局限与未来建议

首先，在本文实验的被试中，年轻人主要集中在 18～35 岁，而老年人为 60 岁以上的人群，因此，这两个年龄分群之间缺乏连续性是本文的一个局限。在这种情况下，我们不容易知道老年人在品牌购买意向上的变化处在哪个拐点，即从什么时候开始变化。未来研究可以考虑采用时间轴数据，纵向跟踪老年人品牌购买意向的变化趋势。

其次，在实验刺激物选择上，本研究所选新产品——健康手环、蒸汽眼罩和智能手表都属于产品复杂度相对较高并且个人产品涉入度较高的新产品。由于这类产品的形式较以往产品发生了较大变化（类似于突破性创新），因此其使用可能会涉及大量学习新知识以及改变过去常规习惯的要求，容易引起老年消费者对环境的不稳定性和不确定性感知，进而威胁到他们的本体安全感。本研究并未检查对那些复杂度较低或涉入度较低的新产品而言，是否老年消费者同样会感知到本体安全感威胁并因此产生国货偏爱效应。尽管本研究认为无论产品复杂程度和涉入度程度如何，老年人和年轻人在对新事物的理解和认知过程中都会存在差异，并因此导致本体安全感水平差异，从而影响到品牌选择偏好，但本研究并未直接检查那些复杂度或涉入度较低的产品。未来研究应扩展至更宽的产品类别以检查本研究结果的稳健性。

最后，本研究的样本具有地域局限性，因为收集的是中国样本，不可避免地带有中国特色，比如中国的养老模式和其他国家并不一样，因此该研究结论是否能推广到其他国家仍有待检验。

◎ 参考文献

[1] 柳武妹，王海忠，何浏. 人之将尽，消费国货？死亡信息的暴露增加国货选择的现象、中介和边界条件解析[J]. 心理学报. 2014, 46(11).

[2] 米健，宋紫峰. 国外消费者对"中国制造"的认同度：现状，问题与对策[J]. 江淮论坛, 2019, 294(2).

[3] 徐岚，蒋怡然，崔楠，张留霞，赵帅勤. 最心安处是吾乡：本体安全感威胁对家乡品牌偏好的影响[J]. 心理学报, 2020, 52(4).

[4] Bradshaw M., Kent B. V., Henderson W M, et al. Subjective social status, life course SES, and BMI in young adulthood[J]. *Health Psychology*, 2017, 36(7).

[5] Browning, Christopher S. Nation branding, national self-esteem, and the constitution of subjectivity in late modernity[J]. *Foreign Policy Analysis*, 2015, 11(2).

[6] Chen C. Y., Lee L., Yap A J. Control deprivation motivates acquisition of utilitarian products[J]. *Journal of Consumer Research*, 2017, 43(6).

[7] Cohen J., Metzger M. Social affiliation and the achievement of ontological security through interpersonal and mass communication[J]. *Critical Studies in Mass Communication*, 1998, 15(1).

[8] Hawkins R. L., Maurer K. You fix my community, you have fixed my life: the disruption and rebuilding of ontological security in New Orleans[J]. *Disasters*, 2011, 35(1).

[9] Hayes A F. *Introduction to mediation, moderation, and conditional process analysis: a regression-based approach*[M]. New York: guilford press, 2013.

[10] Jin Z. , Chansarkar B. , Kondap NM. Brand origin in an emerging market: Perceptions of Indian consumers[J]. *Asia Pacific Journal of Marketing and Logistics*, 2006, 18(4).

[11] Kraus MW. , Piff PK. , Keltner D. Social class, sense of control, and social explanation [J]. *Journal of Personality and Social Psychology*, 2009, 97(6).

[12] Lambert-Pandraud R. , Gilles L. , Lapersonne E. Repeat purchasing of new automobiles by older consumers: Empirical evidence and interpretations[J]. *Journal of Marketing*, 2005, 69(2).

[13] Lambert-Pandraud R. , Laurent G. Why do older consumers buy older brands? The role of attachment and declining innovativeness[J]. *Journal of Marketing*, 2010, 74(5).

[14] Lianxi Z. , Amy W. Exploring the influence of product conspicuousness and social compliance on purchasing motives of young Chinese consumers for foreign brands [J]. *Journa*l of Consumer Behavior, 2008, 7(6).

[15] Liu SS. , Johnson KF. The automatic country-of-origin effect on brand judgments [J]. Journal of Advertising, 2005, 34(1).

[16] Lisbeth F. , Yngve G. , Gunborg J. , et, al. Sense of security among people aged 65 and 75: external and inner sources of security[J]. Journal of Advanced Nursing, 2011, 67 (6).

[17] Lu Hsu J. , Han-Peng N. Who are ethnocentric? Examining consumer ethnocentrism in Chinese societies[J]. Journal of Consumer Behaviour, 2008, 7(6).

[18] Magee J. C. , Galinsky A. D. Social hierarchy: the self-reinforcing nature of power and status[J]. The Academy of Management Annals, 2008, 2(1).

[19] Marques, S. , Swift, H. J. , Vauclair, C. -M. , et, al. "Being old and ill" across different countries: social status, age identification and older people's subjective health [J]. Psychology & Health, 2015, 30(6).

[20] Marty M. A. , Segal D. L. , Coolidge F. L. , et al. Analysis of the psychometric properties of the interpersonal needs questionnaire (INQ) among community-dwelling older adults[J]. *Journal of Clinical Psychology*, 2012, 68(9).

[21] Michael S. A sense of where you belong in the world: national belonging, ontological security and the status of the ethnic majority in England[J]. *Journal compilation*, 2010, 16(4).

[22] Preacher K J, Hayes A F. SPSS and SAS procedures for estimating indirect effects in simple mediation models[J]. Behavior Research Methods, Instruments & Computers, 2004, 36 (4).

[23] Rindfleisch A. , Burroughs J. , Wong N. The safety of objects: materialism, existential insecurity, and brand connection[J]. Journal of Consumer Research, 2009, 36(1).

[24] Reifova I. C. , Fišerová S. Ageing on-line in risk society: elderly people managing the new risks via new media in the context of decreasing ontological security[J]. Cyberpsychology, 2012, 6(2).

[25] Rutjens B. T. , Van Harreveld F. , Joop V. D. P. , et al. Steps, stages, and structure:

finding compensatory order in scientific theories[J]. Journal of Experimental Psychology: General, 2013, 142(2).

[26] Smith R. B., Moschis G. P. A Socialization perspective on selected consumer characteristics of the elderly[J]. Journal of Consumer Affairs, 1985, 19(1).

[27] Verhallen TM. Scarcity and consumer choice behavior [J]. Journal of Economic Psychology, 1982, 2(2).

[28] Weiss D., Weiss M. The interplay of subjective social status and essentialist beliefs about cognitive aging on cortisol reactivity to challenge in older adults[J]. Psychophysiology, 2016, 53(8).

[29] Wikstrom B. M. Congregate housing for old people: the importance of the physical environment [J]. Australian Journal of Primary Health, 2007, 13(3).

[30] Zhang Y. B., Song Y., Jensen Carver L. Cultural values and aging in Chinese television commercials[J]. *Journal of Asian Pacific Communication*, 2008, 18(2).

The Domestic Preference Effect of Elderly Consumers: From The Perspective of Ontological Security

Cui Nan[1] Xu Lan[2] Zhang Liuxia[3]

(1, 2, 3 Economics and Management School of Wuhan University, Wuhan, 430072)

Abstract: With the growth of aging population, the increase of consumption ability and the improvement on the consciousness of brand consumption, the consuming preference of Chinese elderly consumers is gaining more attention. However, studies on brand preference of elderly consumers and discussion of the underlying mechanism are limited. Based on the mentioned point, the current paper focuses on the specific context of elderly consumers' purchasing decisions on new products, proposing and examining the domestic brand preference of the elderly consumers and its underlying mechanism. Experimental results show that elderly consumers prefer domestic brands rather than foreign brands when purchasing new products. The reason is that aging people have difficulties in accepting new products due to the deterioration of their abilities which would hurt their perceived ontological security. In order to improve the level of their own ontological security, elderly people prefer domestic brands when facing ontological security threat. However, when there is a clue of high social status, the difference between elderly consumers' preference on domestic brands and foreign brands became not significant. The findings of this study enrich the existing literatures on ontological security and brand preference, providing a new strategy for new product marketing with rich theoretical contributions and management implications.

Key words: Elderly consumers; Ontological security; Domestic brand; Social status clues for aging population

专业主编：曾伏娥

101

食品拉伸效应：食品形状对保质期感知和食品评价的影响[*]

● 刘　萍[1]　王　虹[2]　李　蔚[3]

（1, 3 四川大学商学院　成都　610064；2 成都理工大学商学院　成都　610059）

【摘　要】形状是食品重要的感觉特征，食品形状会对消费者的食品感知产生影响，已有研究表明形状存在"拉伸偏差"效应，并且空间和时间之间存在"空间距离长意味着时间长"的隐喻结构。基于此，研究考察了食品形状对保质期感知的影响，以及由食品形状引起的不同保质期感知与食品类型的交互作用对食品评价的影响。实验发现，消费者对长条形（vs. 正方形）食品的保质期感知更长（研究一）；当食品为健康食品时，正方形（vs. 长条形）的食品能够获得更短的保质期感知，进而获得更高的食品评价，而当食品为不健康食品时，长条形（vs. 正方形）的食品能够获得更短的保质期感知，但食品评价无显著差异（研究二）。

【关键词】食品形状　食品类型　保质期感知　食品评价

中图分类号：F713.5　　　　文献标识码：A

1. 引言

形状是食品重要的感觉特征，食品及其包装形状会对关于食品的多种感知产生影响。例如，食品包装或容器的形状会影响食品热量感知（Koo & Suk, 2016），体积感知（Folkes & Matta, 2004；Koo & Suk, 2016），口味感知（Becker et al., 2011），支付意愿（Raghubir & Krishna, 1999），以及预期和实际的食品消费量（Koo & Suk, 2016；Sevilla & Kahn, 2014；Szocs & Biswas, 2016）。形状除了对食品的以上方面产生影响外，是否还会影响消费者对食品其他方面的感知？

已有研究表明，空间概念中的形状会让人产生感知的"拉伸偏差"（elongation bias）（Krider et al., 2001；Piaget, 1968；Raghubir & Krishna, 1999；Sun et al, 2012），即人们在进行与形状有关的数量判断时赋予某个凸显的形状特征（如细高容器的高度）过高的权重，

---

　* 通讯作者：王虹，E-mail：781617414@ qq. com。

从而导致数量判断的偏差。空间概念和时间概念之间常常存在隐喻关系（Boroditsky，2001；Cian et al，2014；Gentner et al，2002；Santiago et al，2007），于是这种空间上的"拉伸偏差"被进一步拓展到了对于时间的感知中，产生了"空间距离长意味着时间长"的隐喻结构，并得到了较多研究的支持（Casasanto & Boroditsky，2008；Casasanto et al，2010；Nose et al，2001）。特别地，研究发现形状的纵横比例会影响产品的时间属性评估，长条形的时间属性较正方形的长（钟科 & 王海忠，2015）。那么，食品形状是否会对食品重要的时间属性——保质期的感知产生影响？

本文基于形状的"拉伸偏差"效应和空间概念的时间隐喻结构——"空间距离长意味着时间长"的相关研究，提出长条形的食品形状较正方形的食品会引起较长的保质期感知。此外，消费者对不同类型的食品（健康 vs. 不健康）的保质期预期不同，其购买不同类型食品时影响决策的因素也不一致（Cramer & Antonides，2011；Dhar & Wertenbroch，2000）。本文进一步推断食品类型会与不同食品形状引起的保质期感知共同影响食品评价。综上，本文研究食品形状（正方形 vs. 长条形）对保质期感知的影响，以及食品形状引起的不同保质期感知与食品类型对食品评价的共同作用。研究结论在理论上拓展了空间与时间隐喻关系的应用范围，丰富了食品形状影响食品感知的研究，以及拓展了关于食品保质期的研究视角；在实践上可为食品企业设计食品形状提供理论借鉴，食品生产商在设计不同形状的食品时应当充分考虑不同形状可能引起不同的保质期感知，并考虑食品的类型特征以及不同类型食品的功能诉求和传播主张等因素。

2. 文献回顾与研究假设

2.1 食品保质期

食品保质期是食品最为重要的时间属性，是反映食品新鲜程度的指标。食品保质期关系到个人健康和安全（Brody，2008），消费者准确判断食品保质期可以有效降低其购买过期和腐坏食品的可能性，进而避免食品对其健康的负面影响（Fortin et al，2009）；对于零售商和营销人员来说，有效期会影响产品的可接受性，库存管理、商店形象以及消费者对品牌的信心（Harcar & Karakaya，2005）；此外，食品保质期与消费者保护和减少食品浪费的社会和公共政策密切相关（Brody，2008）。因此，食品保质期是一个重要的管理问题，对消费者的食品保质期感知产生影响的因素是值得关注的。

在有关食品的决策中，消费者容易受到食品外部特征的影响从而导致对食品内部信息的判断产生偏差，出现"以貌取食"的现象。例如，虽然产品的包装标签上准确地标明了产品数量信息，但是消费者很少阅读并接收这些信息，相反，在消费时他们往往不知不觉地使用食品的外部线索来估计产品数，从而导致了有偏差的判断（Raghubir & Krishna，1999），消费者普遍认为多份小包装的食品总量高于合并包装中的数量（Vale et al，2008）。此外，消费者关于食品卡路里含量（Koo & Suk，2016），健康程度和美味程度（Mai et al，2016），以及重量（Deng & Kahn，2009）等方面的感知都会受到食品外部特征的影响。因此，消费者关于保质期的判断，也可能会受到食品外部特征的影响。

此外，食品保质期信息具有不易获取的特性，主要体现为：部分食品的保质期不容易被找到，如，过高的信息密度导致信息被忽视（Bialkova et al，2013）。研究表明，61%的受访者表示他们很难在食品包装上找到有效期（Harcar & Karakaya，2005），此外食品保质期还存在位置不好找、印刷不清晰、字体较小、字体褪色等问题（Hall-Phillips & Shah，2017），这些也增加了消费者查看保质期的成本；此外，虽然大多数人知道包装上或包装内有保质期，但他们并不总是注意或仔细阅读保质期。例如，消费者对食品标签的视觉关注较少以及由于时间压力而不看保质期（Shah & Hall-Phillips，2017）。这些情况使消费者对于保质期的判断更有可能受到其他食品信息的影响。

本文推测，消费者对食品的保质期感知会受到食品外部特征的影响。特别地，食品或食品容器的形状会影响消费者对于食品的感知，因此，研究推断食品形状会影响到消费者对于食品保质期的感知。

2.2 形状对食品感知的影响

即使实际的食品大小保持不变，食品容器形状和食品形状本身也会对食品大小感知、卡路里含量感知和消费量等因素产生影响。

首先是食品容器形状的影响。研究表明，在评估不同尺寸（高 vs. 短/宽）的包装/容器的体积时，被试感知高容器的体积比短/宽容器更大（Aradhna，2006；Raghubir & Krishna，1999）。并且，饮品容器形状吸引注意力的程度会影响消费者的感知和食品评价，吸引更多注意力的容器形状被认为体积比吸引较少注意力的容器更大。这种感知容量偏差进而会影响购买决策，使人们更倾向于购买具有吸引注意力容器的饮品（Folkes & Matta，2004）。此外，包装形状对卡路里感知和体积感知有相反的影响，与宽包装相比，消费者对高包装的食品感知的卡路里更少，但感知的食品体积更大，当被试注意到卡路里摄入量时，较高（与较宽相比）的包装会增加食品的消耗（Koo & Suk，2016）。

其次是食品形状的影响。食品形状的完整性会对尺寸感知、偏好和消费量产生影响。与尺寸和重量相等的完整形状的食品相比，消费者认为不完整的食品尺寸更小，从而更不可能去喜欢该种食品。对不完整的食品尺寸的偏小估计，导致了消耗的增加，研究证明了"完整性启发式"的存在（Sevilla & Kahn，2014）。与口腔触觉输入（在口腔中的感觉）相关的研究表明，较薄的矩形棱柱形状食品被认为比较厚的立方体形状食品大（Szocs & Biswas，2016）。此外，还有研究发现食品与正常食品存在极大偏差时，食品形状异常会影响消费者的购买意向，而消费者对中度异常食品的购买意向无差异，并且食品形状异常与对食品浪费问题的认识和保护环境的自我认同存在交互作用（Loebnitz et al，2015）。

综上，形状会影响到消费者对食品特征的感知。然而，还需要进一步探讨形状是如何影响时间属性感知的，以作为分析食品形状影响消费者对食品保质期的感知的基础。

2.3 形状影响个体感知的成因

已有研究表明产品形状特征会影响个体对产品的感知，这种影响也存在于消费者关于食品的判断中。产生这些形状效应的主要原因是由知觉错觉引发的认知偏差。而个体对形状的认知偏差主要表现在关于数量的判断中。如，对儿童而言，把液体从细而高的容器中倒入短而矮的容器后液体变少了(Piaget，1968)。成年人也认为细高形状的容器容量比粗矮形状的容器更大，从而产生拉伸偏差，因此与粗矮容器相比，他们愿意为细高容器装的冰激凌支付更高的价格(Raghubir & Krishna，1999)。这源于人们在做出关于形状的数量判断时赋予了其中某个凸显的形状维度(如细长容器的高度)更高的权重，当人们判断圆形和方形的面积大小时，也会产生该种认知偏差(Krider et al.，2001)。类似地，在行为决策的研究中存在图形框架效应，在控制决策文字与数字信息一致的情况下，只变换信息在图形表征中的相对凸显性(如变换标尺单位刻度的相对大小)就会对参与者的决策产生影响，图形表征较为突出的维度将占有更高的决策权重(Sun et al，2012)。此外，形状属性的隐喻意义也会影响个体的认知。如 Koo 和 Suk (2016)基于拉伸的形状与苗条有关，而拉伸较少的形状与肥胖有关的隐喻联想，得到了长包装的食品比短包装的食品感知热量更少的研究结论；又如，由于形状和效能感之间的隐喻关系，对设计敏感的消费者会认为具有多角形状包装的酸奶比具有圆润包装的酸奶味道更浓烈(Becker et al，2011)。

综上，基于认知偏差和隐喻认知的图形效应均已被运用于食品感知的研究，本文推测，当食品形状的某个视觉属性凸显时(如长条形食品的横向长度)，消费者有可能在无意识的认知过程中将这一属性与某种食品属性(如保质期)联系起来，因此，消费者对食品的保质期属性评价就可能受食品形状影响。如果要进一步推导出食品形状的长宽比影响食品保质期感知的假设，则需进一步分析形状属性与时间概念之间的隐喻关系。

2.4 时间隐喻与拉伸效应

时间是人们认知活动中基本的且高度抽象的概念。人们常常采用隐喻表征的方式把抽象的时间概念具象化，其中使用空间概念来隐喻时间是最广泛的做法(Gentner et al.，2002)，如使用前与后、上与下等空间概念来表达时间上的早与晚的隐喻方式在不同的语言中普遍存在(Boroditsky，2001)。此外，水平维度的左边的空间位置与时间的过去对应，右边与未来一致，参与者对显示在视觉区域左侧且与过去相关的词与显示在视觉区域右侧且表示未来的词具有更短的反应时间(Santiago et al.，2007)；当品牌的诉求以传统价值为主时，将品牌标识中的动态元素设置为向左运动，能获得更好的品牌评价，而当品牌的诉求是未来价值时，向右运动的品牌标识元素能使品牌获得更好的评价(Cian et al.，2014)。

进一步地，人们对空间长度与时间长度的加工之间存在密切关联。神经方面的研究发现，时间长度和空间长度的加工中使用的脑区相同(Nose et al.，2001)。认知心理学中的量值理论(a theory of magnitude)认为时间距离与空间距离共享同一个量值系统(Walsh，2003)，即空间长度与时间长度在表征数量上正相关。发展心理学的研究表明空间距离概念的形成比时间概念更早，儿童会根据玩具或蜗牛行走距离的长短来估计时间长短，空间距离越长，时间长度被认为越长(Casasanto et al.，2010)。并且以成年人为对象的研究表明，向其展示的线段长短会显著正向影响他们对时距的判断，较长的线段被判断为时间长度更长(Casasanto & Boroditsky，2008)。此外，关于更为抽象的认知活动(产品时间属性评估)的研究发现，与较短的品牌标识相比，较长的品牌标识会让人感觉该品牌产品的时间属性更长，如对电池的续航能力、香氛的留香时间以及品牌历史的感知(钟科，王海忠，2015)。这些研究都支持了"空间距离长意味着时间长度长"这一结论。

食品保质期是食品购买、食用以及丢弃决策中最为重要的时间长度属性，消费者关于食品保质期的感知可能会受到食品形状中的长度信息线索的影响，并且表现为较长的食品形状会引起较长的保质期感知。本文推测，当食品形状为横向的长条矩形时，相对面积完全相同的正方形食品，其水平方向的长度成为凸显的形状特征，当消费者感觉到这一空间长度特征后，在对食品的保质期进行判断时，将会无意识地受到"空间距离长意味着时间长度长"这一隐喻结构的影响，进而会对食品保质期作出更长的判断，由此本文提出如下假设：

H1：消费者对长条形(vs. 正方形)食品的保质期感知更长。

2.5　食品类型的调节作用

食品形状与食品类别可能会对食品评价产生共同影响。首先，食品类别与食品保质期相关。已有研究表明，人们对食品的健康感知最强烈地取决于低脂肪/热量和高维生素/矿物质含量(Carels et al. , 2006；Oakes & Slotterback, 2001)。这意味着拥有这两个理想属性的食品可能被视为健康食品类别中最典型的成员，其中最为典型的便是新鲜农产品(新鲜水果和蔬菜)。过去的研究表明，这些食品脂肪/热量低，维生素/矿物质含量高，通常被认为是最为典型的健康食品(Slavin & Lloyd, 2012)。进一步地，消费者习惯于通过某一类事物中最典型个体的特征来推断该类事物中其他个体的特征(Chin-Parker & Ross, 2004；Yamauchi & Markman, 1998)。如上所述，新鲜的产品通常被认为是一种最为典型的健康食品(Carels et al. , 2006；Oakes & Slotterback, 2001；Slavin & Lloyd, 2012)，而由于新鲜的食品事实上消亡、腐坏得很快，消费者会将这些认知拓展到其他的健康食品类别上，从而产生健康食品很快会过期的直觉。因此，较短的保质期便和健康食品联系了起来，而与健康食品相比，消费者对不健康食品则没有这种很快过期的直觉。因此，研究推测，保质期较短的食品可能会给人更新鲜、更健康的感觉，而保质期较长的食品则不存在这种影响。

其次，在购买不同类型的食品时，影响消费者决策的主要因素有所不同。对于不健康食品，消费者更多地是为寻求口味和享乐，口味特征是其购买的决定因素。然而，对于健康食品，消费者追求的是提供能量、增强身体素质和健康等特征，健康特征是其购买的决定因素 (Cramer & Antonides, 2011；Dhar & Wertenbroch, 2000)。当食品为健康食品时，消费者对正方形食品(vs. 长条形)的感知保质期更短，更倾向于将食品归类为会很快消亡的新鲜食品，而由于新鲜的食品通常被认为是健康食品中最典型的一种(Carels et al. , 2006；Oakes & Slotterback, 2001；Slavin & Lloyd, 2012)，因此，消费者会感知正方形引起的较短保质期与食品的健康特征更相符，从而对食品的评价更高。而消费者购买不健康食品时，虽然对正方形食品(vs. 长条形)感知的保质期更短，能让其将食品归类为会很快消亡的新鲜食品，但由于健康特性不是其购买不健康食品的决定因素，因此它并不能对食品评价产生影响。

综上，消费者可能通过食品形状建立起关于食品保质期的感知，对于健康食品而言，正方形(vs. 长条形)食品会带来较短的保质期感知，让消费者感觉食品属于更新鲜、更健康的类别，在保质期内食用食品会获得较高的健康价值，从而会有更高的食品评价。反之，若健康的新鲜食品保质期过长，反而会影响消费者的信任感，甚至引发关于食品添加剂等因素的推测。对于不健康食品而言，健康特性并不是消费者购买时考虑的主要因素，只要食品能够在保质期内被食用，食品形状带来的保质期感知差异不会影响食品的感知价值，从而不会对食品评价产生影响。因此，研究提出如下假设：

H2a：当食品为健康食品时，正方形(vs. 长条形)的食品能够获得更短的保质期感知，进而获得更高的食品评价。

H2b：当食品为不健康食品时，长条形(vs. 正方形)的食品能够获得更长的保质期感知，但消费者的食品评价无显著差异。

本文通过 2 个研究验证以上假设：研究一以健康感知程度适中的普通饼干为对象设计刺激物验证 H1；研究二以健康食品(全麦面包)和不健康食品(奶油面包)为对象设计刺激物验证 H2a 和 H2b。

3. 研究设计

3.1 研究一：食品形状对食品保质期感知的影响

研究一旨在以实验验证食品形状对食品保质期感知的影响(H1)。研究一由 1 个单因子组间实验构成。

3.1.1 预测试

在正式实验前，需要进行 2 个前测。前测 1 旨在确定研究一中正式实验的食品。为了控制食品健康程度的影响，研究一需选择健康感知适中，没有明显的健康或不健康感知的食品。研究选择了人们通常认为健康程度适中的普通饼干。30 名被试(女性占 56.67%，$M_{age} = 21.50$，SD = 1.79)对普通饼干的健康感知进行了评分(7 点 Likert 量表)。健康感知得分与中值 4 不存在显著差异[$M_{健康} = 3.77$，$t(29) = -1.19$，$p = 0.243$]。

前测 2 旨在确定进入正式实验的包装图片。专业平面设计师将前测 1 确定的食品做成不同形状(长条形 vs. 正方形)融合进包装中，得到 2 张图片刺激物。值得注意的是，为了排除食品形状对食品重量感知和热量感知的可能影响，在不同的图片刺激物中均标明了相同的食品克数和相同的卡路里含量(下同)。60 名大学生被试(女性占 58.33%，$M_{age} = 20.99$，SD = 1.24)被分为 2 组分别对 2 个包装图的熟悉度、美观度、态度进行了评分。独立样本 t 检验结果表明，两组被试(各 30 人)在包装熟悉度[$t(58) = -1.30$，$p = 0.199$]、美观度[$t(58) = -0.57$，$p = 0.571$]和态度[$t(58) = 0.80$，$p = 0.427$] 3 个方面均不存在显著差异。至此，研究一中正式实验的刺激物设计成功。

3.1.2 研究设计和过程

研究一采用单因子组间实验设计(食品形状：长条形 vs. 正方形)，通过社交平台招募了 160 名大学生被试(女性占 54.38%，$M_{age} = 20.57$，SD = 1.94)，两个实验组被试均为80 人。

实验在网络问卷平台上在线完成，完成后被试获得 3 元人民币的报酬。被试在进入答题界面后被随机分配至实验的两个条件组。两组除包装图片中食品形状存在差异外(长条形 10cm × 40cm，正方形 20cm × 20cm），无程序、步骤等方面的不同。正式实验开始后，被试首先，在一个独立界面阅读指导语："欢迎您参加本次实验……"指导语中隐去了实验目的以避免形成预判。其次，被试被要求浏览不同食品形状的包装图片，并对其熟悉度、美观度和态度 3 个控制变量进行评分。再次，被试对食品的健康程度进行评分，在此之后对食品保质期进行评分，并完成饥饿程度、食品卷入度 2 个变量的测量。最后，完成年龄、性别等人口统计变量的测量。

研究一所有题项均使用 7 点 Likert 量表测量，涉及多个题项的变量以其得分均值作为变量值，英文量表均以回译的方式获得中文量表，下同。其中，包装熟悉度采用 3 个题项进行测量（1—非常不常见/非常不熟悉/非常不了解，7—非常常见/非常熟悉/非常了解，Cronbach's α = 0.90）（Kent & Allen, 1994）；包装美观度采用 1 个题项进行测量（1—非常不美观，7—非常美观）（钟科，王海忠，2015）；包装态度采用 3 个题项进行测量（1—非常不好/非常不喜欢/非常负面，7—非常好/非常喜欢/非常正面，Cronbach's α = 0.88）（Lee & Labroo, 2004；Lei et al., 2012）。

健康程度感知的测量使用 3 个题项进行测量（1—完全不营养/完全不健康/完全不益于健康，7—非常营养/非常健康/非常有益于健康，Cronbach'α = 0.94）（Choi et al., 2012）。食品保质期感知采用 1 个题项进行测量（1—非常短，7—非常长）（钟科，王海忠，2015）。饥饿程度采用 1 个题项进行测量（1—完全不饥饿，7—非常饥饿）。食品卷入度以朱丽叶等人改编的 3 题项量表进行测量（1—不相关的/不重要的/无吸引力的，7—相关的/重要的/有吸引力的，Cronbach's α = 0.91）（朱丽叶等，2017）。

3.1.3 研究结果

控制变量和操控检验。研究一的结果表明，"长条形"组与"正方形"组被试在包装熟悉度 [$t(158)$ = 0.49，p = 0.626]、美观度 [$t(158)$ = 0.25，p = 0.803]、态度 [$t(158)$ = 0.29，p = 0.773]、食品健康感知 [$t(158)$ = 0.37，p = 0.715]、饥饿程度 [$t(158)$ = 0.98，p = 0.328] 和食品卷入度 [$t(158)$ = 0.14，p = 0.887] 几方面均不存在显著差异，普通饼干健康感知与中值 4 不存在显著差异 [$M_{健康}$ = 3.85，$t(159)$ = −1.47，p = 0.145]。进一步证明实验刺激物设计成功。

保质期感知。独立样本 t 检验发现，研究一中"长条形"组被试感知的食品保质期显著长于"正方形"组被试 [$M_{长}$ = 4.34，$M_{正}$ = 3.73，$t(158)$ = 2.89，p = 0.004]。与假设 H1 的推论一致，即相较于正方形，食品形状为长条形时其感知保质期更长。假设 H1 得到了支持。

3.1.4 讨论

食品形状的不同会对其保质期感知造成显著差异。具体而言，当形状为长条形时，其会导致比形状为正方形时更长的保质期感知，研究一验证了这一假设（H1）。但研究一尚存在两点缺陷：第一，使用健康程度适中的食品，没有考虑健康食品和不健康食品的影响，所得结论外部效度受限；第二，未能探索食品形状和食品类型对食品评价的共同影响。研究二旨在解决以上两个问题。

3.2 研究二：食品类型的调节作用

研究二旨在检验食品形状影响食品评价过程中，保质期感知被食品类型调节的中介作用(假设 H2a、H2b)。研究二采用 2(食品形状：长条形 vs. 正方形)×2(食品类型：健康 vs. 不健康)组间实验。

3.2.1 预测试

研究二分别选择健康食品全麦面包和不健康食品奶油面包作为刺激物。在前测 1 中，80 名被试(女性占 57.50%，$M_{age} = 21.10$，SD = 1.87)被分成 2 组(每组 40 人)对两种食品的健康感知进行了评分。被试对"全麦面包"的健康感知显著高于中值 4[$M_{健康} = 5.08$，$t(39) = 4.98$，$p = 0.000$]，被试对"奶油面包"的健康感知显著低于中值 4[$M_{健康} = 2.98$，$t(39) = -5.46$，$p = 0.000$]。

在进行包装刺激物设计后，在前测 2 中，120 名(女性占 60%，$M_{age} = 21.15$，SD = 1.91)被试对不同食品形状和食品类型的 4 种刺激物进行了评分，每组被试均为 30 人。结果显示：4 组被试在包装熟悉度[$F(3, 116) = 0.59$，$p = 0.625$]、包装美观度[$F(3, 116) = 0.68$，$p = 0.564$]、包装态度[$F(3, 116) = 1.10$，$p = 0.351$]几方面均不存在显著差异。前测 1 和前测 2 表明产品和产品包装刺激物设计成功。

3.2.2 研究设计和过程

研究二采用 2(食品形状：长条形 vs. 正方形)×2(食品类型：健康 vs. 不健康)的组间实验。200 名大学生被试被随机分配至 4 个实验组中。其中，实验的 4 个条件组均为 50 名被试(女性占 54.50%，$M_{age} = 21.06$，SD = 1.89)。被试阅读完指导语后，要求其观察"全麦面包"(或"奶油面包")的任一形状(长条形或正方形)的食品包装图片，并完成一系列问题的作答。

对包装熟悉度、包装美观度、包装态度、饥饿程度和食品卷入度和保质期感知进行测量的实验流程等均与研究一一致。食品评价的测量使用 3 个题项完成[我认为这个面包很好/很不错/我很喜欢这个面包，1—非常不同意/7—非常同意，Cronbach's $\alpha = 0.922$](Chattopadhyay & Basu, 1990)。

3.2.3 研究结果

控制变量和操控检验。控制变量单因素方差分析表明：实验中的 4 组被试在包装熟悉度[$F(3, 196) = 1.42$，$p = 0.237$]、美观度[$F(3, 196) = 0.31$，$p = 0.819$]、态度[$F(3, 196) = 0.96$，$p = 0.415$]、饥饿程度[$F(3, 196) = 0.65$，$p = 0.582$]和食品卷入度[$F(3, 196) = 0.05$，$p = 0.986$]几方面均不存在显著差异。此外，被试对"全麦面包"的健康感知得分显著高于中值 4[$M_{健康} = 5.08$，$t(99) = 9.10$，$p = 0.000$]，且"全麦面包"不同形状组被试的健康感知无显著差异[$M_{长} = 5.02$，$M_{正} = 5.14$，$t(98) = 0.50$，$p = 0.616$]。"奶油面包"的健康感知得分显著低于中值 4[$M_{健康} = 2.99$，$t(99) = -8.92$，$p = 0.000$]，且"奶油面包"不同形状组被试的健康感知无显著差异[$M_{长} = 2.98$，$M_{正} = 3.00$，$t(98) = 0.09$，$p = 0.930$]。再次佐证了刺激物的成功设计。

保质期感知。对于健康食品而言,相较于具有正方形食品图片的包装,具有长条形食品图片的包装有更长的保质期感知[$M_长 = 4.06$, $M_正 = 3.18$, $t(98) = 3.25$, $p = 0.002$];对于不健康食品的研究也支持了这一结论[$M_长 = 3.80$, $M_正 = 2.88$, $t(98) = 3.01$, $p = 0.003$]。研究二再次为假设 H1 提供了支持。

食品评价。将食品类型分为健康和不健康食品,检验食品类型和食品形状的交互作用。对食品评价进行双因素方差分析,结果发现,食品形状、食品类型两者的交互项对食品评价的影响作用显著[$F(1, 196) = 8.53$, $p = 0.004$],表明两者对食品评价有共同作用。使用 SPSS 的 Syntax 编写语句,进一步对简单效应(simple effect)进行检验发现,当为健康食品时,食品形状的作用显著,并且被试对于正方形食品的评价显著高于长条形[$M_正 = 4.54$, $M_长 = 3.70$; $F(1, 197) = 6.97$, $p = 0.009$];当为不健康食品时,食品形状的作用不显著,被试对于正方形和长条形食品的评价无显著差异[$M_长 = 3.84$, $M_正 = 3.38$; $F(1, 197) = 2.09$, $p = 0.150$]。

被调节的中介作用。参照 Preacher 和 Hayes 提出的检验方法(Hayes, 2013; Preacher et al., 2007),使用被调节的中介分析模型(Model 14, Bootstrapping 5000 次,置信区间 95%),以食品形状为自变量,对自变量进行虚拟编码(正方形组被编码为 0),以保质期感知为中介变量、食品类型为调节变量,以及食品评价为因变量进行分析。结果发现,食品保质期的中介作用在健康食品组是显著的($\beta = -0.25$, LLCI = -0.49, ULCI = -0.07);在被试评价不健康食品时,食品保质期的中介效应不再显著($\beta = 0.20$, LLCI = -0.02, ULCI = 0.48)。此外,调节变量食品类型与中介变量食品保质期的交互作用也是显著的($\beta = 0.50$, LLCI = 0.21, ULCI = 0.80),这些结果验证了假设 H2a、H2b 提出的被调节的中介模型。图 1 显示在仅使用健康食品组的数据进行分析时保质期感知中介了食品形状对食品评价的影响,正方形的健康食品相对于长条形的健康食品得到了更短的保质期感知,进而食品评价也更高。

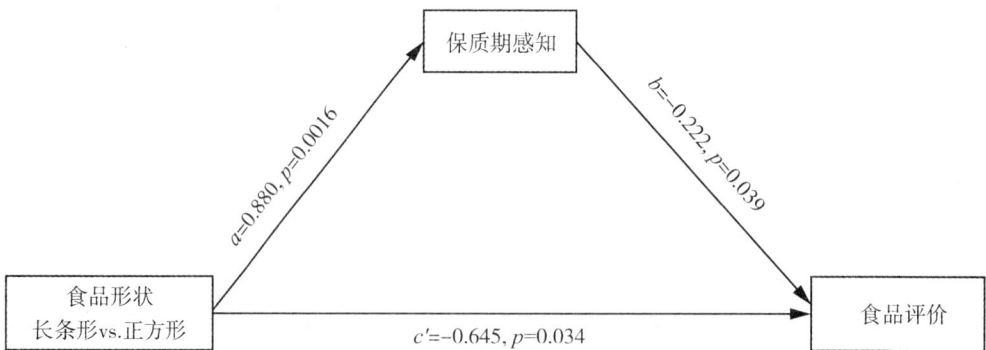

图 1　健康食品组的中介效应

3.2.4　讨论

研究二验证了假设 H1、H2a 和 H2b。食品形状会对食品保质期感知产生影响(假设

H1）。当食品为健康食品时，正方形（vs. 长条形）的食品能够获得更短的保质期感知，进而获得更高的食品评价，保质期的中介作用显著；当食品为不健康食品时，长条形（vs. 正方形）的食品能够获得更长的保质期感知，食品评价无显著差异，保质期的中介作用不显著（假设 H2a 和 H2b）。

4. 结论与讨论

4.1 研究结论

本文通过 2 个研究检验了食品形状对消费者的食品保质期感知以及食品评价的影响。研究一使用健康程度适中的食品作为刺激物，验证了消费者对长条形（vs. 正方形）食品的保质期感知更长的假设。研究二在变换了刺激物后，也得到了相同的结论。此外，研究二的结果发现，食品类型（健康 vs. 不健康）在食品形状影响食品评价的过程中起调节作用，当食品为健康食品时，正方形（vs. 长条形）的食品能够获得更短的保质期感知，进而获得更高的食品评价，食品保质期在食品形状影响食品评价的过程中起到中介作用；当食品为不健康食品时，长条形（vs. 正方形）的食品能够获得更长的保质期感知，但消费者的食品评价无显著差异，食品保质期的中介作用不显著。

4.2 理论贡献

首先，本文将"空间距离长意味着时间长"的隐喻结构拓展到了食品及其保质期方面的研究。在以往关于时间隐喻的各种研究中，研究者探讨了语言使用中的空间位置（如上与下、前与后和左与右）与时点上的概念（如过去、现在、未来）之间的关系（Boroditsky，2001）。仅有较少的研究关注空间长度和时间长度之间的联系（Casasanto et al.，2010），如，钟科等人的研究发现，较长的品牌标识形状会使得该品牌的产品获得更长的时间属性评估（钟科，王海忠，2015），这方面的研究仍待进一步拓展。本文将该种空间与时间的隐喻关系引入食品保质期的研究中，发现一些关于食品的认知活动（食品保质期感知）会被认知初始就已经感觉到的产品形状特征（食品形状）影响，该结论对于空间与时间之间的隐喻关系，以及消费者食品保质期感知影响因素的研究是一种拓展。

其次，本文丰富了形状对食品感知影响的研究。研究表明，即使实际的食品大小保持不变，不同的食品容器形状和食品形状也会对感知的食品大小（Aradhna，2006；Folkes & Matta，2004；Raghubir & Krishna，1999）、感知的卡路里含量和期望的消费量等因素产生影响（Koo & Suk，2016；Loebnitz et al.，2015；Sevilla & Kahn，2014）。例如，消费者认为不完整的食品相对于完整的食品尺寸更小，从而更不可能去喜欢该种食品（Sevilla & Kahn，2014），较薄的矩形棱柱形状食品被认为比较厚的立方体形状食品大（Szocs & Biswas，2016），食品形状异常也会影响消费者的购买意向（Loebnitz et al.，2015）。除了食品体积感知、热量感知、食品偏好以及购买意愿会受到食品包装形状的影响之外，本文基于形状的时间隐喻，从形状影响时间属性感知的角度来探讨形状对食品的重要时间属性——保质期感知的影响，发现消费者对于食品保质期的感知也会受到食品形状的影响，并且这种保质期感知的不同最终可能影响到消费者的食品评价。研究拓展了关于形状影响食品感知的结论，发现了食品形状影响食品评价的不同路径——保质期感知的作用。

最后，本文丰富了保质期影响因素的研究视角。虽然保质期是食品购买决策中的重要影响因素，但是这方面的研究却较为不足，仅有少量关于食品保质期的研究（Harcar & Karakaya，2005；Shah & Hall-Phillips，2017；Tsiros & Heilman，2005）。并且，以往的研究主要集中在考察客观规定的保质期对决策的影响（Harcar & Karakaya，2005；Shah & Hall-Phillips，2017；Tsiros & Heilman，2005），鲜有研究考察影响食品保质期推断形成的因素。了解消费者是否以及如何根据食品外部特征推断保质期是很重要的。本文将食品的形状作为一个提示，研究结果表明，将同一种食品制作成正方形和长条形，会给消费者带来不同的保质期感知，这表明保质期是可以主观推断和感知的。因此，除了客观地标明保质期以外，保质期还可能通过消费者的主观推断形成，这一发现有助于更好地了解保质期对食品领域消费决策的影响。

4.3 实践启示

首先，对于食品生产商而言，本文的结果对食品的形状设计有决策参考价值。食品形状不仅与消费者的感知大小和感知热量等因素有关，而且其形状的长宽比存在拉伸效应，消费者会无意识地把长条形食品与较长的保质期联系在一起，并且会根据食品类型的不同而对食品评价产生影响。对于健康食品这一类与较短保质期相联系的食品而言，越短的保质期可能意味着食品越新鲜、健康，具有较少的加工过程和食品添加剂，因此，正方形的食品形状对营销是有利的；而对不健康食品而言，两种食品形状虽然会带来不同的保质期感知，但对食品评价没有显著的影响。

此外，越来越多的企业生产各种各样形状的食品，其中就包括长条形和正方形两种形状的食品。目前，食品生产商的食品形状设计更多是从美感和适应性出发的，很少意识到食品形状对消费者感知和食品评价的影响。根据本文的研究，食品生产商在设计不同形状的食品时应当充分考虑食品的类型特征、功能诉求和传播主张，尤其对于那些保质期对购买决策影响较大的健康食品来说（如全麦面包、诉求为新鲜和营养的健康食品），正确的形状选择将会影响消费者的食品感知与食品评价。例如，当某种食品是以新鲜、健康、原生态、无添加这类诉求为主时，正方形的食品形状与其更为匹配。

4.4 不足与展望

本文的研究局限及相应研究方向主要有三个：第一，本文选择了饼干和面包几种产品作为实验刺激物，未来研究可以采用更加多样化的实验刺激物（如不同的食品甚至是饮品）对食品形状影响食品保质期和食品评价做进一步探索。第二，研究仅讨论了食品形状通过影响食品保质期感知而影响食品评价，但保质期除了影响食品评价之外，还可能影响到食品的浪费和丢弃。过去的研究表明，决定丢弃未消耗食品的一个关键因素是对食品过期的担忧，许多食品被浪费，是因为消费者担心它是否仍然适合食用，今后的研究可进一步探讨食品形状通过影响食品保质期感知而对食品丢弃的影响。第三，研究二中使用了不同的食品进行假设验证，如作为健康食品的全麦面包和作为不健康食品的奶油面包，两种食品的材质有些不同。为了消除食品不同材质可能带来的影响，今后的研究可考虑操控同种食品的不同健康感知程度来验证食品健康程度的调节作用。

◎ 参考文献

［1］钟科，王海忠. 品牌拉伸效应：标识形状对产品时间属性评估和品牌评价的影响［J］. 南开管理评论，2015，18(1).

［2］朱丽叶，袁登华，张静宜. 在线用户评论质量与评论者等级对消费者购买意愿的影响——产品卷入度的调节作用［J］. 管理评论，2017，29(2).

［3］Aradhna, K. Interaction of senses：The effect of vision versus touch on the elongation bias［J］. *Journal of Consumer Research*，2006，32(4).

［4］Becker, L., Rompay, T. J. L. v., Schifferstein, H. N. J., et al. Tough package, strong taste：the influence of packaging design on taste impressions and product evaluations［J］. *Food Quality & Preference*，2011，22(1).

［5］Bialkova, S., Grunert, K. G., van Trijp, H. Standing out in the crowd：The effect of information clutter on consumer attention for front-of-pack nutrition labels［J］. *Food Policy*，2013，41(4).

［6］Boroditsky, L. Does language shape thought?：Mandarin and english speakers' conceptions of time［J］. *Cogn Psychol*，2001，43(1).

［7］Brody, A. L. How green is food waste?［J］. *Food Technology*，2008，62(6).

［8］Carels, R. A., Harper, J., Konrad, K. Qualitative perceptions and caloric estimations of healthy and unhealthy foods by behavioral weight loss participants［J］. *Appetite*，2006，46(2).

［9］Casasanto, D., Boroditsky, L. Time in the mind：Using space to think about time［J］. *Cognition*，2008，106(2).

［10］Casasanto, D., Fotakopoulou, O., Boroditsky, L. Space and time in the child's mind：Evidence for a cross-dimensional asymmetry［J］. *Cognitive Science*，2010，34(4).

［11］Chattopadhyay, A., Basu, K. Humor in advertising：the moderating role of prior brand evaluation［J］. *Journal of Marketing Research*，1990，27(4).

［12］Chin-Parker, S., Ross, B. H. Diagnosticity and prototypicality in category learning：a comparison of inference learning and classification learning［J］. *Journal of Experiment Psychology：Learning, Memory, and Cognition*，2004，30(1).

［13］Choi, H., Paek, H. J., Whitehill King, K. Are nutrient-content claims always effective? Match-up effects between product type and claim type in food advertising［J］. *International Journal of Advertising*，2012，31(2).

[14] Cian, L., Krishna, A., Elder, R. This logo moves me: Dynamic imagery from static images[J]. *Social Science Electronic Publishing*, 2014, 51(2).

[15] Cramer, L., Antonides, G. Endowment effects for hedonic and utilitarian food products[J]. *Food Quality & Preference*, 2011, 22(1).

[16] Deng, X., Kahn, B. E. Is your product on the right side? The "location effect" on perceived product heaviness and package evaluation[J]. *Journal of Marketing Research*, 2009, 46(6).

[17] Dhar, R., Wertenbroch, K. Consumer choice between hedonic and utilitarian goods[J]. *Journal of Marketing Research*, 2000, 37(1).

[18] Folkes, V., Matta, S. The effect of package shape on consumers' judgments of product volume: attention as a mental contaminant[J]. *Journal of Consumer Research*, 2004, 31 (2).

[19] Fortin, C., Goodwin, H. L., Michael, T. Consumer attitudes toward freshness indicators on perishable food products[J]. *Journal of Food Distribution Research*, 2009, 40(3).

[20] Gentner, D., Imai, M., Boroditsky, L. As time goes by: Evidence for two systems in processing space→time metaphors[J]. *Language & Cognitive Processes*, 2002, 17(5).

[21] Hall-Phillips, A., Shah, P. Unclarity confusion and expiration date labels in the united states: A consumer perspective[J]. *Journal of Retailing & Consumer Services*, 2017, 35 (C).

[22] Harcar, T., Karakaya, F. A cross-cultural exploration of attitudes toward product expiration dates[J]. *Psychology & Marketing*, 2005, 22(4).

[23] Hayes, A. F. Introduction to mediation, moderation, and conditional process analysis: A regression-based approach[M]. New York: Guilford Press, 2013.

[24] Kent, R. J., Allen, C. T. Competitive interference effects in consumer memory for advertising: the role of brand familiarity[J]. *Journal of Marketing*, 1994, 58(3).

[25] Koo, J., Suk, K. The effect of package shape on calorie estimation[J]. *International Journal of Research in Marketing*, 2016, 33(4).

[26] Krider, R. E., Raghubir, P., Krishna, A. Pizzas: Π or square? Psychophysical biases in area comparisons[J]. *Marketing Science*, 2001, 20(4).

[27] Lee, A. Y., Labroo, A. A. The effect of conceptual and perceptual fluency on brand evaluation[J]. *Journal of Marketing Research*, 2004, 41(2).

[28] Lei, J., Dawar, N., Gürhan-Canli, Z. Base-rate information in consumer attributions of product-harm crises[J]. *Journal of Marketing Research*, 2012, 49(3).

[29] Loebnitz, N., Schuitema, G., Grunert, K. G. Who buys oddly shaped food and why? Impacts of food shape abnormality and organic labeling on purchase intentions[J]. *Psychology & Marketing*, 2015, 32(4).

[30] Mai, R., Symmank, C., Seeberg-Elverfeldt, B. Light and pale colors in food packaging:

when does this package cue signal superior healthiness or inferior tastiness? [J] *Journal of Retailing*, 2016, 92(4).

[31] Nose, I. , Inoue, K. , Tsutsui, K. , et al. Brain mechanisms for time and space interval perception[J]. *Neuroimage*, 2001, 13(6).

[32] Oakes, M. E. , Slotterback, C. S. Judgements of food healthfulness: Food name stereotypes in adults over age 25[J]. *Appetite*, 2001, 37(1).

[33] Piaget, J. Quantification, conservation, and nativism. Quantitative evaluations of children aged two to three years are examined[J]. *Science*, 1968, 162(3857).

[34] Preacher, K. J. , Rucker, D. D. , Hayes, A. F. Addressing moderated mediation hypotheses: theory, methods, and prescriptions[J]. *Multivariate Behav Res*, 2007, 42 (1).

[35] Raghubir, P. , Krishna, A. Vital dimensions in volume perception: Can the eye fool the stomach? [J] *Journal of Marketing Research*, 1999, 36(3).

[36] Santiago, J. , Lupiáñez, J. , Pérez, E. , et al. Time (also) flies from left to right[J]. *Psychonomic Bulletin & Review*, 2007, 14(3).

[37] Sevilla, J. , Kahn, B. E. The completeness heuristic: Product shape completeness influences size perceptions, preference, and consumption [J]. *Journal of Marketing Research*, 2014, 51(1).

[38] Shah, P. , Hall-Phillips, A. Antecedents and implications of expiration date search effort[J]. *Journal of Consumer Affairs*, 2017, 54.

[39] Slavin, J. L. , Lloyd, B. Health benefits of fruits and vegetables[J]. *Advances in Nutrition*, 2012, 3(4).

[40] Sun, Y. , Li, S. , Bonini, N. , et al. Graph-framing effects in decision making [J]. *Journal of Behavioral Decision Making*, 2012, 25(5).

[41] Szocs, C. , Biswas, D. Tasting in 2d: Implications of food shape, visual cues, and oral haptic sensory inputs[J]. *Marketing Letters*, 2016, 27(4).

[42] Tsiros, M. , Heilman, C. M. The effect of expiration dates and perceived risk on purchasing behavior in grocery store perishable categories[J]. *Journal of Marketing*, 2005, 69(2).

[43] Vale, R. C. d. , Pieters, R. , Zeelenberg, M. Flying under the radar: perverse package size effects on consumption self-regulation[J]. *Journal of Consumer Research*, 2008, 35 (3).

[44] Walsh, V. A theory of magnitude: Common cortical metrics of time, space and quantity[J]. *Trends in Cognitive Sciences*, 2003, 7(11).

[45] Yamauchi, T. , Markman, A. B. Category learning by inference and classification [J]. *Journal of Memory & Language*, 1998, 39(1).

Food Elongation Effect: The Impact of Food Shape on Estimation of Food Products' Shelf Life and Food Evaluation

Liu Ping[1] Wang Hong[2] Li Wei[3]

(1, 3 Business School of Sichuan University, Chengdu, 610064;
2 Business School of Chengdu University of Technology, Chengdu, 610059)

Abstract: The shape is an important sensory feature of food. Food shape has an impact on food perceptions. Previous studies have shown that shape has an "Elongation Bias" effect, and there is a metaphor association between space and time that "a longer distance means a longer time". Based on this, the effects of food shape on shelf-life perception and the interaction between different shelf-life perceptions and food types on food evaluation were investigated. The results show that consumers have longer shelf-life perception of square (vs. rectangular) food (Study 1); when the food is healthy, the square (vs. rectangular) food can get a shorter shelf-life perception, and then get higher food evaluation. When the food is unhealthy, the square (vs. rectangular) food can get a shorter shelf-life perception, but there was no significant difference in food evaluation (Study 2).

Key words: Food shape; Food type; Shelf life; Food evaluation

专业主编：寿志钢

傻人有傻福吗？品牌依恋视角下的工匠精神传播研究*

● 黄敏学[1] 李清安[2] 胡 秀[3]

（1，2，3 武汉大学经济与管理学院 武汉 430072）

【摘 要】品牌依恋是联结品牌与消费者自我的认知和情感纽带，会促进特定的消费者行为意向，例如从较低层面的简单重复购买行为到下一层面的口碑推荐行为和较高层面的参与企业社区的积极交互行为。社会化媒体时代，品牌越来越多地强调通过社会化媒体建立与消费者的情感联结，而忽视了工匠精神在促进消费者品牌情感建立方面的作用。基于品牌依恋视角，本文验证了在营销传播过程中工匠精神的情感作用机制，即工匠精神会促进品牌依恋的构建进而积极影响消费者购买、口碑和交互行为意向。结合品牌依恋资源观模型，通过量表开发界定了工匠精神的三个维度，分别是持续改进的技术创新、专注严谨的精神文化和追求极致的产品品质，研究结果表明工匠精神的三个维度会影响特定的消费者行为。

【关键词】工匠精神 品牌依恋 量表开发 购买意向 口碑意向 交互意向

中图分类号：F713.5 文献标识码：A

1. 引言

社会化媒体时代，品牌越来越多地寻求建立与消费者的强烈的情感联结(Malär et al., 2011)。因为这种情感联结会为品牌带来更多的支持性行为，且随着联结程度的强化，其行为也会不断深化(Park et al., 2006)。因此很多品牌强调通过社会化媒体，建立与消费者的情感关联。例如小米手机通过小米社区等自建平台和新浪微博等社会化营销媒体，吸

* 本项目受到国家自科基金项目"大数据驱动的消费市场的全景响应式营销管理与决策研究"（项目批准号：91746206）；"移动时代全景营销模式：三元交互协同与产品一体化情感激发"（项目批准号：71672132)的资助。

通讯作者：胡秀，E-mail：978110140@ qq. com。

引了大批忠诚的"米粉"。与此同时，也有很多品牌更多地专注于技术创新、精神文化、产品品质等自身建设，强调技术提升、精神文化和产品品质的工匠精神似乎在社会化媒体时代很难适应消费者快速变化的需求，难以建立与消费者的情感联结。业界也有观点认为，工匠精神是一种认准目标、机械重复、傻干傻付出傻投入的坚持。然而，在追求"短、平、快"的社会化媒体时代，强调理性付出的工匠精神真的只是一种理念追求，不会为企业带来价值吗？专注坚持的"傻人"般工匠精神真的没有"傻福"吗？本文就是探讨在社会化媒体传播过程中以产品为核心的工匠精神是否也能促进与品牌消费者情感联结的建立，进而为品牌带来相应的支持性行为。

品牌依恋是个人与品牌之间一种富有情感的独特纽带关系，是用户与产品交互过程中形成的稳定的、关系式的依赖感。基于资源观的视角，当品牌提供享乐性、象征性和功能性资源以满足、丰富、实现消费者自我时，品牌依恋就会形成。本文认为，品牌的工匠精神也是品牌利用不同的品牌资源与消费者建立情感联结的不同策略。由于已有研究对于工匠精神还未形成比较完整的界定，对其核心内涵缺乏统一共识，本文基于以往研究文献的总结，通过量表开发的方法对工匠精神进行了界定，并形成了三个维度，分别是持续改进的技术创新、专注严谨的精神文化和追求极致的产品品质，即工匠精神也会有助于品牌依恋情感的建立，进而对消费者行为产生积极影响，包括购买行为、口碑推荐和交互行为。工匠精神通过依恋情感的建立进而对消费者行为产生积极影响，本文就是为了验证这种情感作用机制的存在。

为了探究工匠精神的情感作用机制，本文首先基于定性与定量相结合的量表开发方法，开发了品牌工匠精神的正式量表。其次通过线下问卷方式对工匠精神和依恋情感、消费者行为进行测量，结果发现工匠精神会促进品牌依恋的构建进而积极影响消费者购买、口碑和交互行为意向，且不同工匠精神维度的依恋情感作用机制存在差异。具体而言，持续改进的技术创新会直接正向影响消费者购买行为，专注严谨的精神文化通过影响消费者品牌依恋对购买和口碑行为产生积极影响，追求极致的产品品质通过影响品牌依恋情感正向影响消费者的购买、口碑和交互行为。所以，"傻人有傻福"，企业在传播过程中通过强调技术创新、精神文化和产品品质的工匠精神也可以促进与消费者依恋情感的建立，从而吸引更多的购买者(购买行为)、传播者(口碑行为)和贡献者(交互行为)。

2. 理论基础与研究假设

2.1 工匠精神

工匠精神即是凝结在工匠身上的一种追求精益求精的态度和品质。作为一个时下兴起的热词，不同的学科视角、不同的行业领域，已有学者对工匠精神的研究提出了丰富却又莫衷一是的界定。关于工匠精神的内涵讨论，主要集中体现在以下方面。

一种观点认为，工匠精神是对技术的执着与创新，通过不断改进和完善自己的工艺，形成一种追求卓越的创造精神。肖群忠(2015)将工匠精神总结为"尚巧"的创新精神。"巧"在本质上体现了创造性思维的特质。在"互联网+"时代，也有学者对新工匠精神进行了深入探讨。郑刚和雷明田子(2016)提出，创客(maker)是新工匠精神的最典型代表，所体现的是一种永无止境地追求创新的精神。由此可见，工匠精神所体现的是工匠们对于技艺的精益求精的追求，通过对技术的不断追求与持续创新，力求做到技艺与制作品的精益求精。

另外一种观点认为，工匠精神体现的是对产品品质的极致追求，是工匠对自己生产的产品精雕细琢、精益求精，追求完美和极致的精神理念，其目标是打造本行业最优质的产品和其他同行无法匹敌的卓越产品(付向核和孙星，2016)。与此同时，追求产品品质的工匠精神同样强化了企业和消费者之间的联系。肖群忠(2015)认为工匠精神建立了人与物的亲密关系，消费者可以通过产品来感受匠人专注程度带来的产品质量提升。

关于工匠精神，尽管缺乏统一而确切的定义，但精益求精、注重细节、持续专注、追求创新是多数学者所提及和认同的核心内涵。综合上述关于工匠精神的研究，本文将工匠精神界定为以产品品质极致追求为目标而进行的技术创新的持续改进和所体现出的专注严谨的精神文化，其核心内涵包括三个维度：持续改进的技术创新、专注严谨的精神文化和追求极致的产品品质。持续改进的技术创新是指不断学习、改进，追求技术提升；专注严谨的精神文化是指持续专注、敬业严谨的工作态度；追求极致的产品品质是指精益求精、注重细节，打造本行业最优质的产品。本文发现已有对于工匠精神的研究更多地是从定性角度出发，缺乏基于定量分析的实证研究，忽视了其营销价值。因此，本文首先将利用实证研究的方式开发品牌工匠精神量表，对工匠精神进行操作化界定，继而进一步探讨工匠精神的情感作用机制。

2.2 工匠精神与品牌依恋的形成

品牌依恋是个人与品牌之间一种富有情感的独特纽带关系，能预知消费者对品牌的承诺和为获得品牌乐于付出货币等特定消费行为(Thomson et al.，2005)。在借鉴已有学者研究的基础上，Park 等(2006)整合解释了品牌依恋的形成过程。品牌可以提供一系列资源去帮助消费者达成预期目标(Schultz et al.，1989；Kleine et al.，1993)。当品牌满足了消费者的需求和目标时，消费者就会认为品牌是具有意义和作用的，进而与品牌建立个人联结和情感关联。已有研究证明，需求的满足通常会引起依恋。例如，实现个人自主的需要会使个人对关系伙伴变得更为依恋(Deci et al.，2006)，通过关心和关注满足小孩对亲近关系的需求会促进亲子依恋(Bowlby，1972)。由此，Park 等(2006)提出了依恋情境中三种关键的资源：享乐性(hedonic)资源、象征性(symbolic)资源和功能性(functional)资源。当品牌提供享乐性资源、象征性资源、功能性资源以满足(gratify)、丰富(enrich)、实现(enable)消费者自我时，消费者就会对品牌建立依恋情感。

从上述三种品牌—自我关联策略出发，品牌运用合适的资源和策略可以促进品牌—消费者自我关联，进而影响消费者的品牌依恋情感(Vlachos et al.，2010)。基于以上论述，本文认为品牌的工匠精神所体现的三个维度，同时也是品牌运用不同的资源与消费者建立关联的不同策略。因此，工匠精神会影响消费者对品牌的依恋情感。

2.2.1 享乐性资源和持续改进的技术创新

当品牌可以提供享乐性资源，通过审美或享乐元素快速引起消费者情绪的改变，持续性地为消费者提供满足(快乐)时，品牌在消费者认知中就会具有个性化意义，并让消费者感知到该品牌是与自身相关的。这种满足可以通过感官、享乐、审美等带给消费者乐趣来满足消费者自我的需要(Grisaffe and Nguyen,2011)。而技术的创新和发展为品牌提供了更多的手段和途径来为消费者提供审美或享乐性元素，从而建立与消费者的情感联结。例如英国著名时尚品牌 Topshop 利用 VR 技术，为消费者打造时装 T 台 360 度全景虚拟现实体验，创造出颠覆性的视觉体验。品牌可以创造性地利用多种方式为消费者带来享乐性感官体验，以满足消费者自我。基于以上讨论，本文提出假设 1：

H1：品牌持续改进的技术创新会促进品牌依恋情感的建立。

2.2.2　象征性资源和专注严谨的精神文化

品牌可以通过提供象征性资源表达消费者的价值观和信念(关联理想自我)，将消费者和分享同样价值观和信念的他人联系起来(丰富真实自我,Kozinets,2001)，并在品牌与自我联结的内化过程中丰富自我，从而建立品牌依恋。Jean Baudrillard(1970)提出，对物的消费也是对象征性符号的消费，不同的物品暗示着种种不同的符号，其实质是社会身份的建构和象征。消费者为了满足其社会地位或身份需求，往往对拥有地位信号的品牌进行联结(Wang and Lin,2009)。因此，消费者购买产品或服务也是对精神文化的象征性资源的消费，这会丰富消费者自我。基于以上讨论，本文提出假设 2：

H2：品牌专注严谨的精神文化会促进品牌依恋情感的建立。

2.2.3　功能性资源和追求极致的产品品质

品牌提供功能性资源，可以赢得消费者的信任，减少其风险感知(Vlachos et al.,2010)，提升消费者的自我效能感，在消费者追求目标、达成任务的过程中，强烈的品牌依恋随之建立。Park 等(2006)指出，消费者的效能感取决于产品的性能属性，只有产品具备始终如一的、可靠的性能表现，才会使消费者实现自我。如果一个品牌不能通过可靠的性能表现有效地满足消费者的需求，那么消费者对品牌的依恋就难以建立。因此，优良的产品品质会提供满足消费者实现自我的功能性资源，促进消费者品牌依恋情感的构建。基于以上论述，本文提出假设 3：

H3：品牌追求极致的产品品质会促进品牌依恋情感的建立。

2.3　工匠精神的情感作用机制

在总结 Thomson 等(2006)和 Park 等(2006)已有研究的基础上，消费者和品牌间的关系强度和相关的行为结果被归纳为四级层级结构(Park et al.,2007)。在最低层面，消费者对品牌没有明确的偏好，不会对任何品牌做出承诺。在较高的层面上，消费者对于特定品牌具有特殊偏好并且这种偏好会反映在购买行为上。在下一层面上，消费者对品牌表现出强烈的品牌忠诚行为倾向，例如忠诚购买、对竞争品牌的拒绝以及对品牌失误的宽恕。在更高层面，消费者为了品牌的利益更愿意牺牲个人资源(例如金钱资源、时间资源等)，表现为对价格的敏感度降低(金钱资源)、对品牌的延迟购买行为(时间资源)等。

品牌依恋对消费者的品牌忠诚和溢价购买等行为具有很好的预知能力，即消费者对品牌的依恋情感会促使消费者对品牌做出积极的承诺，为品牌支付更高的价格，依恋会促进消费者的品牌购买行为(Thomson et al.,2005)。与此同时，品牌在营销传播中可以通过工匠精神提供享乐性资源、象征性资源、功能性资源以促进消费者品牌依恋情感的建立，基于以上论述，本文提出以下假设：

H4a：品牌持续改进的技术创新会通过品牌依恋情感的建立增强消费者的购买行为意向。

H4b：品牌专注严谨的精神文化会通过品牌依恋情感的建立增强消费者的购买行为意向。

H4c：品牌追求极致的产品品质会通过品牌依恋情感的建立增强消费者的购买行为意向。

与此同时，品牌依恋可以更好地解释更高层次的消费者行为，这种行为反映出消费者对个人资源和承诺的投资（Park et al.，2006）。在消费者行为中，消费者忠诚购买涉及的是已有消费者的保留，消费者的口碑行为则是对潜在消费者的吸引（Vlachos et al.，2010），需要消费者投入更多的个人资源向他人进行推荐，对他人做出承诺。在零售情境中，Vlachos 等（2010）研究发现，对品牌的依恋情感不仅会增加消费者的品牌忠诚，同时伴随着消费者积极的口碑行为。也就是说，品牌依恋会引发除购买之外更高层次的消费者行为，例如口碑推荐行为。在工匠精神的情感作用机制中，品牌通过工匠精神可以促进依恋情感的建立，从而影响更高层次的消费者行为。基于以上论述，本文提出以下假设：

H5a：品牌持续改进的技术创新会通过品牌依恋情感的建立增强消费者的口碑行为意向。

H5b：品牌专注严谨的精神文化会通过品牌依恋情感的建立增强消费者的口碑行为意向。

H5c：品牌追求极致的产品品质会通过品牌依恋情感的建立增强消费者的口碑行为意向。

在激烈的市场竞争环境下，产品/服务同质化现象突出，仅仅通过销售合适的产品/服务来满足顾客需求是远远不够的。因此，品牌必须以产品购买以外的各种方式吸引顾客，例如鼓励客户推荐，征求顾客对产品/服务的反馈，以及参与社交媒体的互动（Kumar，2013），即顾客参与行为（customer engagement）。对品牌的依恋程度越高，消费者愿意为得到品牌付出或花费的个人资源往往也就越多。在较高层次的依恋情感中，消费者更乐于付出更多的资源来与公司进行更多的互动，提供反馈和参考，并积极地参与品牌社区。因此，工匠精神通过促进消费者依恋情感的建立促使消费者付出更多的个人资源。基于以上论述，本文提出以下假设：

H6a：品牌持续改进的技术创新会通过品牌依恋情感的建立增强消费者的交互行为意向。

H6b：品牌专注严谨的精神文化会通过品牌依恋情感的建立增强消费者的交互行为意向。

H6c：品牌追求极致的产品品质会通过品牌依恋情感的建立增强消费者的交互行为意向。

图 1　研究框架

3. 研究设计

3.1　研究1：工匠精神量表开发

由于已有对工匠精神的研究多从定性角度出发，对工匠精神的定量研究成果几乎没有，开发品牌的工匠精神量表是一项开创性工作。借鉴西方量表开发研究中常用的实证研究过程(Wolfinbarger and Gilly, 2003)，本文运用定性与定量相结合的方法对工匠精神量表进行建构，文中设计了3个相互衔接的专题研究。(1)首先从定性分析出发，结合定量分析方法，通过网页文本抓取形成本文的原始测项。(2)其次，以定量分析为手段，通过在线问卷调研，对原始测项语句进行纯化。(3)最后，对初步量表进行小样本在线问卷调研，并进一步对量表进行修正，从而形成本文最终开发的工匠精神量表。

3.1.1　测项发展

研究一将品牌的工匠精神的具体表现特征进行原始呈现并编码，目的是提炼用于初始度量量表的测项。本文主要通过网页文本抓取，以"工匠精神""匠人精神""匠心精神"为关键词，检索并收集了百度(本文之所以选取百度作为搜索平台，是因为百度作为全球最大的中文搜索引擎，涵盖内容广，可以提高本文网页资料的丰富性和代表性)上从2016年9月29日至2016年9月30日合计100条网页资料，并对其进行了随机排序。随后对100条网页资料进行了文本数据的人工采集，提取网页资料中关于"工匠精神"的陈述性语句，在完成第59条网页资料的提取后，发现此后第60条、第61条及62条网页资料上提取的"工匠精神"陈述语句均与前59条网页资料重复。因此，本文认为关于"工匠精神"的原始语句库已基本达到饱和。至此，本文共提取了59条网页合计181条陈述语句信息。工匠精神涉及的内涵较为广泛而深厚，依据文本主体的不同，该59条网页包括35条企业家视角、15条学者视角及12条消费者视角，整合了不同行业、不同人群、不同视角的工匠精神的内涵特征，涵盖了业界、学界和消费者不同主体人群对工匠精神的内涵解读。涉及不同主体视角的工匠精神的网页数量及相关例子见表1。

参考扎根理论的研究方法，本文作者及市场营销专业博士研究生、硕士研究生共八名专业人员组成了研究小组，对原始语句库进行了整理和编码。编码工作分为两步，首先进行开放编码，对语句信息进行整理和提炼；然后通过问卷调研和专家评分，对语句信息进行剔除和优化，从而形成本文的测项语句。

表1 　　　　　　　　　　涉及工匠精神的网页数量及举例

主体视角	网页数量	举　　例
业界	35	格力集团董事长董明珠表示："我理解的工匠精神就是我们要有那种挑战自我的精神，要有吃亏的精神，要把消费者真正当成上帝，提供给消费者最美的、质量最好的产品，而且在产品生产制造过程中不能有投机的心态，我想这是工匠精神所具备的精神内涵。"(http://auto. sohu. com/ 20160315/n440559499. shtml)。
学界	15	曹峰博士认为，要全面深刻理解工匠精神的内涵，应该从自然、道德和审美三个层次入手。第一，从自然层次来看，工匠精神是一种耐心和专注的坚守精神。第二，从道德层次来看，工匠精神是一种严谨和负责的敬业精神。第三，从审美层次来看，工匠精神是一种追求极致和超越事功的体验精神(http://www. zsnews. cn/News/2016/08/08/2882681. shtml)。
消费者	12	梦生不息：现代社会，有些人缺少了甘于寂寞的精神，只注重眼前的辉煌，却看不到真正的伟大！平凡的事情重复做，简单的事情认真做(http://cq. cqnews. net/cqztlm/2016-03/14/content_36514371. htm)。

　　注：部分网页包含的主体多于1个，故主体数量总和大于网页数量总和。

　　为了确保每条陈述语句所描述的信息明确、单一，在研究小组中的2位博士研究生和1位硕士研究生的初步提炼下，形成了140条语句。随后进行问卷调研，每份问卷中140条语句被随机排列，被试样本被要求对每条语句与工匠精神的匹配程度进行评分(李克特七级量表，1表示完全不匹配，7表示完全匹配)。匹配程度调研共回收有效问卷256份(有效率91.4%)，匹配程度评分均值为6.0002，对低于评分均值的语句进行剔除，保留74条语句。随后研究小组中的5位硕士研究生采取背对背独立归类的方式，对每条语句进行概念化分类(如敬业精神、创新、注重细节等)，依据三人不一致、四人不一致和完全不一致原则对语句进行剔除，即对在概念类别上争议较大的语句进行剔除，共剔除31条语句，最终形成了初始量表的题项43题。

　　研究一的目的是通过定性和定量相结合的研究方法，形成关于工匠精神度量的原始测项。通过网页数据收集以及研究小组整理和编码，最终获得43条测项语句。下一阶段，本文将利用定量研究方法，通过数据分析对量表进行纯化，并检验其度量结构。

3.1.2　量表提纯与结构验证

　　研究二进行小规模工匠精神认知情况调研，目的在于评估问卷的质量，提纯和修订初始题项，以获得用于正式调研的品牌工匠精神测量量表。首先，被试会阅读一段关于工匠精神的背景描述，然后回想其觉得最具有工匠精神的品牌并写下该品牌名称，随后被试回答了关于该品牌工匠精神的测量语句。本文通过网络问卷平台共发放问卷280份，有效问卷256份。其中，全日制学生占比84.4%。

　　(1)信度检验

首先，对初始问卷进行信度分析，利用 Cronbach's α 系数判断量表整体可靠性，使用 SPSS 22.0 进行数据分析，结果显示，工匠精神初始量表的总体 Cronbach's α 值为 0.944，单条语句的 Cronbach's α 值均在 0.939 以上（>0.7），表明该量表的总体信度较高，整体可接受。

（2）探索性因子分析

其次，对 43 条测项语句进行主成分分析，按照特征值大于 1 的原则抽取因子，并采用最大方差法正交旋转获得最终的因子载荷矩阵。在分析过程中，删除符合以下条件之一的题项：共同度小于 0.5；因子载荷小于 0.5；跨载荷超过 0.4。经过多次因子分析，共删除 27 条语句，得到具备较好区分性的因子结构，修订后的品牌工匠精神测量量表包含 16 条测项语句。

分析结果显示（见表 2），16 个测项语句的 KMO 值为 0.873，巴特勒球形检验的显著性水平小于 0.001，表明这些数据适合进行因子分析。从特征根值和碎石图的走势来看，应该提取 3 个因子。由方差解释贡献率来看，前 3 个因子累计解释了 73.808% 的信息，已经超过 60% 的提取界限，说明 3 个因子可以接受。总体信度值（Cronbach's α）为 0.873，说明数据整体结果较好。另外，从因子载荷率来看，每个测项的因子载荷率均高于 0.5，且在其他新提取因子列载荷均低于 0.4，说明整体因子提纯效果良好。

表 2　　　　　　　　　　　　探索性因子分析结果及因子命名

测项语句	因子一	因子二	因子三
	产品品质	精神文化	技术创新
追求完美和极致，以质量和品质赢得行业领先和消费者信赖	0.827		
每一个产品被当作工艺品精雕细刻、耐心打磨	0.777		
不断挑战自我，对产品追求完美	0.766		
产品的每个细节、每道工序都被做得尽善尽美	0.760		
对产品的技艺、流程和品质等各个环节耐心专注、一丝不苟	0.757		
在每一个生产环节，对专业的追求发挥到极致	0.741		
安心做自己的工作		0.907	
认真负责、忠于职守的事业心		0.906	
敬业守信，责任担当		0.884	
严谨细致的工作态度		0.876	
敬畏产品和技术，骨子里决心把事情做到最好		0.864	
不断实践，不断总结经验			0.828
对待工作，刻苦钻研学习			0.828
追求科技创新、技术进步			0.787

测项语句	因子一	因子二	因子三
	产品品质	精神文化	技术创新
不断吸收最前沿的技术，创造新成果			0.780
爱学习、善学习，持续改善			0.753
项目总体信度（Cronbach's α）		0.873	
KMO 值		0.873	
累计方差解释率		73.808%	
巴特勒球形检验	Approx. Chi-square		726.278
	df		120
	Sig.		0.000

从因子分析结果看，因子 1 从产品的角度表达了品牌对产品品质的完美追求，因此命名为"产品品质"；因子 2 体现了品牌敬业负责、追求完美的品牌文化，因此命名为"精神文化"；因子 3 描述了品牌对于技术的创新追求，因此命名为"技术创新"。

（3）验证性因子分析

随后，使用结构方程模型软件 Amos 进行验证性因子分析，检验由探索性因子分析获得的构想模型对实际观测数据的拟合效度，得到各维度与品牌工匠精神的最终关系如表 3 所示。

表 3 验证性因子分析结果

工匠精神维度——实测项目	路径系数
$\xi_1 \longrightarrow X_1$	0.781
$\xi_1 \longrightarrow X_2$	0.812
$\xi_1 \longrightarrow X_3$	0.841
$\xi_1 \longrightarrow X_4$	0.706
$\xi_1 \longrightarrow X_5$	0.765
$\xi_1 \longrightarrow X_6$	0.822
$\xi_2 \longrightarrow X_7$	0.892
$\xi_2 \longrightarrow X_8$	0.885
$\xi_2 \longrightarrow X_9$	0.852
$\xi_2 \longrightarrow X_{10}$	0.842
$\xi_2 \longrightarrow X_{11}$	0.819

工匠精神维度——实测项目	路径系数
$\xi_3 \longrightarrow \chi_{12}$	0.769
$\xi_3 \longrightarrow \chi_{13}$	0.807
$\xi_3 \longrightarrow \chi_{14}$	0.847
$\xi_3 \longrightarrow \chi_{15}$	0.843
$\xi_3 \longrightarrow \chi_{16}$	0.818
绝对拟合度	$\chi^2 = 154.581$ $\chi^2/df = 1.577(df = 98)$ GFI = 0.878 AGFI = 0.830 RMSEA = 0.067
增值拟合度	NFI = 0.905 CFI = 0.962 IFI = 0.963
简要拟合度	RMR = 0.043 PNFI = 0.739 PGFI = 0.632

参考 Carmines 和 McIver(1981)、Hu 和 Bentler(1999)以及 Bentler 和 Bonett(1980)的拟合指标分析标准,从模型拟合结果可知,除 GFI 和 AGFI 两项指标有所偏低但仍处于可接受标准外,其他拟合指标都位于标准范围,说明该模型是可以接受的。

研究二通过定量研究,对量表进行了纯化;通过信效度检验和探索性因子分析以及验证性因子分析,对量表结构进行了验证,初步得到三个维度的工匠精神量表。下一阶段,本文将采用小样本对测量项目进行验证,对工匠精神量表在实际情境测量中的度量效果进行分析,并对其进行修正,以形成最终正式量表。

3.1.3 量表修正与确定

为了验证上述测量量表的科学性,研究三进行了一次小样本预调研。采用线上问卷调研的方式,以手机品牌作为调研对象,被试首先会阅读一段关于工匠精神的描述语句,然后选择其认为最具有工匠精神的手机品牌并回答关于该品牌工匠精神的测量语句。198 名手机用户接受了问卷调研,有效样本为 171 份,被提及的手机品牌前三分别为苹果(占比47.7%)、华为(20.7%)、小米(10.8%)。

信度和效度分析。通过小样本调查的数据,使用 SPSS 22.0 进行数据分析,结果显示(见表4),品牌工匠精神量表的总体 Cronbach's α 值为 0.973,分维度测量的 Cronbach's α 值均在 0.9 以上,且每条测量题项的项目–总体相关系数(CITC)均大于 0.5(Churchill,

1979)，单独删除某条测项后的信度系数均小于原来的 0.973，表明该量表的总体信度较高，量表整体可接受。

对量表效度的评估主要是验证量表的收敛效度。根据 Hair 等(1998)的观点，当满足(1)潜变量与观测变量之间的标准载荷>0.5；(2)潜变量平均方差抽取量 AVE>0.5 时，表明量表的收敛效度良好(Fornell and Larcker，1981)。经数据分析，本量表中各题项在相应的潜变量上的标准化载荷均大于 0.5，并且达到显著性水平，相应的 AVE 值均大于 0.5，显示量表具有良好的收敛效度。

表 4　　　　　　　　　　　　　　　工匠精神信效度分析

测量维度	测量题项	CITC	删除该项后的 Cronbach's α
产品品质 Cronbach's α = 0.947 CR = 0.9117 AVE = 0.6347	Cppz1	0.845	0.970
	Cppz2	0.779	0.971
	Cppz3	0.707	0.972
	Cppz4	0.812	0.970
	Cppz5	0.838	0.970
	Cppz6	0.837	0.970
精神文化 Cronbach's α = 0.968 CR = 0.9482 AVE = 0.7856	Qywh1	0.784	0.971
	Qywh2	0.833	0.970
	Qywh3	0.847	0.970
	Qywh4	0.893	0.969
	Qywh5	0.845	0.970
技术创新 Cronbach's α = 0.936 CR = 0.8978 AVE = 0.6379	Jscx1	0.777	0.971
	Jscx2	0.849	0.970
	Jscx3	0.841	0.970
	Jscx4	0.829	0.970
	Jscx5	0.800	0.971
项目总体信度(Cronbach's α)			0.973

因子分析。对品牌工匠精神量表进行主成分分析，基于因子的固定数量抽取了 3 个因子，并采用最大方差正交旋转法获得最终的因子载荷矩阵。分析结果显示(见表 5)，16 个测项语句的 KMO 值为 0.924，巴特勒球形检验的显著性水平小于 0.001，表明这些数据适合进行因子分析。从提取的三个因子来看，"产品品质"第一条测项语句"追求完美和极致，以质量和品质赢得行业领先和消费者信赖"具有较高的交叉载荷，即在两个维度下的因子载荷值均高于 0.5，需对其进行删除。删除该测项语句后，量表的总体信度值(Cronbach's α)为 0.971，说明数据整体结果较好。KMO 值为 0.916，巴特勒球形检验的显

著性水平小于0.001，表明这些数据适合进行因子分析。抽取的3个因子与预期维度一致，且因子累计解释率为84.241%（>60%），说明3个因子可以接受。

表5　　　　　　　　　　　　　　　　工匠精神因子分析

测项语句	删除前			删除后		
	产品品质	精神文化	技术创新	产品品质	精神文化	技术创新
$Cppz_2$	0.867			0.873		
$Cppz_3$	0.833			0.835		
$Cppz_4$	0.785			0.791		
$Cppz_5$	0.725			0.724		
$Cppz_6$	0.663			0.648		
$Jswh_1$		0.878			0.881	
$Jswh_2$		0.855			0.848	
$Jswh_3$		0.827			0.825	
$Jswh_4$		0.787			0.795	
$Jswh_5$		0.738			0.751	
$Jscx_1$			0.769			0.763
$Jscx_2$			0.718			0.749
$Jscx_3$			0.713			0.692
$Jscx_4$			0.696			0.654
$Cppz_1$	0.538		0.623			—
$Jscx_5$			0.576			0.565
项目总体信度（Cronbach's α）		0.973			0.971	
KMO 值		0.924			0.916	
累计方差解释率		83.809%			84.241%	
巴特勒球形检验	Approx. Chi-square	1106.822		1033.647		
	df	120		105		
	Sig.	0.000		0.000		

研究三通过小样本问卷调研，对初步开发的品牌工匠精神量表进行了验证和修订，最终形成了具有良好信效度的3个维度合计15条测量语句的量表，其中，3个维度分别正式命名为"持续改进的技术创新""专注严谨的精神文化"和"追求极致的产品品质"。此外，在保证测项语句原意的基础上，我们对测项语句进行了规范化，正式问卷如表6所示。

表6	品牌工匠精神正式量表
测量维度	测量语句
追求极致的产品品质	产品被当作工艺品精雕细刻、耐心打磨 对待产品品质不断挑战，追求完美 产品的每个细节被做得尽善尽美 对产品的各个环节耐心专注、一丝不苟 在每一个环节，对专业的追求发挥到极致
专注严谨的精神文化	专注坚守，安心做自己的工作 认真负责，忠于职守的事业心 工作中敬业守信，担当责任 对待工作保持严谨细致的态度 敬畏产品和技术，决心做到最好
持续改进的技术创新	不断实践，不断总结经验 对待工作，刻苦钻研学习 追求科技创新，技术进步 不断吸收前沿技术，创造新成果 爱学习，善学习，持续改善

3.2 研究2：工匠精神作用机制研究

本文选取手机品牌作为调研对象，一是手机品牌贴近日常生活，大众熟悉度较高；二是在搜集资料过程中，本文发现提及工匠精神的品牌中较多的是手机品牌，例如锤子手机、魅族、华为等。

3.2.1 数据收集

实验采用线下问卷收集的方式，240名来自武汉两所高校的在校学生接受了问卷调研，有效样本为222份，其中男性占比41%，大学本科学历占比79.7%，18~25岁人群占比93.7%。

由于对工匠精神缺乏统一的界定和认知，因此问卷中并未对手机品牌或是手机品牌的工匠精神进行操纵，以免影响被试者对工匠精神的感知，从而对结果产生干扰。问卷中，被试者首先被要求回想印象最为深刻的手机品牌，简要描述该品牌让其印象深刻的原因。接下来，我们利用开发的品牌工匠精神量表对该手机品牌的工匠精神进行了测量。同样，问卷对被试者的品牌依恋情感、购买意向、口碑意向和交互意向也进行了测量。其中，品牌依恋情感参考Thomson等（2005）的研究；购买和口碑意向参考Maxham等（2002）的研究；交互意向参考Lin（2006）的研究。所有变量均采用李克特五级量表来测量，其中，1表示完全不同意，5表示完全同意。本文统计分析工具主要采用SPSS 22.0软件。

3.2.2 数据分析

共同方法偏差检验。为了检验可能存在的共同方法偏差带来的影响，首先对所有核心变量的题项做 Harman 单因素检验，结果显示多重因素但没有单一因素被析出，说明共同方法偏差不明显(周浩，龙立荣，2004)。其次，单因素模型的验证性分析结果显示模型拟合结果较差 ($\chi^2/df = 11.5$，GFI = 0.681，CFI = 0.800，NFI = 0.787，TLI = 0.701，RMSEA = 0.218)，说明本研究的数据不存在共同方法偏差。

信度与效度检验。首先对本文开发的品牌工匠精神量表进行检验，表 7 所示的结果显示量表总体信度值(Cronbach's α)为 0.944，KMO 值为 0.926，巴特勒球形检验的显著性水平小于 0.001。探索性因子分析结果显示，前三个因子的均值大于 1，提取了 3 个因子，与预期维度一致。从方差解释贡献率来看，3 个因子累计贡献率达 75.799%，说明量表整体结构较好。

表 7 工匠精神探索性因子分析

测项语句	因子一	因子二	因子三
	产品品质	精神文化	技术创新
产品的每个细节被做得尽善尽美	0.817		
对产品的各个环节耐心专注、一丝不苟	0.788		
在每一个环节，对专业的追求发挥到极致	0.783		
产品被当作工艺品精雕细刻、耐心打磨	0.717		
对待产品品质不断挑战，追求完美	0.707		
认真负责、忠于职守的事业心		0.856	
专注坚守，安心做自己的工作		0.800	
工作中敬业守信，担当责任		0.794	
对待工作保持严谨细致的态度		0.791	
敬畏产品和技术，决心做到最好		0.672	
不断吸收最前沿的技术，创造新成果			0.889
追求科技创新，技术进步			0.869
爱学习，善学习，持续改善			0.752
不断实践，不断总结经验			0.744
对待工作，刻苦钻研学习			0.739
CR	0.872	0.8769	0.8506
AVE	0.5776	0.5881	0.5333
项目总体信度(Cronbach's α)	0.944		
KMO 值	0.926		
累计方差解释率	75.799%		

测项语句	因子一	因子二	因子三
	产品品质	精神文化	技术创新
巴特勒球形检验	Approx. Chi-square		2733.758
	df		105
	Sig.		0.000

其余构念的分析数据显示，各构念的 Cronbach's α 值均大于 0.857，所有构念的组合信度 CR 值均高于 0.8211，表明所有构念的信度较高。

回归分析。为了进一步探讨工匠精神的不同维度对消费者行为意向的影响，本文对工匠精神的三个维度分别进行了逐步回归，结果如表 8 所示。首先，将工匠精神的三个维度对购买、口碑和交互意向进行回归分析，结果显示产品品质对购买意向（$\beta = 0.199$，$p = 0.029$）、口碑意向（$\beta = 0.256$，$p = 0.006$）和交互意向（$\beta = 0.335$，$p = 0.001$）有显著影响，精神文化对购买意向（$\beta = 0.172$，$p = 0.046$）和口碑意向（$\beta = 0.261$，$p = 0.003$）有显著影响，技术创新对购买意向有显著影响（$\beta = 0.245$，$p = 0.001$）。其次，对品牌依恋进行回归，结果显示产品品质（$\beta = 0.311$，$p = 0.001$）和精神文化（$\beta = 0.179$，$p = 0.040$）对品牌依恋有显著影响。最后在主效应检验中加入品牌依恋进行回归，除精神文化（$\beta = 0.166$，$p = 0.027$）和品牌依恋（$\beta = 0.530$，$p < 0.000$）对口碑意向有显著影响外，产品品质和技术创新对消费者行为意向的影响均不显著，且品牌依恋的影响均显著。具体来说，对于较低层次的购买行为意向，工匠精神的三个维度均有显著影响；对于较高层次的口碑行为，精神文化和产品品质有显著影响；对于更高层次的交互行为，仅产品品质会有显著影响。且这种影响中，品牌依恋仅对精神文化和产品品质的影响有中介作用，工匠精神中的技术创新对品牌依恋没有显著影响，即假设 2、假设 3、假设 H4b、假设 H4c、假设 H5b、假设 H5c、假设 H6c 得到支持，其余假设未通过验证。

表 8　　　　　　　　　　　　　　工匠精神分维度回归分析

自变量	因变量						
	购买意向	口碑意向	交互意向	品牌依恋	购买意向	口碑意向	交互意向
精神文化	0.172*	0.261**	0.056 (p=0.547)	0.179*	0.086 (p=0.256)	0.166*	−0.041 (p=0.611)
产品品质	0.199*	0.256**	0.335**	0.311**	0.050 (p=0.543)	0.091 (p=0.254)	0.166 (p=0.058)
技术创新	0.245**	0.053 (p=0.468)	0.024 (p=0.760)	0.078 (p=0.291)	0.207**	0.012 (p=0.848)	−0.018 (p=0.789)

自变量	因变量						
	购买意向	口碑意向	交互意向	品牌依恋	购买意向	口碑意向	交互意向
品牌依恋					0.479***	0.530***	0.543***
调整后 R^2	0.272	0.255	0.143	0.251	0.441	0.463	0.360

注：＊表示 $p<0.05$，＊＊表示 $p<0.010$，＊＊＊表示 $p<0.001$。

3.2.3 结果讨论

通过以上研究分析，发现品牌的工匠精神对品牌依恋有正向影响，其中工匠精神的精神文化和产品品质对品牌依恋影响显著，但是技术创新影响不显著，可能是由于品牌通过技术创新在为消费者提供享乐性资源时，引发的消费者感官体验和情绪变化有限，无法满足消费者自我，从而无法产生消费者对品牌的依恋情感。品牌的工匠精神会影响消费者的品牌依恋情感进而对消费者的购买行为、口碑行为和交互行为意向产生积极影响，且工匠精神的三个维度的情感作用机制存在差异。具体而言，技术创新会直接正向影响消费者的购买意向，精神文化会影响品牌依恋情感进而正向影响购买意向和口碑意向，产品品质会影响消费者品牌依恋进而对购买、口碑和交互行为产生积极影响。

4. 结论

4.1 理论贡献

伴随着社会化媒体的深入发展，品牌依恋在联结消费者和品牌情感、促进较高层的特定消费行为方面起着关键作用。为此，本文基于品牌依恋视角，重点探讨了工匠精神的情感作用机制。不同于以往研究中关注品牌在社会化媒体中的沟通、传播策略，本文研究认为追求技术创新、注重精神文化建设和以产品品质为核心的工匠精神也能促进消费者对品牌的依恋情感。总的来说，本文具有如下理论贡献：

（1）从消费者感知层面探究了企业的工匠精神在营销传播过程中的价值（情感作用机制）。企业为打造工匠精神付出了很多，本文从消费者感知角度归纳出其在传播中的三个核心维度，有利于建立消费者对品牌的依恋情感。

（2）丰富了对品牌依恋形成机制的理解，深化了品牌依恋领域的相关研究。基于品牌依恋视角，本文首次从工匠精神切入，结合品牌依恋资源观模型，对工匠精神与品牌依恋的建立进行了有机融合，丰富了以往对于品牌依恋的形成的实证研究。

（3）系统地深化了对工匠精神的理解，首次实证开发了品牌工匠精神量表，提出了较为完善、科学的三维度测量量表。以往对于工匠精神的研究更多是基于定性分析的讨论研究，较少从消费者角度探讨工匠精神的影响。本文通过量表开发方法，创造性地建构了具有良好信度和效度的品牌工匠精神量表，证明了其对特定消费者行为的情感影响机制，为以后关于工匠精神的研究提供了更科学的手段和更开阔的视野。

4.2 管理意义

（1）有助于品牌在营销传播中正确地认识并发挥工匠精神的情感作用。以往认知中，工匠精神更多是一种默默付出与一味坚持的"傻人"精神，在追求经济效益"短、平、快"的当今社会，工匠精神似乎越来越多地被企业所舍弃、被消费者所忽视。本文通过实证研究，验证了不同维度的工匠精神的特定情感作用机制，表明工匠精神也会创造出"傻人有傻福"的积极影响。

（2）有助于品牌通过不同维度的工匠精神促进特定的消费者行为。对于品牌而言，消费者既是产品的购买者，也是产品口碑的传播者，更可以与品牌进行积极的交互行为，参与品牌社区、为品牌提供积极的反馈等。具体表现为：对于以产品销售为主要目的的产品生产或者营销活动，企业可以更多地专注于技术革新，以技术驱动产品开发，在营销活动中侧重于企业的技术创新宣传；移动互联网时代的口碑传播不容忽视，企业可以通过典型人物或者精神文化的传播，建立消费者的依恋情感从而促进自发口碑宣传；为刺激更高层面的消费者交互行为，企业应该更多专注于产品品质的极致追求，如在企业论坛等社区中注重消费者对产品的反馈意见，以此不断对产品品质进行升级。

4.3 局限性与未来研究展望

本文研究虽然得出了一些结论，但整个过程仍然是存在一定局限性的，未来的研究可以在以下几个方面进一步地完善和深入探讨。一是工匠精神量表的完善和实证检验。本文开发的工匠精神量表的信度和效度有待在更多样的实证研究情境中对其进行修订和完善，未来研究可以进一步改进。二是关于工匠精神的情感作用机制，可以考虑不同的边界条件，例如品牌类型是温暖型或效能型（Judd et al.，2005），品牌的工匠精神对依恋情感的诱发维度是否会有差异，未来研究值得进一步挖掘。三是，实验法样本多为大学生，其社会经验和认知习惯等方面与其他消费群体存在差异，这对研究结果的外部性有一定影响，本研究的结论有待在其他群体中进一步进行验证。

◎ **参考文献**

［1］付向核，孙星．解读德国工匠精神创新中国工业文化［J］．中国工业评论，2016（6）．

［2］黎小林，徐苏，王海忠．在线平台用户画像对品牌依恋的影响［J］．广东财经大学学报，2019（5）．

［3］肖群忠，刘永春．工匠精神及其当代价值［J］．湖南社会科学，2015（6）．

［4］周浩，龙立荣．共同方法偏差的统计检验与控制方法［J］．心理科学进展，2004，12（6）．

［5］ Ainsworth, M. D. S., Blehar, M. C., Waters, E., et al. Patterns of attachment: a psychological study of the strange situation[J]. *Lawrence Erlbaum Associates*, 2015, 23.

[6] Aron, A. , Mashek, D. , Mclaughlinvolpe, T. , et al. Including close others in the cognitive structure of the self[J]. *Energy*, 2005, 6(4).

[7] Ball, A. D. , Tasaki, L. H. The role and measurement of attachment in consumer behavior[J]. *Journal of consumer psychology*, 1992, 1(2).

[8] Bentler, P. M. , Bonett, D. G. Significance tests and goodness of fit in the analysis of covariance structures[J]. *Psychological bulletin*, 1980, 88(3).

[9] Berman, W. H. , Sperling, M. B. The structure and function of adult attachment [J]. *Attachment in adults: Clinical and developmental perspectives*, 1994, 3.

[10] Bowlby, J. *Attachment: attachment and loss*[M]. London: Penguin Books, 1972.

[11] Bowlby, J. *Attachment and loss: Loss, sadness and depression* [M]. New York: Basic books, 1980.

[12] Carmines, E. G. , McIver, J. P. Analyzing models with unobserved variables: Analysis of covariance structures[J]. *Social measurement: Current issues*, 1981: 65.

[13] Churchill, Jr. G. A. A paradigm for developing better measures of marketing constructs[J]. *Journal of marketing research*, 1979, 16(1).

[14] Deci, E. L. , La Guardia, J. G. , Moller, A. . C, et al. On the benefits of giving as well as receiving autonomy support: Mutuality in close friendships [J]. *Personality and Social Psychology Bulletin*, 2006, 32(3).

[15] Fornell, C. , Larcker, D. F. Evaluating structural equation models with unobservable variables and measurement error[J]. *Journal of marketing research*, 1981, 18(3).

[16] Grisaffe, D. B. , Nguyen, H. P. Antecedents of emotional attachment to brands [J]. *Journal of Business Research*, 2011, 64(10).

[17] Hair, J. F. , Black, W. C. , Babin, B. J. , et al. Multivariate data analysis[M]. Upper Saddle River: Prentice hall, 1998.

[18] Hill, R. P. , Stamey, M. The homeless in America: An examination of possessions and consumption behaviors[J]. *Journal of consumer research*, 1990, 17(3).

[19] Hu, L. , Bentler, P. M. Cutoff criteria for fit indexes in covariance structure analysis: Conventional criteria versus new alternatives [J]. *Structural equation modeling: a multidisciplinary journal*, 1999, 6(1).

[20] Judd, C. M. , Jameshawkins, L. , Yzerbyt, V. , et al. Fundamental dimensions of social judgment: understanding the relations between judgments of competence and warmth[J]. *Journal of Personality & Social Psychology*, 2005, 89(6).

[21] Kleine, R. E. , Kleine, S. S. , Kernan, J. B. Mundane consumption and the self: A social-identity perspective[J]. *Journal of consumer psychology*, 1993, 2(3).

[22] Kozinets, R. V. Utopian enterprise: articulating the meanings of Star Trek's culture of consumption[J]. *Journal of consumer research*, 2001, 28(1).

[23] Kumar, V. Profitable customer engagement: concept, metrics and strategies[M]. New Delhi: SAGE Publications India, 2013.

[24] Lin, H. F. Understanding behavioral intention to participate in virtual communities[J]. *CyberPsychology & Behavior*, 2006, 9(5).

[25] Malär, L., Krohmer, H., Hoyer, W. D., et al. Emotional brand attachment and brand personality: the relative importance of the actual and the ideal self[J]. *Journal of Marketing*, 2011, 75(4).

[26] Maxham III, J. G., Netemeyer, R. G. A longitudinal study of complaining customers' evaluations of multiple service failures and recovery efforts[J]. *Journal of marketing*, 2002, 66(4).

[27] Mick, D. G., DeMoss, M. Self-gifts: phenomenological insights from four contexts[J]. *Journal of Consumer Research*, 1990, 17(3).

[28] O'Guinn, T. C. Touching greatness: the central midwest Barry Manilow fan club[J]. *SV-Highways and Buyways: Naturalistic Research from the Consumer Behavior Odyssey*, 1991.

[29] Park, C. W., MacInnis, D. J. What's in and what's out: questions on the boundaries of the attitude construct[J]. *Journal of Consumer Research*, 2006, 33(1).

[30] Park, C. W., Macinnis, D. J., Priester, J. R. Brand Attachment and Management of a Strategic Brand Exemplar[J]. *Social Science Electronic Publishing*, 2007.

[31] Park, C. W., Macinnis, D. J., Priester, J. Beyond Attitudes: attachment and Consumer Behavior[J]. *Seoul Journal of Business*, 2006, 12(2).

[32] Reis, H. T., Patrick, B. C. Attachment and intimacy: component processes[J]. *E. t. higgins & A. w. kruglanski Social*, 1996.

[33] Richins, M. L. Special possessions and the expression of material values[J]. *Journal of consumer research*, 1994, 21(3).

[34] Schouten, J. W., McAlexander, J. H. Subcultures of consumption: an ethnography of the new bikers[J]. *Journal of consumer research*, 1995, 22(1).

[35] Slater, J. S. Collecting brand loyalty: a comparative analysis of how Coca-Cola and Hallmark use collecting behavior to enhance brand loyalty[J]. *NA-Advances in Consumer Research*, 2001.

[36] Trinke, S. J., Bartholomew, K. Hierarchies of attachment relationships in young adulthood[J]. *Journal of social and personal relationships*, 1997, 14(5).

[37] Vlachos, P. A., Theotokis, A., Pramatari, K., et al. Consumer-retailer emotional attachment: Some antecedents and the moderating role of attachment anxiety[J]. *European Journal of Marketing*, 2010, 44(9/10).

[38] Wang, C. L., Lin, X. Migration of Chinese consumption values: traditions, modernization, and cultural renaissance[J]. *Journal of Business Ethics*, 2009, 88(3 Supplement).

[39] Wallendorf, M., Arnould, E. J. "My favorite things": a cross-cultural inquiry into object

attachment, possessiveness, and social linkage[J]. *Journal of Consumer Research*, 1988, 14(4).

[40] Weiss, R. S. Loss and recovery[J]. *Journal of Social Issues*, 1988, 44(3).

[41] Wolfinbarger, M., Gilly, M. C. ETailQ: Dimensionalizing, measuring and predicting etail quality[J]. *Journal of retailing*, 2003, 79(3).

Fortune Favors Fools

— The Study of Craftsman Spirit in the Perspective of Brand Attachment

Huang Mingxue[1]   Li Qing'an[2]   Hu Xiu[3]

(1, 2, 3 Economics and Management School of Wuhan University, Wuhan, 430072)

Abstract: Brand attachment is the cognitive and emotional link between brand and consumer self, which could promote specific consumer behavior intentions such as buying, word of mouth and engagement. In the era of social media, brands emphasize more on establishing emotional connection with consumers through social media, while neglecting the role ofcraftsman spirit in building consumer-brand emotion. Based on the perspective of brand attachment, this paper verifies the emotional mechanism of craftsman spirit. That is, the craftsman spirit will promote the construction of brand attachment and thus positively affect the consumer purchase, word of mouth and engagement behavior intention. Combined with the brand attachment resource view model, this research defines the three dimensions of craftsman spirit through the scale development, namely the product quality, corporate culture and technology innovation. The results show that different levels of craftsman spirit will affect the different levels of specific consumer behavior.

Key words: Craftsman spirit; Brand attachment; Scale development; Purchase intention; Word of mouth intention; Engagement intention

专业主编：曾伏娥

伪装式食品包装如何吸引消费者？

——不确定解决效应的视角[*]

● 李　涵[1]　陈　通[2]　青　平[3]

（1，2，3 华中农业大学经济管理学院　武汉　430070）

【摘　要】食品包装作为消费者首先接触的视觉属性，在消费者购买决策中起到了至关重要的作用。前人关于食品包装的研究大多聚焦于食品包装元素（如标签、名称）的作用，鲜有研究关注适当隐藏线索的重要性。本研究探讨了目前市场上大量涌现的伪装式包装对消费者购买意愿的影响及其潜在机制。通过三个实验发现：伪装式包装（vs 非伪装式包装）会引起消费者短暂的感知不确定性，这种感知不确定性解决之后会产生享乐性体验（不确定性解决效用），进而提高消费者的购买意愿。此外，该效应会受到食品类型（美味食品 vs 健康食品）的影响。具体而言，当消费者购买美味食品时，伪装式包装引发的不确定性解决效用更强，相比非伪装式包装购买意愿更高。而当消费者购买健康食品时，伪装式包装（vs 非伪装式包装）对购买意愿没有影响。

【关键词】食品包装　伪装式包装　不确定性解决效用　健康食品　美味食品

中图分类号：C93　　　　文献标识码：A

1. 引言

想象一下你正在超市购买零食，偶然发现一袋零食包装看上去好像健硕的腹肌，待你走近仔细去看，却发现原来是特别包装过的面包（如图 1 所示）。你在看到这种包装的面包时有什么感觉？你会更愿意购买这种包装的食品吗？

* 项目资助：本文研究得到国家自然科学基金国际合作重点项目"作物营养强化对改善人口营养健康影响及评估研究"（项目批准号：71561147001）、2017 年中国工程院重大战略咨询项目 "华中地区食物安全可持续"（项目批准号：4005-35016010）、国家现代农业产业技术体系，藻类产业技术体系（CARS-50）的资助。

通讯作者：青平，E-mail：qingping@ mail. hzau. edu. cn。

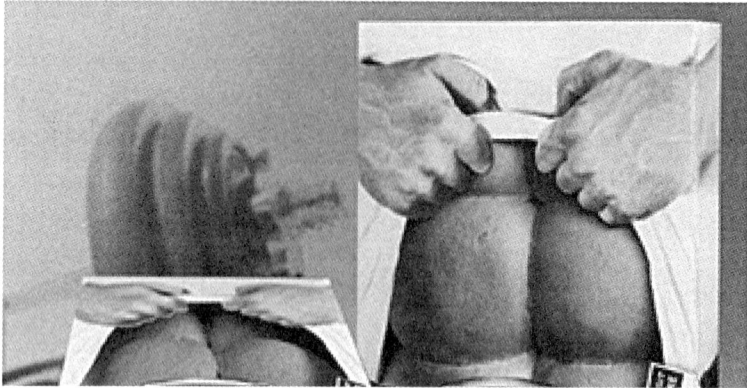

图 1 "腹肌"面包

本文将"伪装式"包装定义为试图从视觉上诱导消费者将食品联想成其他的产品类别，从而掩盖产品本身类别的包装方式。食品包装是消费者首先接触的视觉属性，且消费者并不认为包装与所包含的食品是分开的，所以食品包装在消费者购买决策中起到了至关重要的作用（Ahmed et al.，2005）。食品包装可以通过传达信息和视觉线索影响消费者对食品的认知和情感（Newman et al.，2016；Betina & Jaeger，2016）。例如，食品包装大小会影响消费者对食物中卡路里含量的感知和对食物的消费量（Scott et al.，2008）；食品包装上的营养标签信息和热量信息也会改变消费者对食品的健康性评价和购买意愿（Newman et al.，2016）；食品包装上的诱人图片会唤醒消费者的奖励表征，从而刺激消费者购买食品（Spence et al.，2016）；垃圾食物的图片更容易唤醒羞耻感和负罪感（Betina & Jaeger，2016）。

前人研究发现营销人员会使用各种包装元素（如标签、品牌名称）或更微妙的线索，如包装形状（Folkes & Matta，2004）、大小（Argo & White，2012）或放置在包装上的图片（Deng & Kahn，2009）来突出食品，以揭示食品的主要信息，让消费者迅速地对食品有大致的了解。广告之父 David Ogilvy 也认为广告要"在前十秒内告知品牌名称"，揭示产品的重要信息（Ogilvy，1983）。本文从解决食品包装不确定性的角度出发，推测相较于直观地展示食品原本的样貌，巧妙地将食品伪装起来或许也可以提高消费者的购买意愿。伪装式包装通过特殊的包装设计，诱导消费者将其看作其他的产品类别，从而使其真正的产品类别被伪装起来（将面包看成腹肌）。因此本研究主要探究伪装式食品包装对消费者购买意愿的影响及其潜在机制。

本研究认为当消费者购买产品时，至少会了解产品名称和类别。人们会在脑海中对该产品有一个基本的认知图式，该图式会携带许多细节（Hirt，1990）。消费者容易利用该图式加工大量的信息，而当消费者第一眼看到伪装式食品包装时，会将食品看成伪装出来的产品类别，这种伪装的信息会与产品名称的图式发生矛盾，从而产生图式不一致。同时，图式不一致会造成一种不确定性。比如说，消费者在购买面包前，会用面包的图式来感知信息。而当消费者看到具有伪装式包装的"腹肌"面包时，会将面包看作"腹肌"，这种图

138

式不一致的信息给消费者造成了不确定性，即消费者不确定为什么该产品是面包。前人研究表明不确定性通常被认为是不利的，会给人们带来担忧、焦虑和受挫等消极情感（Hsee & Ruan，2016）。因此，营销人员在传递消息时经常会避免不确定性，选择以直接的方式来传递信息。然而，越来越多的研究探究了不确定性的积极影响（Lee & Qiu，2009）。比如，当人们中了一次幸运抽奖，但不知道中奖的确切金额时会体验到更大、更持久的积极情绪（Lee & Qiu，2009）。还有研究发现，解决图式不一致会导致比图式一致更积极的消费者反应（MeyersLevy & Tybout，1989）。因此，本文认为"伪装式"包装会通过图式不一致的解决使消费者提高对食品的购买意愿。在消费情境中，消费者事先知道食品名称，伪装式包装所呈现的信息与食品名称的图式不一致，使得消费者对产品产生不确定性，而消费者在仔细辨认食品后会轻易地解决这种不确定性。当图式不一致的不确定性迅速地得到解决时，会产生一种不确定性解决效用，这对消费者来说是一种愉快的体验。相比直接获得信息，经历信息的不确定性出现过程和解决过程会给人们带来更好的体验（Ruan et al.，2018）。因此，本文认为消费者在解决食品的不确定性后，会产生一种愉快体验，从而提升对食品的购买意愿。

本研究首次探究了伪装式食品包装对消费者购买意愿的影响及其潜在机制。本研究丰富了有关不确定性的文献，验证了不确定性的创造—解决过程所带来的积极影响，为包装中所存在的不确定性的积极影响提供了经验性证据，更验证了消费者解决不确定性后所造成的影响。同时本文还探究了在不同食品类型的情境下，食品包装对消费者意愿的影响，进而为营销人员的包装设计提供了建议。本文的研究框架如图2所示，通过三个情境实验，结果发现伪装式食品包装会正向影响消费者的购买意愿，伪装式食品包装带来的不确定性解决之后所产生的愉快体验(不确定性解决效用)会增加消费者的购买意愿。当食品类型为美味食品时，消费者的购买意愿会更高。

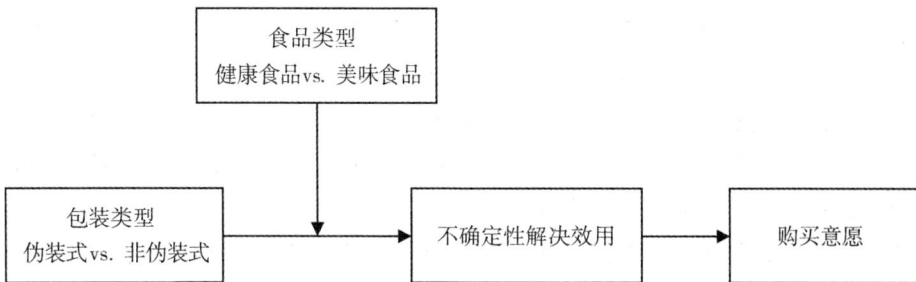

图 2　研究框架

2. 理论基础与假设推导

2.1　伪装式食品包装

包装作为消费者接触到的首要视觉属性，除具有保护产品、储存产品和简化货物运输等多种功能外（Rundh，2005），更重要的是可以提供视觉线索，传递重要的产品信息。对于食品这样的入口产品来说，包装更是必不可少的。由于消费者更关注食品呈现的方式，而不是食品本身（Solomon，2007），因此，通过包装设计对食品优势进行有效宣传，可以决定消费者对产品的第一印象甚至是持久印象（Creusen & Schoormans，2005）。

之前的研究大多表明包装要醒目地通过形状、大小或图片等线索突出食品，吸引消费者的注意，让消费者在第一时间对该食品有大致的了解（Lee & Lye，2003）。因此，对食品进行直观的包装，可以让消费者从琳琅满目的商品中迅速地获取信息，增加消费者便利，便于食品销售。那么通过包装对食品巧妙地进行"伪装"，不那么直观地呈现食品，在对食品信息的揭示方式上卖个关子，是否一定不利于食品的销售呢？

目前零售环境中出现了许多"伪装"食品的包装，这些包装并非直接展现产品，而是使消费者在第一眼看到食品时，容易从视觉上被诱导将食品联想成其他的产品类别，比如"腹肌面包"包装使得消费者将面包联想成腹肌。"伪装"一词在词典中被定义为"为了不让别人看到真实面目而做的装饰打扮"。已有关于"伪装"的研究主要集中于语音伪装、运动中的伪装和面部伪装几个方面。语音伪装被认为是说话人有意伪造或隐瞒身份的行为（Perrot et al.，2007）。运动中的伪装是指一个动作之前隐藏真正的先行线索或者尽量减少可能的信息线索，如在准备射门时，让对手误以为自己现在没有准备射门（Poulter，2009）。面部伪装可以将伪装划分为两种类型，一种是逃避的伪装，就是试图使自己看起来不像自己。另一种是模仿的伪装，就是试图使自己看起来像另一个人（Noyes & Jenkins，2019）。总的来说，伪装意味着在传递信息的过程中，暂时向信息接收者传递虚假信息，然后接收者通过某些规则将信息转换为真实信息（Li et al.，2016）。因此，在营销情境下，通过包装向消费者传递信息时，暂时隐瞒产品的某些信息使产品看起来不像产品本身，或者暂时向消费者传递某些虚假信息使产品看起来像其他产品，也会使得消费者第一眼见到产品时，无法准确地识别产品类别，从而产生一种"伪装"的效果。据此，本文提出伪装式食品包装这个概念。伪装式食品包装是指为试图从视觉上诱导消费者将食品联想成其他的产品类别，从而掩盖产品本身类别的包装方式。也就是说，伪装式食品包装会暂时给消费者传递某种虚假信息，使得消费者将该食品误看成其他产品，而当消费者仔细辨认后，才能识别出这种伪装，从而获得真实的产品类别信息。

前人研究发现食品包装的营销功能可以分为视觉属性和信息属性，消费者经常会据此来诊断有关食品的内部性质并决定是否购买（Folkes & Matta，2004；Deng & Kahn，2009）。一方面，食品包装可以向消费者传达信息，影响他们对食品本身的认知。例如，"低脂"营养会导致消费者——尤其是那些体重超标的人低估每份食品的卡路里含量，从而从标有低脂标签的零食中摄入更多的卡路里（Wansink & Chandon，2006）。另一方面，食品包装的某些视觉线索可以唤醒消费者的情感，从而影响消费者决策。当消费者看到垃圾食物的图片时，更容易唤醒羞耻感和负罪感（Betina & Jaeger，2016）。因此，本研究认为伪装式食品包装从视觉上诱导消费者将食品联想成其他产品类别，这种视觉线索会影响消费者的情感——不确定性解决效用，进而影响消费者的购买意愿。

2.2 不确定性解决效用

当消费者购买产品时，无论是有目的购买还是无目的购买，必然会获知产品类别，了解产品名称，从而形成对产品的图式（schema）。图式是关于某些概念或刺激的有组织、结构化的认知集合（Fiske & Taylor，1991）。图式会携带许多产品细节（Hirt，1990），如产品形状、大小等，使消费者形成对产品的基本印象，帮助他们更有效地进行信息加工。而在伪装式食品包装下，消费者在看到产品的一瞬间，容易从视觉上被诱导将食品联想成其他的产品类别，这种伪装出来的产品类别与产品名称的图式存在不一致。不同程度的图式不一致会影响消费者情感反应的效价和极端性，随着图式不一致程度的增加，消费者的唤醒和认知努力也会增强，进而会增加对产品评价的极端性（Mandler，1982）。然而，产品评价会更有利还是更不利取决于消费者能否很好地解决这种图式不一致。适度的图式不一致是可以通过同化、细分或者激活另一种图式而被成功解决的，解决图式不一致会导致比图式一致更积极的消费者反应（MeyersLevy & Tybout，1989）。

同时，图式不一致会让消费者产生一种不确定性。传统上，不确定性通常被认为是令人厌恶的（Loewenstein，1994），可能会导致许多负面影响（Shani et al.，2008；王罡，2019）。比如，"我的体检报告结果正常吗"？这种不确定性可能会引起焦虑或紧张，阻止人们采取行动。人们往往需要将不确定性转化为确定性以此来减少焦虑感觉（Loewenstein，1994），他们可能会通过收集信息、作出推断和生成理论（Kahneman et al.，1982）来解决不确定性。然而，另一些研究却表明不确定性会对消费者产生积极影响。比如，消费者在购买产品时，选择与价值不确定的免费礼品相关的产品的可能性与选择与最好的免费礼品相关的产品的可能性一样大（Goldsmith & Amir，2010）。特别是在感知到不确定性的风险较低时，人们更偏好不确定的事物。比如，在低风险情境下，不确定的折扣水平（例如，50% 至 70%的折扣）比精确折扣（例如，60%的折扣）更能引起消费者的兴趣（Dhar et al.，1999）。此外，消费者在准备做出情感决定时，情感状态会增加消费者对不确定性的偏好（Laran & Tsiros，2012）。

在解决不确定的过程中，人们的心理过程是愉悦的（Hsee & Ruan，2016；Ruan et al.，2018）。有关神经和动物方面的研究证据也证明了这一点（McDevitt et al.，2016）。在非负面的小事件上，不确定性的出现和解决过程会使消费者的态度更积极（Ruan et al.，2018）。当不确定性解决之后，会产生一种结果获取效用，也就是说人们如何看待结果本身。更重要的是，会产生一种不确定性解决效用，也就是说人们如何看待解决未知的问题，将未知变为已知会给人们带来愉快体验（Luxi et al.，2019）。本研究认为在购物情境下，伪装式食品包装所创造的不确定性是非负面的小事，虽然消费者暂时会将食品联想成其他产品，但当仔细辨认食品后会获得真实的产品类别信息，从而解决这种不确定性。消费者会因此产生一种不确定性解决效用。不确定解决效用越高，消费者越会觉得愉快。而情感状态可能会影响消费者的态度（Petty et al.，2001）和行为（Lerner et al.，2007），积极的情感状态更加有助于提升消费者的购买意愿。基于此，本文提出以下假设：

H1：相较于非伪装式包装，消费者对采用伪装式包装食品的购买意愿更高。

H2：不确定性解决效用中介了包装类型对消费者购买意愿的影响。采用伪装式包装的食品会给消费者带来更大的不确定性解决效用，进而增加了消费者的购买意愿。

2.3 食品类型的调节作用

消费者在购买食品时，不同的食品类型会激活消费者的不同目标。健康食品更有可能使消费者追求节食目标，从而导致消费者选购卡路里含量更低的食品（Cavanagh & Forestell，2013）。而基于不健康等于美味的直觉（Raghunathan et al.，2006），消费者往往会认为不健康的食品更加美味，购买不健康食品更容易激活消费者追求美味的目标。因此，本文将食品类型划分为健康食品和美味食品。

通常来说，消费者可以通过情感和认知两个方式来做出购买决策，情感决策的特点是决策过程中存在更强烈的感受，而认知决策的特点是感情不那么强烈，更注重获取必要数量的信息来做出决定（Rottenstreich & Hsee，2001）。情感决策可能是由个人情绪等内部因素引起，比如当人感到快乐时，更有可能进行情感决策。情感决策也有可能是情境因素导致的，当营销人员以情感方式定位产品（比如，"你会喜欢这个产品"）时，消费者更倾向于进行情感决策。更重要的是，当产品本身更具有享乐性时，消费者更愿意采用情感决策（Elster & Loewenstein，1992）。认知决策同样可能由内部因素、情境因素和产品本身引起（Chandon et al.，2000）。当产品本身更具有功能性时，消费者会更倾向于采用认知决策。因此，本文认为，美味食品更具有享乐性，当消费者购买美味食品时，更有可能采用情感决策。而健康食品更具有功能性，当消费者购买健康食品时，更有可能进行认知决策。

在认知决策的情况下，消费者主要是在搜索能够帮助他们做出决策的产品信息。确定的信息更有助于消费者作出判断（Loewenstein，1994），而在涉及不确定性的情况下，消费者没有足够的信息作出决策。当不确定性解决之后，消费者往往更看重结果获取效用，而较少关注不确定性解决效用所带来的愉快体验。在情感决策的情况下，消费者更有可能寻找一些线索将购买行为与情感方式联系起来，并更加关注与情感决策相匹配的愉快体验。本文认为与消费者处理决策的方式一致的产品维度在决策过程中会获得更多的权重。当消费者的动机主要由情感（认知）形成时，包含情感（认知）线索的食品在影响消费者的购买意愿方面更成功（Edwards，1990）。更具体来说，当消费者在购买健康食品时，更加注重食品的功能性，进而更有可能采用认知决策来处理信息，而伪装式包装所带来的不确定性解决效用是一种情感上的愉快体验，消费者对此不太关注，因而消费者的购买意愿可能不太会受到包装类型的影响，甚至消费者更不愿意购买采用伪装式包装的食品。当消费者购买美味食品时，更加注重食品的享乐性，更倾向于采用情感决策来处理信息，伪装式包装导致的不确定性效用正好与情感决策相匹配，消费者会觉得更加愉快，进而增加了消费者的购买意愿。基于此，本文提出以下假设：

H3：当消费者购买美味食品时，"伪装式"包装对消费者购买意愿的积极影响增强；当消费者购买健康食品时，消费者购买意愿不受包装类型的影响。

3. 实验1a：包装类型的主效应及不确定性解决效用的中介作用

实验1a的目的是检验"伪装式"包装如何影响消费者的购买意愿（H1），并且检验了不确定性解决效用的中介作用。此外，不同包装类型的外观吸引力可能会影响消费者的购买意愿，因此实验1控制了包装的外观吸引力这一因素的影响。

3.1 实验设计

我们以口香糖为实验材料，从问卷星上共招募了87名在校大学生参与实验。被试的平均年龄21.06岁，男性42名。首先，我们将被试随机分为两组，告知被试他们将看到的是某公司的口香糖包装图片。在伪装组中，被试看到的是将口香糖伪装成"牙齿"的包装图片（见图3），而在非伪装组则是没有伪装的口香糖包装图片（见图4）。为了确定产品包装的伪装是否有效，我们询问被试"当您第一眼看到该产品时，觉得该产品的透明部分是什么?"接下来请被试回答"是否确定该产品是口香糖"。之后，我们再给被试展示与"伪装组"或"非伪装组"图片一致的拆开包装后的口香糖图片（见图5、图6），以便确保被试能够识破产品的伪装式包装。随后，我们再次询问被试"是否确定该产品是口香糖"。紧接着，我们用七分李克特量表测量了被试的"不确定性解决效用"和"购买意愿"。为了排除产品包装吸引力对消费者购买意愿的影响，我们还测量了产品包装对被试的吸引力。最后，被试报告了性别、年龄等人口统计特征。

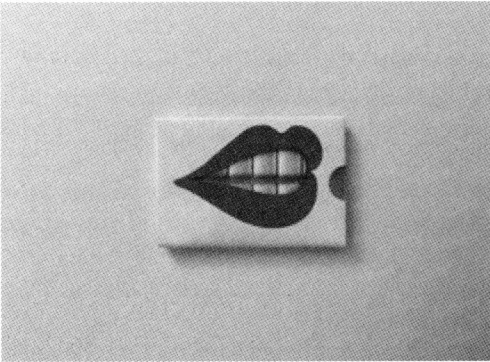

图3　伪装式(未拆开)

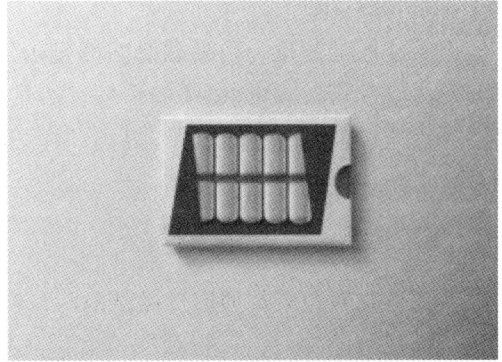

图4　非伪装式(未拆开)

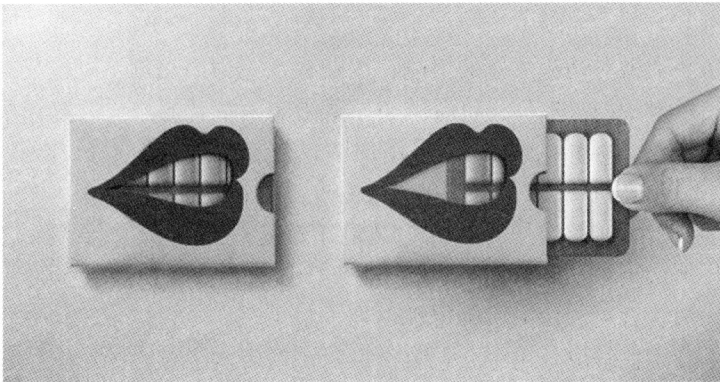

图5　伪装式(拆开)

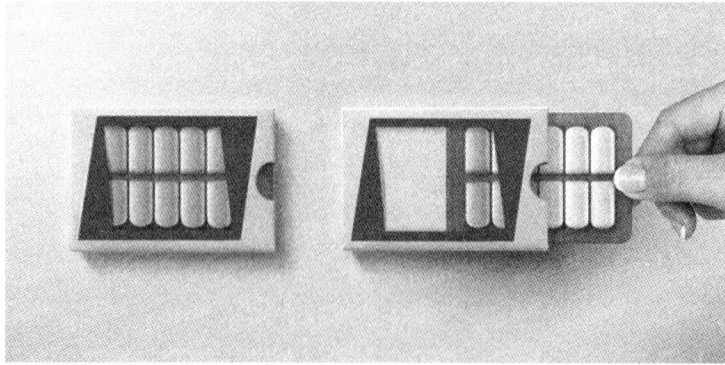

图 6 非伪装式(拆开)

3.2 变量测量

不确定性解决效用的测量。对不确定性解决效用的测量改编自 Luxi(2019)等人的测量，首先询问被试"当您弄清该产品是口香糖后，您觉得该产品的不确定性是否得到了解决?"(1=非常不确定，7=非常确定)。再进一步询问，"这个过程让您感觉如何?"(1=非常差，7=非常好)。

购买意愿的测量。购买意愿的测量采用了 Yi(2016)的测量，采用七分李克特量表，通过三个题项进行测量($\alpha=0.922$)，"您有多大可能购买该产品?""当您下次购买产品时，您有多大可能购买该产品""您之后有多大可能再次购买该产品"(1=非常不可能，7=非常可能)。

3.3 实验结果

我们首先对包装类型进行操纵检验，41 名伪装组的被试中有 37 人回答"当第一眼看到该产品包装图片时，觉得透明部分像牙齿"，而 46 名非伪装组的被试中有 36 人回答"觉得透明部分什么也不像"或者"看不出来像什么"。而其他 14 名被试则回答"觉得产品的透明部分像药片""像糖"或者"像胶囊等"，基本可以证明操纵检验成功($X^2=40.959$，$p<0.001$)。

为了检验包装类型对购买意愿的影响，以购买意愿为因变量，以包装类型为自变量进行方差分析，结果显示(见图7)，包装类型显著影响消费者的购买意愿，相比非伪装式包装($M=5.228$，$SD=1.334$)，消费者对采用伪装式包装($M=4.181$，$SD=0.978$)的产品购买意愿更高($F(1,85)=17.662$，$p<0.001$)。因此，H1 得到了验证。

为了确定消费者确实解决了伪装式包装的不确定性，我们进行了回归分析。结果发现，包装类型显著影响了不确定性解决($F=15.416$)。相比非伪装式包装，在伪装式食品包装的情境下，消费者更加认为不确定性得到了解决($\beta=0.392$，$p<0.001$)。

为了验证不确定性解决效用中介包装类型对消费者购买意愿的影响，我们采用了目前受到学者们广泛认同的中介检验办法 Bootstraping 分析，在 95% 的置信区间下采用模型 4。分析结果表明(见图8)，不确定性解决效用显著中介了包装类型对消费者购买意愿的影响

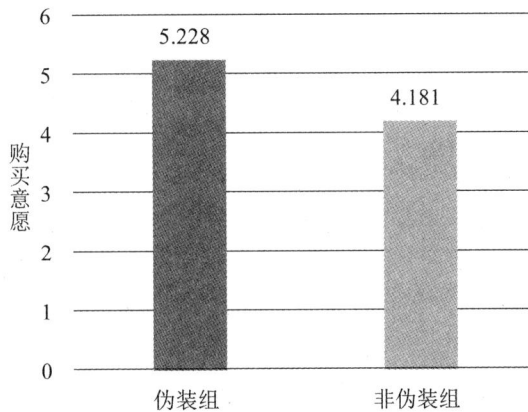

图 7 包装类型对购买意愿的影响

($B = 0.742$, SE $= 0.172$, CI$_{95}$ $= [0.432, 0.390]$，不包含 0)。进一步分析可知，包装类型显著影响消费者的不确定性解决效用($B = 1.257$, SE $= 0.257$, CI$_{95}$ $= [0.745, 1.768]$，不包含 0)。消费者对采用伪装式包装的产品所产生的不确定性解决效用更高。不确定性解决效用越高，消费者的购买意愿越高($B = 0.590$, SE $= 0.084$, CI$_{95}$ $= [0.424, 0.757]$，不包含 0)。因此，H2 得到了验证。

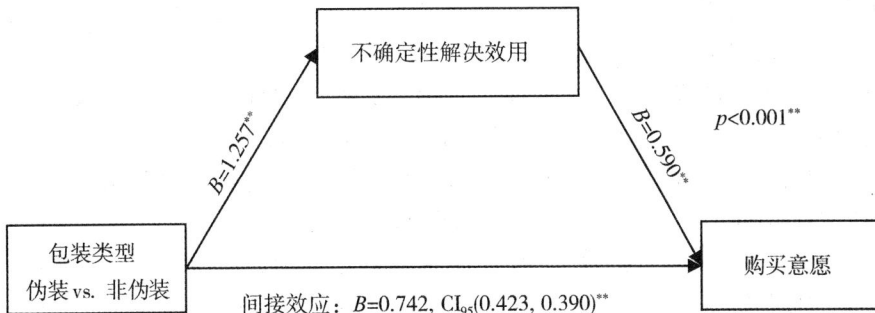

图 8 不确定性解决效用的中介作用

4. 实验 1b：操纵不确定性解决效用

在实验 1a 中，我们探讨了包装类型对消费者购买意愿的影响。实验 1b 的目的是通过操纵不确定性解决效用来验证其中介作用，为伪装式食品包装对购买意愿的影响提供更有利的证据。具体来说，我们通过展示的包装图片来进行不确定性解决的操纵，只给被试呈现未拆开的口香糖包装(见图 3、图 4)。在这种情况下，被试可能无法自己解决食品包装的不确定性，从而弄不清食品的伪装。当不能解决这种不确定性时，被试无法产生愉悦感，从而降低对食品的购买意愿。

4.1 实验设计

我们同样以口香糖为实验材料，从问卷星上招募了103名有效被试参与实验。被试的平均年龄28.93岁，男性60名。与实验1a相同，我们首先告知被试，他们将看到的是某公司的口香糖包装图片，将被试随机分配到"伪装式"包装组和"非伪装式"包装组，伪装组中的被试看到的是口香糖伪装成"牙齿"的包装图片（见图3），而在非伪装组则是没有伪装的口香糖包装图片（见图4）。同样，为了确定产品包装的伪装是否有效，我们询问被试"当您第一眼看到该产品时，觉得该产品的透明部分是什么？"，接下来请被试回答"是否确定该产品是口香糖"。之后，我们进行不确定性解决的操纵，再次给被试展示与"伪装组"或"非伪装组"图片相同的口香糖图片（见图3、图4）。随后，我们再次询问被试"是否确定该产品是口香糖"。紧接着，我们用与实验1a相同的七分李克特量表测量了被试的"不确定性解决效用"和"购买意愿"。为了排除产品包装吸引力对消费者购买意愿的影响，我们还测量了产品包装对被试的吸引力。最后，被试报告了性别、年龄等人口统计特征。

4.2 实验结果

首先，我们对包装类型进行操纵检验，47名伪装组的被试中有43人回答"当第一眼看到该产品的包装图片时，觉得透明部分像牙齿或者嘴唇"，而56名非伪装组的被试中有20人回答"觉得透明部分什么也不像""看不出来像什么"或者"就是口香糖"等。而其他被试则大多数回答觉得产品的透明部分像"药片""瓷砖"或者"胶囊"等其他事物，基本可以证明包装类型的操纵检验成功（$\chi^2 = 10.581$，$p = 0.001$）。

在操纵不确定性解决的情境下，为了检验消费者是否解决了伪装式包装的不确定性，我们以包装类型为自变量，分别以消费者是否觉得不确定性得到了解决、购买意愿和不确定性解决效用为因变量进行回归分析。结果发现，相比非伪装组，伪装组的被试并没有感受到不确定性得到了解决（$F = 0.173$，$p = 0.679$）。同时，包装类型对消费者的购买意愿（$F = 0.057$，$p = 0.811$）和不确定性解决效用（$F = 0.170$，$p = 0.744$）没有显著影响。

此外，我们将实验1a与实验1b的数据合并，以购买意愿为因变量，包装类型和是否操纵不确定性解决为自变量进行方差分析，结果显示（见图9），包装类型和是否操纵不确定性解决的交互作用显著（$F(1, 186) = 19.058$，$p < 0.001$）。当解决不确定性时，相比非伪装式包装（$M = 4.239$，SD = 1.012），被试对采用伪装式包装（$M = 5.390$，SD = 1.125）的产品购买意愿更高（$F(1, 186) = 29.229$，$p < 0.001$）。当没有解决不确定性时，消费者对两种包装类型食品的购买意愿没有显著差异（$F(1, 186) = 0.330$，$p > 0.1$）。因此，进一步支持了H2，即伪装式包装对消费者购买意愿的影响是由不确定性解决效用中介的。

4.3 讨论

在本实验中，未给被试展示拆开包装后的口香糖图片，导致消费者未能成功地解决伪装式包装的不确定性。而在真实的情境中，消费者观察到的不是图片，而是立体的真实包装，可以通过触觉等其他感官解决这种不确定性。因此，我们认为在真实的零售情境中，

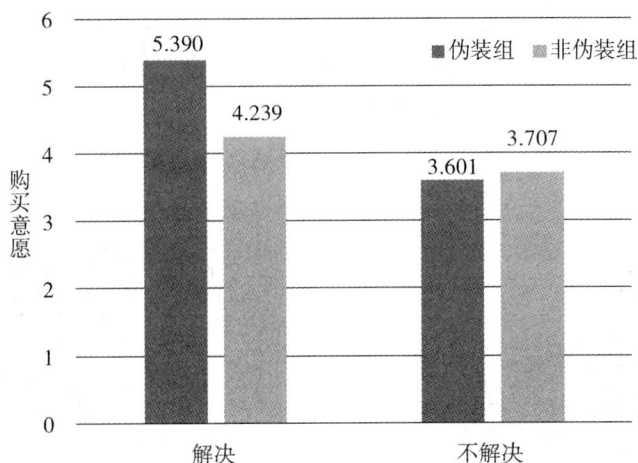

图 9　操纵不确定性解决

即使不呈现拆开后包装后的食品，消费者也可以很容易地解决伪装式包装的不确定性，从而导致更高的购买意愿。

5. 实验2：食品类型的调节作用

实验2的目的主要是检验食品类型的调节作用(H3)，即对于不同的食品类型，采用"伪装式"包装对消费者购买意愿的影响是否有所不同。与健康食品相比，对于美味食品采用"伪装式"包装会导致更高的购买意愿。这是由于在美味食品的情况下，采用"伪装式"包装所带来的不确定性解决效用更高。本实验同样排除了包装吸引力的影响。为了增强实验结果的稳健性，本实验采用海苔包装作为刺激材料。

5.1　实验设计

本实验的参与者是来自问卷星的201名被试，其中男性占比53.2%，平均年龄28.9岁，实验采用2(包装类型：伪装组 vs. 非伪装组)×2(食品类型：健康食品 vs. 美味食品)的组间设计。我们首先告知被试，他们将看到的是某公司的海苔包装图片，将被试随机分配为四组。在伪装组中，被试看到的是将海苔伪装成"山峰"的包装图片(图10)，而在非伪装组则是没有伪装的海苔包装图片(图11)。对于食品类型，我们通过一段文字材料对同一食品海苔进行操纵。对于美味海苔，被试将阅读到"海苔是一种绝佳的休闲食品，味道十分鲜美，入口即化，鲜香薄脆，唇齿留香，令人回味"。对于健康海苔，被试将阅读到"海苔是一种天然的海藻食品，含有多种维生素、矿物质、氨基酸等物质，营养价值很高。"然后，我们询问被试"当您第一眼看到该产品时，觉得该产品的透明部分是什么？"，接下来被试被要求回答"是否确定该产品是海苔"。之后，我们再给被试展示与"伪装组"或者"非伪装组"图片一致的拆开包装后的海苔图片(图11、图12)，以便确保被试能识破产品的"伪装式"包装。随后，我们再次询问被试"是否确定该产品是海苔"。紧接着，我们用与实验1a同样的七分李克特量表测量了被试的"不确定性解决效用"和"购买意愿"。为了排除产品包装吸引力对消费者购买意愿的影响，我们同样测量了产品包装对被试的吸引力。最后，被试报告了性别、年龄等人口统计特征。

图 10　伪装式包装（未拆开）

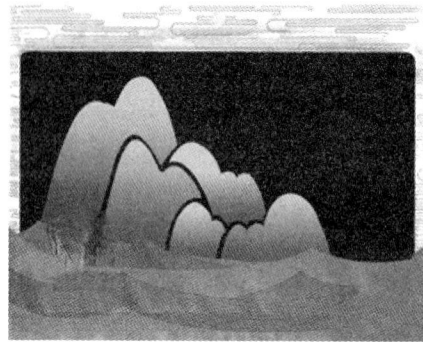

图 11　非伪装式包装（未拆开）

图 12　伪装式包装（拆开）

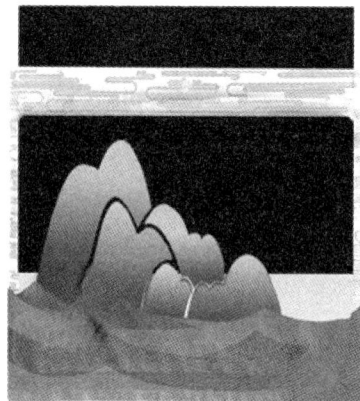

图 13　非伪装式包装（拆开）

5.2　实验结果

我们首先对包装类型进行操纵检验，101 名伪装组的被试中有 76 人回答"当第一眼看到该产品的包装图片时，觉得透明部分像山峰"，而 100 名非伪装组的被试中有 59 人回答"觉得透明部分就是海苔""说不出来像什么"或者"不像什么"。证明操纵检验成功（$X^2 = 24.228$，$p < 0.001$），被试可以明显感觉到"伪装式"包装和"非伪装式"包装的差别。

为了检验包装类型对购买意愿的影响，我们以购买意愿为因变量，以包装类型和食品类型为自变量进行方差分析，结果显示，包装类型的主效应显著（$F(1, 197) = 13.920$，$p < 0.001$），包装类型和食品类型的交互作用显著（$F(1, 197) = 8.563$，$p < 0.005$）。相比非伪装式包装（$M = 4.740$，$SD = 1.158$），被试对采用伪装式包装（$M = 5.360$，$SD = 1.004$）的

产品购买意愿更高（$F(1, 199) = 16.440$，$p < 0.001$）。

通过简单效应分析进一步发现，当食品类型是美味食品时，被试对采用伪装式包装的食品的购买意愿要明显高于采用非伪装式包装的食品的购买意愿（$M_{伪装式包装} = 5.613$，$SD = 0.135$，vs. $M_{非伪装式包装} = 4.588$，$SD = 0.170$，$F(1, 198) = 21.933$，$p < 0.001$）。然而，当食品类型是健康食品时，被试对两种采用不同类型包装的食品的购买意愿没有显著差异（$M_{伪装式包装} = 4.957$，$SD = 0.172$，vs. $M_{非伪装式包装} = 4.833$，$SD = 0.135$，$F(1, 198) = 8.563$，$p > 0.1$）（见图14）。因此，H3 得到了支持。

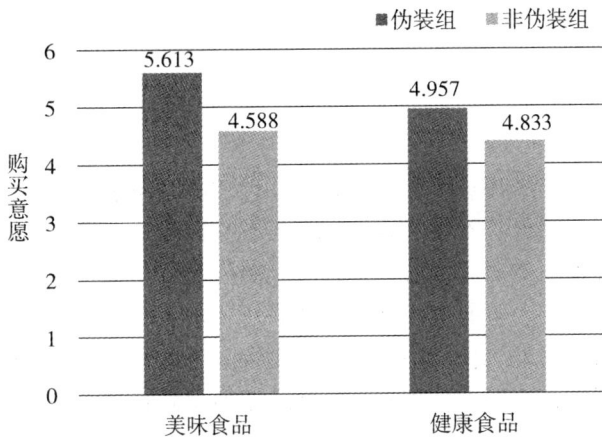

图 14　食品类型的调节作用

接下来，为了确定消费者确实解决了伪装式包装的不确定性，我们进行了回归分析。结果发现，包装类型显著影响了不确定性解决（$F = 18.659$）。相比非伪装式包装，在伪装式包装的情境下，消费者更加认为不确定性得到了解决（$\beta = 0.293$，$p < 0.001$）。

为了检验食品类型和包装类型对购买意愿的影响是由不确定性解决效用中介的，我们仍然采用了中介检验办法 Bootstraping 分析，在95%的置信区间下采用模型7。分析结果表明，美味食品会影响包装类型与不确定性解决效用之间的关系（$B = 0.868$，$SE = 0.234$，

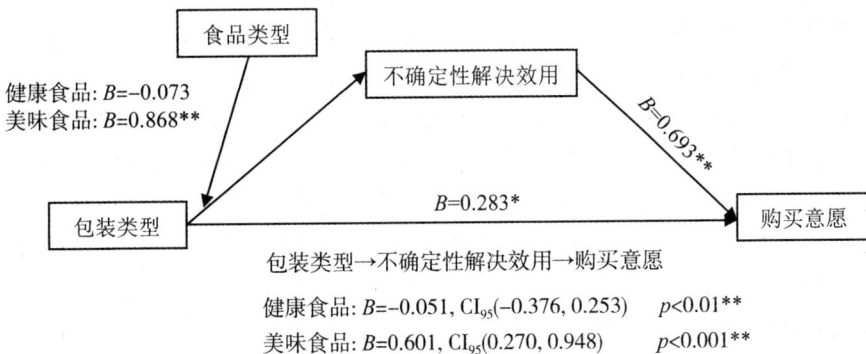

图 15　不确定性解决效用的中介作用

149

$CI_{95} = [0.407, 1.329]$ ），但健康食品则不会（ $B = -0.073$ ，$SE = 0.232$ ，$CI_{95} = [-0.530,$ $0.384]$ ）。此外，包装类型（ $B = 0.283$ ，$SE = 0.104$ ，$CI_{95} = [0.078, 0.488]$ ）和不确定性解决效用（ $B = 0.693$ ，$SE = 0.044$ ，$CI_{95} = [0.607, 0.779]$ ）对购买意愿的主效应显著。当食品类型为美味食品时，不确定性解决效用显著中介了包装类型对消费者购买意愿的影响（ $B = 0.601$ ，$SE = 0.176$ ，$CI_{95} = [0.270, 0.948]$ ，不包含 0）。而当食品类型为健康食品时，不确定性解决效用的中介作用不显著（ $B = -0.051$ ，$SE = 0.162$ ，$CI_{95} = [-0.376, 0.253]$ ，包含 0）。因此，进一步验证了 H3。

6. 研究结论与启示

6.1 研究结论

伪装式包装作为近年来市场上涌现出来的一种趣味性包装，巧妙地利用消费者的享乐心理将包装的构图元素与食品本身结合起来，不仅能抓住消费者的眼球，还能更进一步地影响消费者的购买决策。本研究通过两个情境实验探究了伪装式包装对消费者购买意愿的影响及其机制和边界条件。本研究发现，相比采用非伪装式包装，当食品采用伪装式包装时，消费者对食品的购买意愿更高。这是因为伪装式包装会给消费者带来一种短暂的不确定性，而这种不确定性在消费者仔细识别后会迅速地得到解决，当不确定性解决之后，会产生不确定性解决效用，即将未知变成已知的一种愉快体验。不确定性解决效用越高，消费者越愉快，进而购买意愿也会更高。此外，消费者购买的食品类型是一个重要的调节变量。在消费者购买健康食品时，倾向于采用认知决策处理购买过程中的信息，不太关注伪装式包装产生的不确定性解决效用，因此消费者的购买意愿不会受到包装类型的影响。而消费者在购买美味食品时，更可能采用情感决策处理信息，伪装式包装产生的不确定性效用正好与情感决策相匹配，使消费者觉得更加愉快，进而增加了消费者的购买意愿。

6.2 理论贡献与管理建议

本研究的理论贡献主要体现在两个方面，一方面，本研究从营销的视角出发，丰富了有关食品包装方面的研究。现有关于食品包装的研究较少，且大多对食品包装上的文字信息，如产品名称、食品营养标签进行探究。而本研究则是对食品本身与包装结合的巧妙构图进行探究，首先提出了"伪装式"包装的概念，并揭示了伪装式包装对消费者购买意愿的影响及其机制和边界条件。另一方面，本研究有助于不确定性方面的研究，为解决不确定性的积极影响提供了更进一步的实践证据。具体来说，在营销领域中研究者们大多聚焦于不确定性本身所产生的效用，不确定性可能会引起焦虑或紧张等负面情感，也可能会带来惊喜等积极影响。而本研究主要探究解决不确定性所产生的积极效用，发现通过伪装式包装先创造出一个小小的不确定性，然后迅速地解决这种不确定性，会产生不确定性解决效用，让消费者感到愉快。本研究为不确定性的创造和解决过程提供了经验性证据，揭示了利用和引导不确定性的积极意义。

从实践的角度来看，营销人员认为在传达产品信息时应当尽量避免不确定性，以免给消费者带来焦虑和紧张等消极情绪。包装应当在第一时间给消费者传达出准确明晰的信息，通过文字和图案等线索突出食品。而本研究却发现巧妙地伪装食品，暂时隐藏产品的某些线索可能会带来意想不到的好处。同时，本研究发现对于不同的食品类型采用伪装式包装会有不同的影响，美味食品能更好地与伪装式包装所产生的不确定性解决效用相契合，使消费者觉得更加愉快，从而促进消费者的购买意愿。而消费者在购买健康食品时，不会太在意伪装式包装的不确定性解决效用。因此，本研究的发现不仅为营销人员在包装类型的采用上给出了独特的建议，同时为不同的食品类型如何包装提供了思路。此外，营销人员在通过广告宣传等方式传递产品信息或与消费者沟通时，也可以暂时隐藏产品的某些信息，让消费者自己解决不确定性，从而为消费者带来愉快的购物体验。但值得注意的是，伪装式食品包装需尽量确保消费者可以解决这种不确定性，如果伪装太过，消费者无法解决，则不会发挥积极效应。

6.3　研究局限与未来研究方向

首先，由于条件限制，本研究主要通过情境实验进行探究，没有得到真实的现场数据资料为我们的理论提供更进一步的支持，这可能会削弱研究的外部效度，未来研究可以通过企业真实数据来探究伪装式包装的影响。其次，在本研究中，我们只是简单控制了包装的吸引力对消费者购买意愿的影响，可能还存在一些其他的因素干扰我们的实验结果，未来研究可以对这些潜在因素进行更进一步的探讨。此外，本研究的实验中皆是以图片的形式向被试呈现不同的包装类型，而没有条件让被试看到真实的包装，这在一定程度上可能会对实验结果造成影响。

◎　参考文献

[1] 王罡 . 网络嵌入性、风险承担与商业模式创新——基于环境不确定性的调节作用[J]. 珞珈管理评论，2019，21（1）.

[2] Ahmed, A., Ahmed, N., Salman, A. Critical issues in packaged food business[J]. *British Food Journal*, 2005, 107（10）.

[3] Argo, J., White, K. When do consumers eat more? The role of appearance self-esteem and food packaging cues[J]. *Journal of Marketing*, 2012, 76（2）.

[4] Betina, P. F., Jaeger, S. R. The incidental influence of memories of past eating occasions on consumers' emotional responses to food and food-related behaviors [J]. *Frontiers in Psychology*, 2016, 7.

[5] Cavanagh, K. V., Forestell, C. A. The effect of brand names on flavor perception and consumption in restrained and unrestrained eaters[J]. *Food Quality & Preference*, 2013, 28（2）.

[6] Chandon, P., Wansink, B., Laurent, G. A benefit congruency framework of sales promotion effectiveness[J]. *Journal of Marketing*, 2000, 64（4）.

[7] Creusen, M. E. H., Schoormans, J. P. L. The different roles of product appearance in

consumer choice[J]. *Journal of Product Innovation Management*, 2005, 22(1).

[8] Deng, X., Kahn, B. E. Is your product on the right side? The "location effect" on perceived product heaviness and package evaluation[J]. *Journal of Marketing Research*, 2009, 46 (6).

[9] Deng, X., Raji, S. When do transparent packages increase (or decrease) food consumption? [J]. *Journal of Marketing*, 2013, 77(4).

[10] Dhar, S. K., González-Vallejo, C., Soman, D. Modeling the effects of advertised price claims: tensile versus precise claims? [J]. *Marketing Science*, 1999, 18(2).

[11] Edwards, K. The interplay of affect and cognition in attitude formation and change[J]. *Journal of Personality & Social Psychology*, 1990, 59(2).

[12] Elster, J., Loewenstein, G. *Utility from memory and anticipation*[M]. New York: Russell Sage, 1992.

[13] Fiske, S. T., Taylor, S. E. *Social cognition*[N]. New York: McGraw-Hill, 1991.

[14] Folkes, V., Matta, S. The effect of package shape on consumers' judgments of product volume: Attention as a mental contaminant[J]. *Journal of Consumer Research*, 2004, 31 (2).

[15] Goldsmith, K., Amir, O., Goldsmith, et al. Can uncertainty improve promotions? [J]. *Journal of Marketing Research*, 2010, 47(6).

[16] Hirt, E. R. Do I see only what I expect? Evidence for an expectancy-guided retrieval model[J]. *Journal of Personality & Social Psychology*, 1990, 58(6).

[17] Hsee, C. K., Ruan, B. The pandora effect: The power and peril of curiosity [J]. *Psychological Science*, 2016, 27(5).

[18] Kahneman, D., et al. *Probabilistic reasoning in clinical medicine: Problems and opportunities* [M]. Judgment Under Uncertainty, 1982.

[19] Laran, J., Tsiros, M. An investigation of the effectiveness of uncertainty in marketing promotions involving free gifts[J]. *Journal of Marketing*, 2012, 77(2).

[20] Lee, S. G., Lye, S. W. Design for manual packaging[J]. *International Journal of Physical Distribution & Logistics Management*, 2003, 33(2).

[21] Lee, Y. H., Qiu, C. When uncertainty brings pleasure: The role of prospect imageability and mental imagery[J]. *Journal of Consumer Research*, 2009, 36(4).

[22] Lerner, J. S., Han, S., Keltner, D. Feelings and consumer decision making: The appraisal tendency framework[J]. *Journal of Consumer Psychology*, 2007, 17(3).

[23] Loewenstein, G. The psychology of curiosity: A review and reinterpretation [J]. *Psychological Bulletin*, 1994, 116(1).

[24] Luxi, S., Christopher, K. H., Joachim, H. T. The fun and function of uncertainty: Uncertain incentives reinforce repetition decisions [J]. *Journal of Consumer Research*, 2019, 46(1).

[25] Mandler, G. "*The structure of value: accounting for taste*" in affect and cognition: *The 17th*

annual carnegie symposium[C]. Lawrence Erlbaum Associates, 1982.

[26] Mcdevitt, M. A. , et al. When good news leads to bad choices [J]. *Journal of the Experimental Analysis of Behavior*, 2016, 105(1).

[27] Meyers-Levy, J. , Tybout, A. M. Schema congruity as a basis for product evaluation[J]. *Journal of Consumer Research*, 1989, 16(1).

[28] Newman, C. L. , Howlett, E. , Burton, S. Effects of objective and evaluative front-of-package cues on food evaluation and choice: The moderating influence of comparative and noncomparative processing contexts[J]. *Journal of Consumer Research*, 2016, 42(5).

[29] Noyes, E. , Jenkins, R. Deliberate disguise in face identification [J]. *Journal of Experimental Psychology Applied*, 2019, 25(2).

[30] Ogilvy, D. *Ogilvy on Advertising*[Z]. New York: Crown, 1983.

[31] Perrot, P. , Aversano, G. , Chollet, G. *Voice disguise and automatic detection: Review and perspectives*[C]. Workshop on Progress in Nonlinear Speech Processing, 2007.

[32] Petty, R. E. , Desteno, D. , Rucker, D. D. *The role of affect in attitude change*[M]. Handbook of Affect and Social Cognition, 2000.

[33] Poulter, D. The effect of disguise on novice and expert tennis players' anticipation ability[J]. *Journal of Applied Sport Psychology*, 2009, 21(2).

[34] Raghunathan, R. , Naylor, R. W. , Hoyer, W. D. The unhealthy = tasty intuition and its effects on taste inferences, enjoyment, and choice of food products [J]. *Journal of Marketing*, 2006, 70(4).

[35] Rottenstreich, Y. , Hsee, C. K. Money, kisses, and electric shocks: On the affective psychology of risk[J]. *Psychological Science*, 2001, 12(3).

[36] Ruan, B. , Hsee, C. K. , Lu, Z. Y. The teasing effect: An underappreciated benefit of creating and resolving an uncertainty[J]. *Journal of Marketing Research*, 2018, 55(4).

[37] Rundh, B. The multi-faceted dimension of packaging: Marketing logistic or marketing tool? [J]. *British Food Journal*, 2005, 107(9).

[38] Sawada, R. , Sato, W. , Toichi, M. , et al. Fat content modulates rapid detection of food: A visual search study using fast food and japanese diet [J]. *Frontiers in Psychology*, 2017, 8.

[39] Scott, M. L. , et al. The effects of reduced food size and package size on the consumption behavior of restrained and unrestrained eaters[J]. *Journal of Consumer Research*, 2008, 35 (3).

[40] Shani, Y. , Tykocinski, O. E. , Zeelenberg, M. When ignorance is not bliss: How feelings of discomfort promote the search for negative information [J]. *Journal of Economic Psychology*, 2008, 29(5).

[41] Solomon, M. R. *Consumer Behaviour*[M]. 7th ed. Upper Saddle River: Pearson Prentice Hall, 2007.

[42] Spence, C. , et al. Eating with our eyes: From visual hunger to digital satiation[J]. *Brain*

and Cognition, 2015, 110.

[43] Wansink, B., Chandon, P. Can "low-fat" nutrition labels lead to obesity? [J]. *Journal of Marketing Research*, 2006, 43(4).

[44] Xie, Y., Keh, H. T. Taming the Blame Game: Using Promotion Programs to Counter Product-Harm Crises[J]. *Journal of Advertising*, 2016, 45(2).

[45] Li, Y., Lin, Q., Li, J., et al. *F-disguise information and reduction of true information* [C]. IEEE International Conference on Cyber Technology in Automation, Chengdu, 2016.

How Does Disguised Food Packaging Appeal to Consumers?

— The Perspective of Uncertain Resolution Effect

Li Han[1]   Chen Tong[2]   Qing Ping[3]

(1, 2, 3 College of Economics & Management, Huazhong Agricultural University, Wuhan, 430070)

Abstract: As the first visual attribute of consumers, food packaging plays a crucial role in consumers' purchasing decisions. Previous studies on food packaging mostly focused on the role of food packaging elements (such as labels and names), while few focused on the importance of properly hiding clues. This study investigated the influence of disguised packaging on consumers' purchase intention and its potential mechanism. Through three situational experiments, the following conclusions are drawn: disguised packaging (vs not-disguised packaging) will bring temporary uncertainty to consumers, which will produce hedonistic experience (i. e., uncertainty resolution utility) after the resolution of the perceived uncertainty, thus increasing consumers' purchase intention. Moreover, the effect is influenced by the type of food (tasty versus healthy). Specifically, when consumers buy delicious food, the uncertainty caused by disguised packaging is more effective to solve, and the purchase intention is higher than that of not-disguised packaging. However, when consumers buy healthy food, disguised packaging (vs not-disguised packaging) has no significant effect on purchase intention.

Key words: Food packaging; Disguised packaging; Uncertainty resolution utility; Healthy food; Tasty food

专业主编：曾伏娥

消费者对企业代言人负面事件修复策略的反应[*]
——基于集体责任的视角

● 李孟燃[1]　银成钺[2]　刘颖琦[3]　王　俊[4]

（1，2，3，4 东北师范大学经济与管理学院　长春　130117）

【摘　要】大多数企业默认与出现负面信息的代言人解约是唯一的反应策略，但事实是否真的如此仍不得而知，鲜有研究就消费者对企业保留负面信息代言人的态度进行探讨。因此本研究从集体责任视角出发，探究企业采取主动承担责任、与代言人共进退的修复策略对消费者态度的影响。研究构建了一个概念模型考察企业修复策略、消费者对企业仁慈、正直的感知和消费者对企业宽恕意愿之间的因果关系。经过 376 个样本的 SEM 检验，结果显示代言人出现负面信息后，企业采取保留代言人、承担负面事件责任的修复策略程度越高反而越能通过增加消费者对企业仁慈、正直的感知正向影响消费者对企业的宽恕意愿。研究结论在实践上为企业提供了一个处理代言人危机的新思路。

【关键词】修复策略　仁慈　正直　集体责任　消费者宽恕
中图分类号：C93　　　　　文献标识码：A

1. 引言

长期以来，代言在全世界范围内都是重要的营销方式（Um，2016），因为代言能促使消费者产生积极的品牌态度（Zhou & Whitla，2013），增加产品的购买意愿（Lafferty et al.，2002）、提高品牌回忆（Zhou & Whitla，2013）。然而，代言给广告商带来巨大好处的同时，代言人的负面信息也会对品牌（Carrillat et al.，2014；White et al.，2009）及公司股票价格（Carrillat et al.，2014）产生灾难性的影响。因此如何妥善化解代言人负面信息带来的危机就成了企业不得不面对的重大问题。现有研究显示，当与自身有强联系的他人出现负

---

* 基金项目：国家社会科学基金项目"消费者习惯性怀疑的形成机理、影响机制及应对策略研究"
（项目批准号：15BGL092）。

通讯作者：李孟燃，E-mail：limr701@ nenu. edu. cn。

面行为时，个体会产生代替性负罪感或代替性羞耻感（Lickel et al.，2005）。产生代替性负罪感的个体通常采取为他人的负面行为道歉、向受害者提供补偿等修复行为；产生代替性羞耻感的个体则采取与侵犯者脱离关系、避免自身形象受损等远离行为（Lickel et al.，2005）。企业为获得代言的巨大利益会通过多种手段加强其与代言人的关系（Till & Shimp，1998），当代言人出现负面事件后，我们认为企业也会因代替性负罪感或代替性羞耻感采取修复或远离策略。但到目前为止，我们观察到的主要是企业采取远离策略：立即与代言人解约、迅速撇清关系。然而，面对负面事件危机，远离代言人真的是唯一的应对策略吗？如果企业基于代替性负罪感采取修复策略又会产生怎样的结果呢？

代言的成功取决于品牌与代言人之间日积月累建立起的联系。这种联系建立起来后，绝非一纸声明便能立刻解除。因此当代言人出现负面信息后，这种立即解约、迅速撇清关系的方式可能并不能有效地阻止消费者负面情绪溢出到品牌上，反而给公众一种始乱终弃之感。已有研究发现企业形象会受益于保留对负面事件负较少责任的代言人（Louie & Obermille，2002），而且消费者在企业保留与品牌一致性较高的代言人时对品牌的态度会更积极（Carrillat et al.，2013），但他们均没有对其内在机制进行探讨，而且忽略了企业在负面事件中负有的责任。根据集体责任理论，责任不总是由直接造成伤害的人承担，与侵犯者有紧密联系的或具有权威性质的实体有时也要为其未能阻止负面事件的发生负责（Lickel et al.，2005）。企业是与代言人具有紧密联系的实体，而且在两者的关系中具有权威性。对于代言人的错误行为，企业负有一定的失察之责，也应承担一部分责任。自古以来，我们对主动承担责任的行为都怀有更多的钦佩之情。研究表明，企业勇于承担责任的表现更能获得消费者信赖（Castaldo et al.，2009）。由此可以看出，当代言人出现负面信息后，企业采取保留代言人、主动承担责任的策略反而可能赢得消费者对企业的积极态度，转危为安。

危机出现后，企业不仅需要对是否解约代言人做出说明，还需采取一定的沟通策略（道歉、赔偿等）来修复破损的关系（Tsarenko & Tojib，2015），以获得消费者宽恕。因此，本研究将企业远离或保留代言人和企业的沟通策略（道歉、赔偿）融合到一起，并根据个体因代替性负罪感（代替性羞耻感）而采取的修复（远离）策略提出企业修复-远离策略连续体，探究企业在代言人出现负面信息后采取的修复策略程度（保留代言人，承担负面事件责任）对消费者宽恕意愿的影响及其内在机制。研究结论无疑丰富了企业危机处理理论和消费者宽恕理论，并在实践上为企业提供了一个处理代言人危机的新思路。正如上文所言企业勇于承担责任的表现更能获得消费者信赖（Castaldo et al.，2009），而消费者感知企业可信赖是影响消费者宽恕意愿的重要因素（Xie & Peng，2009）。我们认为企业采取修复策略的程度越高（远离程度越低），越主动与代言人共同承担负面事件的责任，越能增加消费者对企业可信赖（仁慈、正直）的感知，进而提高消费者对企业的宽恕意愿。

后续篇幅中，我们首先对相关文献进行回顾，然后从集体责任视角出发，提出假设、构建理论模型。随后我们收集数据对模型进行验证，得出研究结论，最后总结本文的理论、管理意义及研究展望。

2. 文献回顾

2.1 代言人负面信息

企业可以通过代言达到多种目的，首先企业可以利用代言人的声望和特点来使其传递的信息得到更大范围的关注；其次，企业希望消费者对代言人的正面感知能够转移到品牌上，从而提升品牌地位。但是，将品牌与代言人联系在一起并不是没有风险的。企业无法控制其代言人的个人生活，当代言人卷入损害他们声誉的事件时，问题就会出现。

1998 年，关于代言人负面信息对消费者品牌认知影响的研究首次在文献中出现。Till 和 Shimp(1998)从记忆联想网络模型视角出发，发现如果代言人和品牌有足够强的联想联系，关于代言人的负面信息会导致品牌评价降低。随后的研究显示，代言人负面信息不仅会降低消费者对其代言品牌的评价(Um & Kim，2016)，还会对公司的股票价值造成巨大的负面影响(Carrillat et al.，2014)。然而，代言人的负面信息并不总是有害的(Donaton，2002)，部分研究者又进一步分别从企业角度(Thwaites et al.，2012；Um & Kim，2016)、事件性质(Money et al.，2006；Zhou & Whitla，2013)、代言人角度(Fong & Wyer，2012)等方面识别出缓解甚至消除代言人负面信息影响的因素。

但企业如何处理有负面信息的代言人尚鲜有探讨。负面事件发生后，企业处理相关代言人的方式会受到消费者的紧密监督(Louie & Obermille，2002)。那么，消费者对企业的应对策略如何反应？这正是本研究主要探讨的问题。

2.2 企业修复策略

Carrillat 等(2013)、Louie 和 Obermille(2002)将代言人出现负面信息后企业的反应分成解约和保留两类来探究消费者对企业反应的支持态度。但需要注意的是，针对代言人负面信息问题，企业的应对策略不仅包括解约或保留代言人这两种反应，还应包括企业做出解约或保留决策后与消费者的沟通策略。危机发生后与公众进行有效的沟通可以减少负面事件的影响(Coombs，2007)。因此，企业做出解约或保留决策后，再通过有效的沟通策略来减轻危机造成的损害是非常必要的。一些学者为制定有效的沟通策略做出了相当大的努力，比如 Mclaughun 等(1983)提出的平息-恶化策略连续体；Marcus 和 Goodman(1991)提出的辩解-和解策略连续体以及 Coombs(1998)提出的从抗拒到道歉的 7 种沟通策略等。正如 Benoit 所言，一个学者识别策略的数量受他对危机处理策略抽象程度的影响，但各种分类均显示，危机处理策略具有连续性，其终点分别为承担责任、补救和否认危机(Coombs，1998)。

本研究拟结合企业反应(解约或保留)和企业沟通策略对企业应对方式进行分类。现有研究显示负罪感和羞耻感是个体在违反社会道德或准则情况下产生的自我谴责情绪(Baumeister et al.，1995)，两者不仅与个人的行为有关，也受与自己有强社会联系(包括共享身份和依赖关系)的他人的不当行为影响(Schmader & Lickel，2006)，即代替性负罪感和代替性羞耻感(Lickel et al.，2005)。代替性负罪感和代替性羞耻感会导致个体出现不同的动机和行为倾向。Lickel 等(2005)将个体由代替性负罪感引发的行为描述为修复行为，其中包括为事件道歉、向受害者提供补偿、修复负面影响等；将个体由代替性羞耻感引发的行为描述为远离行为，其中包括与侵犯者脱离关系、避免自身形象受损、对侵犯者进行惩罚等。我们认为企业作为与代言人有较强社会联系的实体，当代言人出现负面信息时，企业也会像个体一样采取修复或远离策略。因此，我们提出企业修复–远离策略连续体，其中修复策略倾向越高(远离倾向越低)企业越多地采取维持其与代言人之间的联系(保留代言人)、承担责任、道歉、补偿等行为；修复策略倾向越低(远离倾向越高)企业越多地采取切断与代言人的关系(解约代言人)、远离代言人负面信息等逃避行为。

危机沟通的研究表明，组织在侵犯事件发生后最佳的反应方式便是对事件承担责任，主动承担责任的行为可以减少危机事件对企业声誉的损害，降低利益相关者气愤的情绪(Pace et al.，2010)，提高受害者关系修复意愿(Tomilson et al.，2004)。道歉有时被看作承担责任的同义词(Pace et al.，2010)，Lyon 和 Cameron(2004)的研究显示当受负面宣传影响时，公司采用道歉而非防御性回应，被试会表现出更高的购买意愿。除承担责任、道歉之外，补偿行为也是修复策略的重要方面。提供补偿意味着企业愿意放弃一部分自身利益以求弥补消费者或社会的损失，表达了企业对消费者和社会总体福利的关注，这种仁慈的行为有利于消费者用更加积极的眼光看待企业(Xie & Peng，2009)。

2.3　集体责任

在哲学、法律和政治领域，人们早就认识到"责任"是多重的、模糊的。责任是一种纽带，它将个体、事件以及约束行为的相关规则联系在一起。也就是说，人们的角色决定了他们的义务以及未能履行这些义务而产生的责任，不同的角色有不同的问责标准，并对未能达到这些标准的人实施不同的惩罚(Brank et al.，2011)。以往的研究倾向于将责任分配给实际造成伤害的人(Shultz et al.，1987)，但有时责任并非完全由直接造成伤害的人承担，这种现象被称为代替责任或集体责任(Brank et al.，2011)。

尽管人们可以将责任归因于多个因果代理，但是他们会将更少的责任分配给那些与行为联系更远或间接的代理，即人们认为与侵犯者有紧密、直接联系的个体在侵犯事件中需要承担更为严重的后果(Lickel et al.，2005)。Shultz 等(1987)指出，当第三方处于优势地位并有能力阻止侵犯者的伤害行为时，他们对负面事件负有更多的责任，可能因为在这些情况下，第三方本可以干预、阻止伤害事件发生。Lickel 等(2003)进一步提出了影响集体责任出现的两条路径：首先，侵犯者和他人之间的感知关联程度影响集体责任的分配，如果群体成员紧密地联系在一起，那么其他成员应为负面事件承担更多的责任；其次，犯错者和第三方的层级关系影响第三方被追究责任的程度，权威人士往往要对下属的行为负责，尽管他们与下属所做的伤害事件没有直接的因果联系。比如，Shultz 等(1987)的研究便显示上级对下属行为的责任要大于下属的同级。

企业通过与名人合作的方式提高自身品牌宣传度，并在高强度的广告曝光下使两者的联系加强，以求名人良好的形象传递到品牌上(Um & Kim，2016)，或者增加品牌回忆(Zhou & Whitla，2013)。代言人和品牌同为彼此关联集中的一部分，我们认为这种紧密的联系给企业带来一定好处的同时(Carrillat et al.，2014)，在代言人出现负面信息后，也会将部分责任传递到企业身上。Till 和 Shimp(1998)指出代言人负面信息对品牌产生的负面影响会随着代言人与品牌的关联程度加深而扩大，那么随着关联程度加深而扩大的应该还有企业对负面事件应负的责任。然而，遗憾的是，以往关于代言人负面信息的研究均忽略了这一点。因此，本研究拟从集体责任视角出发对企业应对策略进行探讨。

2.4 消费者宽恕

宽恕自人类诞生以来就存在，时至今日，宽恕的影响依然是普遍的。从关系视角出发，消费者宽恕可以定义为消费者愿意放弃报复、疏远和其他破坏性行为，并在组织违反信任和做出相关恢复努力后以建设性的方式回应（Chung & Beverland，2006）。

虽然消费者宽恕有利于修复消费者信任（Xie & Peng，2009）、赢得积极口碑（Chung & Beverland，2006），但目前关于消费者宽恕的文献仍然不多，且主要集中于服务失败（Zourrig et al.，2009）、企业或品牌危机（Tsarenko & Tojib，2015；Xie & Peng，2009）等领域，鲜有学者就代言人出现负面信息后消费者对企业的宽恕意愿进行探讨。危机出现后，修复破损的关系是必要的，企业也会采取诸多策略以求获得消费者原谅（Tsarenko & Tojib，2015）。其中道歉被认为是解决冲突最可行的方式之一（Brocato et al.，2012），道歉包含侵犯者对自身应受谴责的认同以及懊悔情绪的表达。人际关系领域的文献表明，相比于自我保护的反应策略，侵犯者道歉更有可能获得谅解（Tsarenko & Tojib，2015）。Tsarenko 和 Tojib（2015）的研究也证实了企业在品牌危机后采取完全道歉的策略（承担责任、表达懊悔之情）更有利于修复消费者和品牌的关系。

宽恕是受害者对侵犯者的情感、认知从消极转变为积极的过程（McCullough et al.，1998）。受害者决定宽恕时，也将伤害的机会再一次给予了侵犯者。如果侵犯者不能保证不会再犯同样的错误，那么宽恕的风险是巨大的。因此，当受害者认为侵犯者值得信赖时，更愿意原谅侵犯者（Xie & Peng，2009）。

3. 理论框架及假设

3.1 企业修复策略与感知仁慈、感知正直

当代言人出现负面信息时，为防止负面信息带来的负面影响外溢到企业品牌上，企业一般会迅速删除代言人的相关广告和停止相关活动（Fong & Wyer，2012）。但这种与代言人立刻切断关系的解决方式却不一定是企业唯一的选择，我们认为危机中反而蕴藏着机会。

责任渗透到我们日常生活的细微之处，责任归因与因果关系、道德责任、个体促进或未能制止事件发生有关。对于伤害事件有时其他人也要承担一部分责任，例如，父母要为子女对其同伴的欺辱行为负责（Lickel et al.，2005）。集体责任现象虽然存在，但并不意味着所有人都要为负面事件承担责任。Lickel 等（2003）提出了影响集体责任的两个因素：实体性和权威性。实体性指第三方是否与侵犯者有紧密的联系，权威性指第三方是否对侵犯者侵犯行为的发生有一定的预防和控制能力，只要满足其中一点，集体责任现象就会出现。May 认为个体如果间接鼓励、受益于侵犯者的伤害行为或者他们本应该阻止侵犯者的错误行为却没有实施（不作为行为），那么个体便要为负面事件负责。实体性和权威性便

是通过影响这种间接鼓励或不作为的感知进而影响集体责任的判断——当实体性或权威性较高时，第三方被认为更有能力预防、监督、阻止伤害事件发生(Lickel et al.，2003)。

名人代言是品牌通过联想学习实现意义转移的一种普遍方式，任何代言的成功可能都取决于名人与品牌之间的契合度。一般而言，名人与品牌之间的感知契合度越大，两者的关联关系就会发展得越快(Thwaites et al.，2012)。企业希望代言人的积极意义以及消费者对代言人的积极情感转移到品牌上(Carrillat et al.，2014；Thwaites et al.，2012)。因此企业通过反复的广告曝光加强两者的联系，使得公众通过代言人可以联想到品牌或通过品牌联想到代言人。随着联系的增强，代言人和品牌成了不可分割的整体，也就具有了实体性的特征。同时，企业每年在代言人身上花费较多，与代言人之间属于雇佣关系，企业在此关系中具有一定的权威性，为了维持更好的商业合作和防止品牌形象受损，企业有责任监督、预防代言人出现任何不利于他们自身和品牌形象的负面行为。综上所述，当代言人出现负面信息时，企业是与代言人有紧密联系且具有一定优势地位的第三方，本应该预防、阻止伤害事件发生，但却没有作为，所以负有一定的失察之责。现实生活中很多人不愿承认自己所犯的错误，因此公众会对勇于承担责任的个体产生更多的钦佩之情。以往研究也显示，当企业具有担当精神和责任感时，消费者认为企业更加值得信赖(Castaldo et al.，2009)。

可信赖是被信任者的特征，也是有些人为什么比其他人更值得信任的原因。Mayer 等人(1995)认为信任的建立是基于个体对被信任者可靠、正直、仁慈的强大信念，并将能力、仁慈、正直作为判断可信赖程度的核心要素。其中能力指企业在相关领域是否拥有足够多的知识、专长、技能以实现他们对消费者的承诺；仁慈指企业不以个人利益为中心，对消费者真诚关怀，为消费者利益着想，即使在没有外在奖励的情况下，也会为消费者提供帮助；正直指企业坚持一套消费者认可的道德与法律原则。仁慈要求企业做到不以自己的利益为核心，关心他人福祉(Mayer et al.，1995)。在代言人做了不当行为后，企业保留代言人并与其一同承担责任、承认错误、修复关系，是一种善意和利他的表现，而这种善意和利他倾向有助于企业仁慈形象的建立(Frost et al.，1978)。因此我们认为企业在代言人出现负面信息后采取修复策略的倾向越高(远离策略倾向越低)越有利于增加消费者对企业仁慈的感知，据此提出以下假设：

H1：代言人出现负面信息后，企业采取修复策略的倾向正向影响消费者对企业仁慈的感知。

感知正直要求企业遵循法律和道德原则行事(Park et al.，2014)。法律原则指企业应当遵守法律和相关规定，如果消费者了解到一家公司没有履行其法律责任，那么他们会认为这家公司不够诚实和公平——不值得信任；道德原则指企业应当遵守社会道德准则，法律规定了企业必须避免的行为，而道德准则指明了社会期望企业从事的行为。如果一个公司是按照道德准则经营业务的，则消费者会认为这个公司是值得信赖的(Park et al.，2014)。Park 等(2014)提出为了获得消费者对企业正直的信任，企业需要履行自己的法律和道德责任。所以我们认为当企业积极承担负面事件责任时，有利于提高消费者对企业正直的感知，而企业逃避责任的远离行为则降低这种感知，据此提出以下假设：

H2：代言人出现负面信息后，企业采取修复策略的倾向正向影响消费者对企业正直的感知。

3.2 企业修复策略、感知仁慈、感知正直与消费者宽恕

当代言人出现负面信息时，虽然企业不对负面信息负有直接责任，但作为与代言人具有紧密关系的合作伙伴，企业却负有一定的失察之责，因此，同样需要寻求消费者宽恕。Fitzpatrick 和 Rubin(1995)调查发现，大多数组织对危机的处理方式是采用法律策略(如，尽可能少说，否认罪行，推卸责任)，而不是公共关系策略(如，对媒体开诚布公，调查和处理相关指控)。大量的证据表明组织道歉可以有效地修复公司形象，重建与利益相关者的关系，相反，当企业试图避免为自己造成的危机承担责任时，这些危机往往需要更长的时间来解决。以往研究显示，影响人际宽恕的因素可分为社会认知因素(共情、归因)、过错反应因素(道歉)、关系因素(关系满意度、承诺)和人格因素(宜人性)(Fincham et al.，2002；Finkel et al.，2002；McCullough et al.，1998)。其中道歉可以传达出侵犯者对错误行为感到内疚并且遭受了精神上的痛苦(Ohbuchi et al.，1989)以及不会再犯同样错误的信息。当侵犯者道歉时，也更有可能获得原谅(McCullough et al.，1998)。承担责任是道歉的核心特征(Tsarenko & Tojib，2015)，因此，在代言人出现负面信息后，企业采取修复策略的倾向越强——对负面事件表达歉意并愿意承担责任，越能获得消费者的原谅，而企业为维护自身形象逃避责任，采取远离策略的倾向越强，越会降低消费者的宽恕意愿，据此提出以下假设：

H3：代言人出现负面信息后，企业采取修复策略的倾向正向影响消费者对企业的宽恕意愿。

宽恕是一种向侵犯者敞开大门的和解行为，也给予了侵犯者再次伤害的机会，因此，宽恕需要个体对侵犯者改正错误有强大的信念。Vasalou 等(2008)发现在之前与侵犯者互动的过程中，侵犯者表现出的仁慈可以提高受害者的宽恕意愿。此外，Chung 和 Beverland(2006)认为消费者对企业可信赖程度的重新评估是推动消费者宽恕的一个关键因素。Xie和 Peng(2009)的研究显示消费者对企业信任修复活动中可信赖程度(能力、仁慈、正直)的感知正向影响他们的宽恕意向。因此我们认为消费者对企业仁慈、正直的感知有利于消费者与企业和解，据此提出以下假设：

H4：消费者对企业仁慈的感知正向影响消费者对企业的宽恕意愿。

H5：消费者对企业正直的感知正向影响消费者对企业的宽恕意愿。

本研究探讨了企业修复策略、感知仁慈、感知正直和消费者宽恕意愿之间的因果关系。概念模型如图 1 所示。

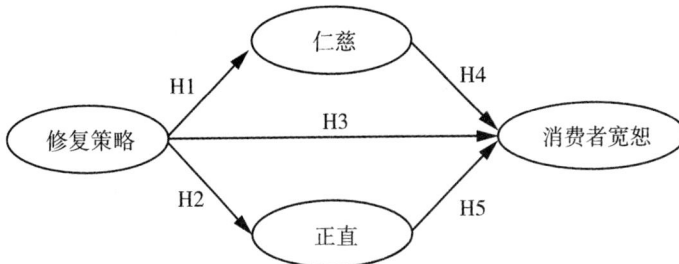

图 1　概念模型

4. 方法

4.1 前测

前测的目的是为正式实验选取合适的丑闻事件。首先我们在百度进行关键词搜索(名人丑闻),收集了 2009 年 3 月至 2019 年 3 月期间新闻中提及的 98 起真实的名人丑闻事件。然后我们将所有事件分类,得出吸毒(21 起)、出轨(23 起)、偷税漏税(3 起)、艳照/桃色门(6 起)、诈捐(3 起)、抄袭(5 起)、性侵(15 起)、酒驾(9 起)、兴奋剂(10 起)、嫖娼(1 起)、行贿(1 起)、学术不端(1 起)12 种代言人负面事件类型。最后,我们成立了一个由 1 名教授、3 名博士研究生、2 名硕士研究生组成的小组进行座谈,根据事件是否常见、企业解约可能性和企业应负责任程度三个角度对 12 种事件类型进行分析,最终一致认为吸毒更符合本研究情境。因此,选取代言人吸毒作为丑闻事件。

4.2 正式实验

为了对假设进行检验,研究采用单因素组间实验设计,被试被随机分配到修复策略 vs. 远离策略两种情境内。所有变量通过被试填写量表进行测量。

4.2.1 样本

数据委托某知名网络调研公司收集,共有 376 名被试完成实验。具体如表 1 所示,其中女性 235 人,占比 62.5%,男性 141,占比 37.5%。

表 1　　　　　　　　　　　　　样本特征($N=376$)

特　　征	N	%
性别		
男	141	37.5%
女	235	62.5%
年龄		
20 岁以下	15	4.0%
20~25 岁	121	32.2%
25~30 岁	99	26.3%
30~40 岁	111	29.5%
40 岁以上	30	8.0%
学历		
高中及以下	4	1.1%
专科	38	10.1%

特　征	N	%
本科	283	75.3%
研究生及以上	51	13.6%
月收入		
0.5 万元以下	102	27.1%
0.5 万~1 万元	162	43.1%
1 万~1.5 万元	77	20.5%
1.5 万~2 万元	27	7.2%
2 万元以上	8	2.1%

4.2.2　测量

本研究的测量主要涉及企业修复策略、仁慈正直感知、消费者宽恕意愿三个方面，如表 2 所示。首先企业修复策略仿照 Xie 和 Peng(2009)的评价方式，请被试就他们对企业修复策略倾向的感知进行打分。修复策略题项参考 Scarnier 等(2009)、Lickel 等(2005)的测量思路，采用语义差别量表。其次，仁慈和正直的测量改编自 Xie 和 Peng(2009)、Becerra 和 Gupta(2003)的研究；消费者宽恕意愿参考 Xie 和 Peng(2009)、Casidy 和 Shin(2015)的研究。仁慈、正直与消费者宽恕意愿的测量均采用 7 点李克特计分方式(1=非常不赞同，7=非常赞同)。

表 2　　　　　　　　　　　　　测　量　题　项

构念	题　　项	来源
修复策略	Q1：读完新闻后，我感觉企业的反应属于：(1=不承认自身存在错误，7=承认自身存在错误)	Lickel 等 (2005)、Scarnier 等 (2009)
	Q2：读完新闻后，我感觉企业的反应属于：(1=对事件无补偿措施，7=对负面事件做出补偿)	
	Q3：读完新闻后，我感觉企业的反应属于：(1=逃离负面事件，7=承担负面事件)	
仁慈	Q4：从 ABAN 公司的反应看，我认为 ABAN 公司是仁慈的	Becerra 和 Gupta (2003)、Xie 和 Peng(2009)
	Q5：当他人出现问题时，ABAN 公司会以关怀的方式作出回应	
	Q6：当他人出现问题时，ABAN 公司会尽最大的努力帮助他人	

构念	题 项	来源
正直	Q7：从 ABAN 公司的反应看，我认为 ABAN 公司有很强的正义感	Becerra 和 Gupta（2003）、Xie 和 Peng（2009）
	Q8：从 ABAN 公司的反应看，我认为 ABAN 公司是正直的	
	Q9：从 ABAN 公司的反应看，我认为 ABAN 公司在与人打交道时会做到公平公正	
消费者宽恕	Q10：对于 ABAN 公司的回应，我会原谅它	Casidy 和 Shin（2015）、Xie 和 Peng（2009）
	Q11：我会给 ABAN 公司一个弥补的机会	
	Q12：我会保持与 ABAN 公司的关系	

4.2.3 刺激

刺激材料分为代言人吸毒曝光和企业反应两部分，代言人吸毒曝光中吸毒新闻的呈现以真实的艺人吸毒报道为模板，并进行有针对性的修改；企业反应包括修复反应和远离反应两种，两者用语也均根据真实的企业声明、艺人工作室声明、艺人道歉信改编获得。其中企业类型的选取仿照 Xie 和 Peng（2009）的研究，将电子产品行业作为公司类型。此外，为了避免消费者与真实品牌的关联对实验结果产生干扰（Xie & Peng，2009），材料采用虚拟的企业 ABAN 和虚拟的代言人 W 进行操纵。

最终形成的材料如下：

代言人吸毒曝光：著名影星 W 吸毒被捕

#新浪媒体报道#：今日，著名影星 W 吸毒被捕。W 是中国为数不多的荣获五大国际奖项的演员之一，并代言了 ABAN 等多个知名品牌。据某市公安局通报，今日凌晨，公安局接到群众举报，在 W 住所起获冰毒 3.69g、大麻 1.14g，经尿检 W 呈冰毒类和大麻类阳性。目前，W 因吸毒、非法持有毒品被行政拘留。此案正在进一步调查中。

企业修复反应：世界著名手机品牌 ABAN 召开新闻发布会为其代言人 W 吸毒事件向公众道歉

#新浪媒体报道#：近日 ABAN 公司发言人在发布会上向大众鞠躬致歉，并表示：作为 W 的合作伙伴，我们对此感到深深的愧疚和自责。我们没有尽到监督之责，致使 W 的错误行为给社会带来了严重的负面影响，我们向大家道歉！我们深知抵制毒品是每个公民应尽的义务，我们不会去维护 W，既然他犯了错误，就要承担应有的惩罚。但多年来 W 陪我们度过很多艰难时刻，在此时我们有责任帮助他远离毒品、痛改前非，因此我们不会放弃与 W 的合作关系。此外，为弥补此次事件对社会造成的不良影响，我们会设立抵制毒品专项基金，以求为抵制毒品尽一份绵薄之力。

企业远离反应：世界著名手机品牌 ABAN 召开新闻发布会宣布与其代言人 W 解除代言合约

#新浪媒体报道#：近日 ABAN 公司发言人在发布会上宣布解除与 W 的代言合约，并表示：我司对代言人 W 的吸毒行为感到无比痛心和惋惜，并对其给社会造成的不良影响

表示万分遗憾。抵制毒品是每个公民应尽的义务，身为公众人物尤为如此。我司多年来始终秉持自律、积极向上的核心价值，对吸毒行为持零容忍态度。W 的此次行为不仅与我司一直以来的经营理念背道而驰，也与公司从业以来良好的品牌形象格格不入。我司已在内部召开紧急会议，最终决定解除与 W 的代言合约，并在广告中长期停止使用 W 形象。

4.2.4　实验过程

实验开始后，被试首先阅读实验指导语，为了隐藏实验的真实目的，指导语将问卷介绍为"代言人负面事件调查"。随后被试阅读一则关于 W 吸毒行为曝光的新闻，并被告知两天后媒体又跟进报道 ABAN 公司对此次事件的回应。阅读完两则新闻报道后，被试完成后面关于企业修复策略、对企业仁慈正直感知和宽恕意愿的测量。最后回答基本信息问题，完成实验。

5. 结果

5.1　操纵性检验

首先我们采用独立样本 T 检验的方法进行操纵检验。修复策略情境下消费者对企业修复程度感知($M = 5.75$ ，SD = 0.94)显著高于远离策略情境($M = 2.51$ ，SD = 1.06， $P < 0.001$)。因此本实验对企业修复-远离策略的操纵成功。

5.2　信度和效度检验

本研究数据是由单一被试同一时间问卷调查所得，难免存在共同方法偏差问题，为确保研究结果的准确性，我们首先对数据进行了共同方法偏差检验，利用 Harman 单因素检验对所有题项进行主成分分析，结果显示第一个主成分解释的变异为 0.39，小于 0.50 的判断标准，表明数据中共同方法偏差问题影响不严重。接下来我们通过验证性因子分析对量表的信度和效度进行检验。测量模型的整体拟合结果表明该测量模型与实际数据的适配性较好($\chi^2 = 92.244$ ，df = 48， $\chi^2/\mathrm{df} = 1.922$ ， $p < 0.001$ ，RMSEA = 0.05，CFI = 0.984，NFI = 0.968，IFI = 0.984，GFI = 0.960，AGFI = 0.935，TLI = 0.978)。然后我们结合收敛效度和区别效度对测量模型的效度进行评估。首先验证性因子分析结果显示所有题项的因子载荷介于 0.730 与 0.900 之间，并且均在 0.001 水平显著。根据验证性因子分析所得的因子载荷计算每个变量的平均变异抽取量(AVE)，本研究中 4 个变量的 AVE 值均高于 0.5 的临界值，最小为 0.621，最大为 0.722，说明测量题项能有效地反映其潜在变量，测量模型具有良好的收敛效度。同时，每个潜变量 AVE 的平方根均大于各个潜变量与其他潜变量的相关系数，说明测量模型具有良好的区别效度。最后我们通过克朗巴赫系数(Cronbach's α)和组合信度(CR)对测量模型的信度进行评估，所有变量的 Cronbach's α 介于 0.830 和 0.882 之间，CR 系数介于 0.831 和 0.912 之间，高于 0.7 的限制水平，表明测量模型具有良好的信度。具体数据如表 3、表 4 所示。

表3 测量模型评估

变量	题项	FL	Cronbach's α	CR	AVE
修复策略	Q1	0.752	0.882	0.886	0.722
	Q2	0.889			
	Q3	0.900			
仁慈	Q4	0.730	0.865	0.912	0.688
	Q5	0.894			
	Q6	0.855			
正直	Q7	0.866	0.874	0.876	0.703
	Q8	0.867			
	Q9	0.779			
消费者宽恕	Q10	0.759	0.830	0.831	0.621
	Q11	0.810			
	Q12	0.795			

注：$\chi^2 = 92.244$，df = 48，$\chi^2/\text{df} = 1.922$，$p < 0.001$，RMSEA = 0.05，CFI = 0.984，NFI = 0.968，IFI = 0.984，GFI = 0.960，AGFI = 0.935，TLI = 0.978。

表4 相关系数和区别效度

变量	修复策略	仁慈	正直	消费者宽恕
修复策略	0.850			
仁慈	0.732***	0.829		
正直	0.415***	0.475***	0.838	
消费者宽恕	0.390***	0.461***	0.575***	0.788

注：对角线数字为 AVE 的平方根，对角线下方数字为各潜变量间的相关系数；*** 表示 $p < 0.001$。

5.3 假设检验

首先，我们以消费者宽恕意愿（三个题项的得分均值）为检验变量、以两种策略情境为分组变量进行独立样本 T 检验。结果显示修复策略组的被试（$M = 5.10$，SD = 1.18）比远离策略组的被试（$M = 4.33$，SD = 1.28）表现出更高的宽恕意愿（$t(374) = 6.09$，$P < 0.05$），即企业采取修复策略更能赢得消费者宽恕的设想得到了初步验证。

接下来使用 AMOS 22 统计分析软件对结构模型进行检验。SEM 结果如图 2 所示。结构模型的整体拟合结果表明该测量模型与实际数据的适配性较好（$\chi^2 = 113.553$，df = 49，$\chi^2/\text{df} = 2.317$，$p < 0.001$，RMSEA = 0.059，CFI = 0.977，NFI = 0.961，IFI = 0.977，GFI = 0.951，AGFI = 0.922，TLI = 0.969）。

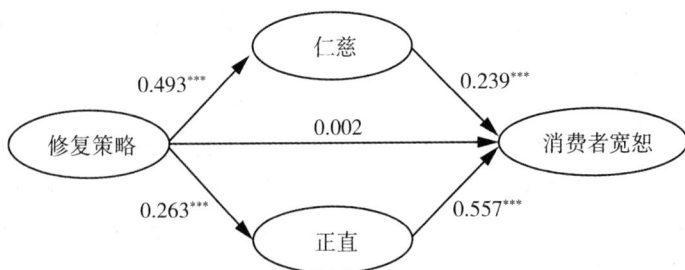

图 2　结构模型结果

注：＊表示 $p<0.05$，＊＊表示 $p<0.01$，＊＊＊表示 $p<0.001$。

我们使用标准化路径系数来测量变量间关系。除 H3 没有通过显著性检验外，H1、H2、H4、H5 均在 0.05 显著水平上得到支持。代言人出现负面信息后，企业采取修复策略的倾向对消费者感知企业仁慈有正向影响，标准化路径系数为 0.493，$t=13.980$，$p<0.001$，H1 得到支持；企业采取修复策略的倾向对消费者感知企业正直有正向影响，标准化路径系数为 0.263，$t=8.130$，$p<0.001$，H2 得到支持；消费者感知企业仁慈对消费者宽恕有正向影响，标准化路径系数为 0.239，$t=2.242$，$p<0.05$，H4 得到支持；消费者感知企业正直对消费者宽恕有正向影响，标准化路径系数为 0.557，$t=8.385$，$p<0.001$，H5 得到支持。

6. 研究结论

本研究基于集体责任视角，探讨了代言人出现负面信息后，企业修复策略、感知仁慈、感知正直与消费者宽恕意愿的关系。研究结果显示企业采取修复策略更能赢得消费者宽恕。具体而言，企业采取修复策略的倾向正向影响消费者对企业仁慈、正直的感知，而消费者感知企业仁慈和正直又进一步正向影响消费者的宽恕意愿，即企业的修复策略通过感知仁慈和感知正直间接对消费者宽恕意愿产生影响。

6.1　理论意义

首先，我们的研究结论丰富了企业代言人危机处理理论。现有研究将企业面对代言人负面信息时采取的策略分为解约和保留两种。解约策略可以将品牌与代言人割裂开来，以最大限度地避免代言人负面信息对品牌造成损害，然而同时也会带给公众始乱终弃之感。品牌与代言人联系的建立并非一日之功，其关系也绝非一纸声明就能迅速割裂，故也有学者尝试探索保留策略可能为品牌带来的影响。有研究表明，代言人对负面事件应负责任的程度会影响消费者对企业保留决策的支持(Louie & Obermille，2002)，保留与品牌一致性高的代言人能够赢得消费者更积极的品牌态度(Carrillat et al.，2013)。然而，消费者面对代言人负面事件时，为何会选择谅解仍旧不得而知。本研究从企业可信赖入手，发现企业的修复策略通过感知仁慈和感知正直间接对消费者宽恕意愿产生影响，揭示了消费者态度转变的内在机理。代言人负面信息曝光后，企业愿意保留代言人并与其共同担责，能够建立起公众对企业的仁慈感知和正直感知，这两种感知增加了企业的可信赖程度，扭转了消费者态度，使其更愿意选择宽恕企业。

其次，我们将集体责任引入代言人负面信息研究领域。以往文献主要从企业作为负面信息的受牵连者角度进行考虑，忽略了企业在代言人负面事件中应负的责任。虽然 Fong 和 Wyer(2012)提出消费者可能认为在公司决定聘用代言人时，就应该为这些潜在的负面影响负责，但这种责任指向的是企业自身的决策行为，即企业要为自己错误的选择负责。而我们认为，作为与代言人有紧密联系的合作伙伴，企业也要为自己未能阻止和有效监督代言人的行为负责，这是一种从"受害者群体"到"侵犯者群体"的本质转换。当企业以"侵犯者群体"出现时，便需要为自身的责任作出声明。众所周知，勇于承担责任是一种良好的品质，但现实生活中，我们为了避免受到惩罚和自身利益受损却往往会推卸责任、逃离事件，因此当有人身体力行、主动承担责任时，公众会更加钦佩。然而，就我们所知代言人负面信息研究领域至今没有学者对企业主动承担责任与消费者态度的关系进行探讨。本研究从集体责任视角出发，发现企业积极承担自身责任的修复策略能正向影响消费者对企业仁慈、正直的感知，为理解消费者对企业态度的变化提供了新的思考方式，也丰富了集体责任在营销领域的研究。

6.2 实践意义

名人代言是一把双刃剑，在给品牌和广告商带来巨大经济收益的同时，一旦代言人公开卷入某些负面事件，也会使品牌(Carrillat et al.，2014；Till & Shimp，1998)及公司股票(Carrillat et al.，2014)陷入危机。此时，大多数公司可能会根据代言合同的道德或法律条款，终止与代言人的联系，避免殃及自身。但这种立刻与代言人切断联系的决策未必是企业唯一的选择。Carrillat 等人(2013)也建议，当代言人与品牌一致性较高时，品牌更应该维持与代言人的合作关系。

我们的研究结果显示，企业维持与负面信息代言人的联系反而能增加消费者对企业的宽恕意愿，因为企业选择保留代言人、承担责任(而不是远离事件、切断与代言人的联系)的行为展现了企业仁慈和正直的形象。也就是说，如果在代言人负面事件的处理过程中企业展现出仁慈、正直，则消费者更乐于修复与企业的关系。因此面对代言人负面事件时，企业更应该选择彰显自身仁慈正直品质的应对策略。比如，不放弃代言人、勇于承担自身责任、努力修复负面事件带来的影响，而不是立即与代言人决裂、逃离事件。此外，在管理实践中，企业会通过多种途径树立自身可信赖(仁慈、正直)的形象，如积极参与慈善活动(Park et al.，2014)，我们发现这种仁慈、正直的形象不仅可以从这些努力中获得，也可能在企业应对负面信息中展现，所以当出现代言人负面事件时，对企业来说，既是危机也是机遇，如果企业能做到承担对代言人的责任，同样可以增加消费者对企业值得信赖的感知。

6.3 研究局限与展望

首先，基于研究需要，我们结合已有的企业危机应对策略和个体因代替性羞耻、愧疚所产生的行为反应将企业应对策略描述为修复-远离策略连续体。但这种划分方式的合理性仍需进一步验证，未来研究可以对代言人出现负面信息后企业的应对策略进行系统的定义和划分。其次，我们在研究中只涉及了企业保留代言人并承担责任和与代言人解约以逃避责任两种情境，然而，现实中还可能存在企业与代言人解约但承担负面事件责任等情况，这些情况介于修复-远离策略连续体的中间位置，当企业采取这些策略时消费者如何反应仍不得而知。消费者可能因为企业与代言人解约并承担责任的行为产生更多的公平感，也可能将企业的行为归因于伪善。未来的研究可以进一步探究消费者对企业采取解约代言人但承担负面事件责任的策略的反应并对这三种策略进行对比分析。最后，我们的研究只包含代言人吸毒这一种负面事件类型且没有将企业与代言人的匹配度高低、关系强弱、代言人的唯一性等因素纳入分析。现有研究显示，代言人负面事件类型对消费者的反应有重要影响（Money et al.，2006），所以当代言人发生其他类型的负面事件时（如性侵、偷税漏税），消费者对企业应对策略的态度是否变化、如何变化仍需进一步检验；企业与代言人的匹配度高低、关系强弱、代言人唯一性是影响代言人与企业实体性的重要因素，当企业与代言人匹配度高、关系强、此代言人是唯一代言人时，消费者感知两者的联系更加紧密，因此企业采取修复策略的程度越高可能产生的效果越好。

◎ 参考文献

[1] Baumeister, R. F., Stillwell, A. M., Heatherton, T. F. Personal narratives about guilt: Role in action control and interpersonal relationships[J]. *Basic and Applied Social Psychology*, 1995, 17(1).

[2] Becerra, M., Gupta, A. K. Perceived trustworthiness within the organization: The moderating impact of communication frequency on trustor and trustee effects [J]. *Organization Science*, 2003, 14(1).

[3] Brank, E. M., Greene, E., Hochevar, K. Holding parents responsible: Is vicarious responsibility the public's answer to juvenile crime? [J]. *Psychology, Public Policy, and Law*, 2011, 17(4).

[4] Brocato, E. D., Peterson, R. A., Crittenden, V. L. When things go wrong: Account strategy following a corporate crisis event[J]. *Corporate Reputation Review*, 2012, 15(1).

[5] Carrillat, F. A., d'Astous, A., Christianis, H. Guilty by association: The perils of celebrity endorsement for endorsed brands and their direct competitors[J]. *Psychology & Marketing*, 2014, 31(11).

[6] Carrillat, F. A., d'Astous, A., Lazure, J. For better, for worse? What to do when celebrity endorsements go bad[J]. *Journal of Advertising Research*, 2013, 53(1).

[7] Casidy, R., Shin, H. The effects of harm directions and service recovery strategies on customer forgiveness and negative word-of-mouth intentions [J]. *Journal of Retailing and Consumer Services*, 2015, 27.

[8] Castaldo, S., Perrini, F., Misani, N., et al. The missing link between corporate social

responsibility and consumer trust: The case of fair trade products[J]. *Journal of Business Ethics*, 2009, 84(1).

[9] Chung, E., Beverland, M. An exploration of consumer forgiveness following marketer transgressions[J]. *Advances in Consumer Research*, 2006, 33.

[10] Coombs, W. T. An analytic framework for crisis situations: Better responses from a better understanding of the situation[J]. *Journal of Public Relations Research*, 1998, 10(3).

[11] Coombs, W. T. Attribution theory as a guide for post-crisis communication research[J]. *Public Relations Review*, 2007, 33(2).

[12] Donaton, S. Nice guys? Who cares?! Naughty celebs get the bucks[J]. *Advertising Age*, 2002, 73(30).

[13] Fincham, F. D., Paleari, F. G., Regaliab, C. Forgiveness in marriage: The role of relationship quality, attributions, and empathy[J]. *Personal Relationships*, 2002, 9(1).

[14] Finkel, E. J., Rusbult, C. E., Kumashiro, et al. Dealing with betrayal in close relationships: Does commitment promote forgiveness? [J]. *Journal of Personality and Social Psychology*, 2002, 82(6).

[15] Fitzpatrick, K. R., Rubin, M. S. Public relations vs. legal strategies in organizational crisis decisions[J]. *Public Relations Review*, 1995, 21(1).

[16] Fong, C. P. S., Wyer, R. S. Consumers' reactions to a celebrity endorser scandal[J]. *Psychology & Marketing*, 2012, 29(11).

[17] Frost, T., Stimpson, D. V., Maughan, M. R. C. Some correlates of trust[J]. *Journal of Psychology*, 1978, 99(1).

[18] Lafferty, B. A., Goldsmith, R. E., Newell, S. J. The dual credibility model: The influence of corporate and endorser credibility on attitudes and purchase intentions[J]. *Journal of Marketing Theory & Practice*, 2002, 10(3).

[19] Lickel, B., Schmader, T., Curtis, M., et al. Vicarious shame and guilt[J]. *Group Processes & Intergroup Relations*, 2005, 8(2).

[20] Lickel, B., Schmader, T., Hamilton, D. L. A case of collective responsibility: Who else was to blame for the Columbine High School shootings? [J]. *Personality and Social Psychology Bulletin*, 2003, 29(2).

[21] Louie, T. A., Obermiller, C. Consumer response to a firm's endorser (dis) association decisions[J]. *Journal of Advertising*, 2002, 31(4).

[22] Lyon, L., Cameron, G. T. A relational approach examining the interplay of prior reputation and immediate response to a crisis[J]. *Journal of Public Relations Research*, 2004, 16(3).

[23] Marcus, A. A., Goodman, R. S. Victims and shareholders: The dilemmas of presenting corporate policy during a crisis[J]. *Academy of Management Journal*, 1991, 34(2).

[24] Mayer, R. C., Davis, J. H., Schoorman, F. D. An integrative model of organizational trust[J]. *Academy of Management Review*, 1995, 20(3).

[25] McCullough, M. E. , Sandage, S. J. , Brown, S. W. , et al. Interpersonal forgiving in close relationships: Theoretical elaboration and measurement [J]. *Journal of Personality and Social Psychology*, 1998, 75(6).

[26] Mclaughun, M. L. , Cody, M. J. , O'Hair, H. D. The management of failure events: Some contextual determinants of accounting behavior [J]. *Human Communication Research*, 1983, 9(3).

[27] Money, R. B. , Shimp, T. A. , Sakano, T. Celebrity endorsements in Japan and the United States: Is negative information all that harmful? [J]. *Journal of Advertising Research*, 2006, 46(1).

[28] Ohbuchi, K. , Kameda, M. , Agarie, N. Apology as aggression control: Its role in mediating appraisal of and response to harm [J]. *Journal of Personality and Social Psychology*, 1989, 56(2).

[29] Pace, K. M. , Fediuk, T. A. , Botero, I. C. The acceptance of responsibility and expressions of regret in organizational apologies after a transgression [J]. *Corporate Communications: An International Journal*, 2010, 15(4).

[30] Park, J. , Lee, H. , Kim, C. Corporate social responsibilities, consumer trust and corporate reputation: South Korean consumers' perspectives [J]. *Journal of Business Research*, 2014, 67(3).

[31] Scarnier, M. , Schmader, T. , Lickel, B. Parental shame and guilt: Distinguishing emotional responses to a child's wrongdoings[J]. *Personal Relationships*, 2009, 16(2).

[32] Schmader, T. , Lickel, B. The approach and avoidance function of guilt and shame emotions: Comparing reactions to self-caused and other-caused wrongdoing[J]. *Motivation & Emotion*, 2006, 30(1).

[33] Shultz, T. R. , Jaggi, C. , Schleifer, M. Assigning vicarious responsibility[J]. *European Journal of Social Psychology*, 1987, 17(3).

[34] Thwaites, D. , Lowe, B. , Monkhouse, L. , et al. The impact of negative publicity on celebrity ad endorsements[J]. *Psychology & Marketing*, 2012, 29(9).

[35] Till, B. D. , Shimp, T. A. Endorsers in advertising: The case of negative celebrity information[J]. *Journal of Advertising*, 1998, 27(1).

[36] Tomlinson, E. C. , Dineen, B. R. , Lewicki, R. J. The road to reconciliation: Antecedents of victim willingness to reconcile following a broken promise[J]. *Journal of Management*, 2004, 30(2).

[37] Tsarenko, Y. , Tojib, D. Consumers' forgiveness after brand transgression: The effect of the firm's corporate social responsibility and response[J]. *Journal of Marketing Management*, 2015, 31(17).

[38] Um, N. H. Antecedents and consequences of consumers' attribution style: Measuring the impact of negative celebrity information[J]. *Journal of Marketing Communications*, 2016, 22(2).

[39] Um, N. H., Kim, S. Determinants for effects of celebrity negative information: When to terminate a relationship with a celebrity endorser in trouble? [J]. *Psychology & Marketing*, 2016, 33(10).

[40] Vasalou, A., Hopfensitz, A., Pitt, J. V. In praise of forgiveness: Ways for repairing trust breakdowns in one-off online interactions[J]. *International Journal of Human-Computer Studies*, 2008, 66(6).

[41] White, D., Goddard, L., Wilbur, N. The effects of negative information transference in the celebrity endorsement relationship[J]. *International Journal of Retail and Distribution Management*, 2009, 37(4).

[42] Xie, Y., Peng, S. How to repair customer trust after negative publicity: The roles of competence, integrity, benevolence, and forgiveness[J]. *Psychology & Marketing*, 2009, 26(7).

[43] Zhou, L., Whitla, P. How negative celebrity publicity influences consumer attitudes: The mediating role of moral reputation[J]. *Journal of Business Research*, 2013, 66(8).

[44] Zourrig, H., Chebat, J. C., Toffoli, R. Exploring cultural differences in customer forgiveness behavior[J]. *Journal of Service Management*, 2009, 20(4).

Consumers' Response to Corporate's Reparative Strategy for Endorser's Negative Event

— The Perspective of Collective Responsibility

Li Mengran[1]   Yin Chengyue[2]   Liu Yingqi[3]   Wang Jun[4]

(1, 2, 3, 4 School of Economics and Management, Northeast Normal University, Changchun, 130117)

Abstract: The majority of corporates default that dismissal with the endorser immersed in negative information is the only response strategy, but it is still unclear whether the facts are correct. Few prior studies have investigated consumer's reactions to the corporate continued its association with the endorser in the negative event. Therefore, this study aims to examine the effects of corporate's reparative strategy of taking the initiative to accept responsibility and maintain the relationship with endorser on consumers' attitudes. A conceptual framework was developed, which including reparative strategy, benevolence, integrity, and consumer forgiveness. Data were obtained from 376 samples; the results show that the influence of reparative strategy on consumers' willingness to forgive the corporate is significantly positive, and this effect was mediated by consumers' perception of corporate benevolence and integrity. These findings provide a new way for corporates to deal with the crisis of endorser scandal in practice.

Key words: Reparative strategy; Benevolence; integrity; Collective responsibility; Consumer forgiveness

专业主编：曾伏娥

公共政策工具的组合与优化逻辑*

——以旧衣物回收箱运作为例

● 吴限红[1]　杨　克[2]

（1 济南大学政法学院　济南　250022；2 临沂大学法学院　临沂　276000）

【摘　要】本文运用半结构式访谈法和问卷调查法，对垃圾分类政策执行中旧衣物回收箱的推行这一社会事实进行了分析，以政策工具的组合、特征和内在机理为主线，审视政策执行中多元主体的行动逻辑，建构工具选择的优化路径。通过对 L 市的案例进行分析，发现该项政策推行中采用了沟通性工具先行、市场性工具为主、志愿性工具为补充的工具组合方式，且呈现了低强制性、低可见性的特征，政府在政策回应方面出现了危机，需要以优化工具组合、改变参照框架、提高政策工具问责三个维度为基点，优化现行政策选用的逻辑，提升政策工具效能。

【关键词】政策工具　政策执行　旧衣物回收箱　建构主义

中图分类号：D035　　　　　文献标识码：A

1. 引言

政策工具作为决策者实施政策的重要手段，是将政策意图转换为管理行动的关键环节，工具的选用、组合及其可替代性是政治学家关注的焦点问题。国内外学者就政策失败的工具层面原因进行了探索，早在 20 世纪 80 年代，荷兰吉尔霍德委员会提出政策失灵源于政策工具知识匮乏，以胡德为代表的学者试图寻找重新选择工具的"一般模式"，在工具选择的偶然性本质中发现"确定的力量"（Hood，1983）。国内学者对政策工具的选用做了诸多研究，如探讨政策工具选择的基本途径（吕志奎，2006），研究公共物品供给中的工具选用逻辑（王辉，2014），诠释工具选择和政府动员能力间的关系（唐贤兴，2009）等等。国内外学者对政策工具的选用达成了以下共识：在认可工具有效性的基础上，工具选

---

* 本文为教育部人文社会科学研究青年基金项目"探讨'关系-契约'视角下宗教慈善组织参与社会服务治理研究"（项目批准号：18YJC730006）的阶段性研究成果。

通讯作者：吴限红，E-mail：wuxianhong0701@163.com。

用与组合需考量政策共同体网络；在政府治理动员能力和选择偏好的基础上，引入市场机制，同时，发挥第三领域的辅助作用。但是，对于中国情境下的条块分割为基础的政策执行，政策工具如何实现组合、组合特征受到哪些干预因素影响、影响政策效能的变量如何实现质性的路径优化，学界尚存深入讨论的必要性。本文通过对垃圾分类政策框架下旧衣物回收箱运作的剖析，将政策工具的组合、选择逻辑放置于中国语境的政策执行中进行结构式分析，以政策工具的视角洞察旧衣物回收箱运作，有助于深入探讨本土化的工具组合逻辑，通过反思性为政府改进治理范式提供参照，从而在理论上和政策执行实践中丰富本土场域的经验。

2. 理论视角和研究方法

2.1 工具选择的建构主义范式

库恩对实证主义经验论和事实论的科学进步模式进行了批判，认为科学发展的形态是范式的变迁(李金龙，武俊伟，2016)，这一理论表明了事实的相对性，为建构主义理论论证知识的建构特征提供了理论基础(罗英豪，2006)。在经历了工具主义范式、过程主义范式、权变主义范式之后，政策工具研究出现了客观主义向建构主义转化的研究旨趣，学者开始聚焦于对工具选择的情境和逻辑进行分析，将工具的主观意义作为核心概念，探讨工具的脉络背景"特殊性"。秉承建构主义范式的学者否定工具、工具特征的客观存在性，认为对政策工具与政策问题的理解是受思辨、互动、社会等因素影响的主观过程，协商是政策工具与政策问题相互匹配的前提条件(盖伊·彼得斯，弗兰斯·冯尼斯潘，2007)。比如，Steinberger 认为相关参与者对政策意义的选择是理解政策实质与过程间关系的关键，政策工具是社会中形成的实践形式的一种表征，其意义和合法性在时间和空间中不断被建构(Steinberger，1980)。建构主义范式开启了政策工具研究的后工具时代，模糊了政策工具的"工具性""不可替代性"和"技术性"等特征，学者对政策工具的理论研究不再局限于政策工具的属性、介分和功能，转变为强调政策网络、决策系统、执行环境等因素对政策工具选择的至关重要影响(郑石明，2009)，并指出工具选择需要考量工具与环境的匹配程度，工具选择与管理受制于网络的多元性和自指称性等特征。在实践层面，建构主义范式对政府政策工具选择实践提出了更高的要求，工具选择不再被简单地诠释为"在工具箱中挑选工具"，而是要关注与政策工具选择相关联的政治行政、意识形态、社会事实等环境因素的干预和影响，制度设计和管理体制形塑了政策制定过程以及执行结果等环节的工具选用，政府需要将工具的有效性和问题背景的特殊性结合起来进行权变(张蕴萍等，2019)。同时，政府对于标的群体享有的权力地位及其社会建构的认知，影响着政府工具的选择，政府工具的分析和选择必须被置于特定时空中的具体政治经济情境及其蕴含的权力关系下，以便了解其政治过程与政治意义(陈振明，2009)。

在转型期的中国，建立在技术理性、垂直管理基础上的公共行政无法有效地解释公共事务管理现实，对话、协商成为新时期社会治理的核心概念，公共政策工具选取作为公共政策执行过程中的重要载体，需要权衡工具本身与市场发育、民主参与的兼容程度，考量政策工具之间的适配性，以及考虑工具使用者将政策工具与管理规则等情境组合的能力。本文以建构主义的工具选择为理论框架参照，将情境纳入政策工具组合和优化的考量中，以认可公共政策执行复杂性为前提，将政策工具选用和组合视为复杂性网络中变量的组成部分，分析情境异质性和复杂性、变动性对于工具优化的影响，从可见性、强制性和参与性三个维度入手建构政策工具组合的优化路径。

2.2 资料收集方法与分析方法

在文献回顾的基础上，本项研究采取的研究方法有两种：访谈法和问卷调查法，其中以访谈法为主，问卷调查法为辅。对 L 市 7 个区的 28 个社区进行了实地调研，其中开放式社区 6 个，封闭式商业社区 12 个，封闭式单位制社区 10 个。对旧衣物回收箱运作过程中的各个参与主体进行了访谈，访谈对象 59 名，其中包括居委会主任副主任 14 名，物业管理部门人员 12 名，社区居民 21 名，政府部门相关人员 5 名，非营利组织人员 3 名，旧衣物回收企业员工 4 名。对 L 市居民进行了问卷调查，实际发放问卷 100 份，回收问卷 93 份，有效问卷 90 份。访谈对象的人口统计学特征见表 1。

表 1　　　　　　　　　　访谈对象的人口统计学特征（$N = 59$）

项目	分类	人数	百分比（%）
性别	男	31	52.5
	女	28	47.5
年龄	25 岁以下	2	3.4
	25~35 岁	16	27.1
	36~45 岁	23	39
	45 岁以上	18	30.5
学历	初中及以下	19	32.2
	高中、中专、技校	21	35.6
	大专及以上	19	32.2

资料分析方法为一般归纳法与 SPSS 统计，访谈资料分析主要使用一般归纳法进行，通过研究目标和研究问题的引领，对旧衣物回收多元参与主体的访谈资料进行整理与准备，多次反复阅读和理解原始数据，根据实地情境所呈现的类型特点作出标签概括，将政策工具选用的背景、归因、情境、操作效果等事实通过短语、术语等方式呈现出来，做出类型学的一般归纳。对旧衣物回收箱政策执行过程中呈现的特点做出进一步的解释和描述，引用实地原始文本中所涉及的相关案例，以阐释类型的含义并呈现文本。最终在原始访谈数据的归类提炼基础上，发展出包涵旧衣物回收过程中政策执行工具选用存在的问题、成因、优化对策的框架。统计分析作为辅助性的研究方法，用于对调查数据进行描述性分析。

3. 相关政策背景与推行过程

3.1 政策背景分析

3.1.1 问题流

2009年垃圾焚烧邻避事件催生了垃圾减量化与无害化双元处理策略，政府开始启动生活垃圾源头分类行动。同时，生活中废旧纺织品的大量剩余改变着政府和社会的认知，依赖于家庭邻里互助和公益慈善组织捐赠的旧有处理模式已经式微，无法解决现今旧衣物供需之间的不协调问题，抛弃和廉价出售成为新时期旧衣物处理的主要方式。中国资源综合利用协会的数据显示，每年有2600万吨旧衣物被扔进垃圾桶，再利用率不足1%。在此情况下，政府试图通过自上而下的政策设计，将生活中废旧纺织品作为垃圾分类的子系统之一，由政府与市场联合进行旧衣物循环利用。

3.1.2 制度流

2011年之后，一线城市逐渐启动垃圾分类试点，旧衣物回收被政府界定为城市生活垃圾分类的一部分，相关工作主要由住建部门负责，L市旧衣物回收的具体政策执行工作主要由城管局和房管局负责，除了中央政府制定的法律政策依据之外，L市所在的省政府也出台了相关地方政策，与旧衣物回收相关的制度如表2所示：

表2　　　　　　　　　　　　　　旧衣物回收箱相关政策

政策名称	相关规定	出台时间（年）	部门
《进一步加强城市生活垃圾处理工作的意见》	积极开展城市生活垃圾源头减量和分类收集工作，加强生活垃圾可再生资源和废旧物资回收利用管理	2011	省政府
《关于做好城市生活垃圾分类减量试点工作的意见》	对于产生频率较低的特种垃圾，如"织物及皮革"等选择公共区域设置适量分色投放容器	2012	住建厅
《生活垃圾分类及其评价标准》	废旧服装、床上用品等纺织物属于"可回收物"类别，规范引导织物纳入循环利用渠道	2013	住建部
《循环经济发展战略及近期行动计划》	完善社会化废旧纺织品回收再利用体系，构建纺织行业循环经济产业链	2013	国务院
《环境保护法》	应按照规定对生活废弃物进行分类放置，减少日常生活对环境造成的损害	2014	立法机关

与旧衣物回收相关的政策内容分别涉及环境保护、循环经济、再生资源产业、生活垃圾分类四个有差异的政策领域，涉及环境保护部门、科技部门、住建部门等多个政府职能

部门，这对政府不同部门之间的联动和互动提出了较高要求，为后期旧衣物的监管以及沟通性政策工具的效用失灵提供了主要动因解释。

3.1.3 利益流

旧衣物回收箱设置是 L 市"减量化"垃圾分类政策执行过程中的子环节，政府通过联合企业对旧衣物进行无害化处理。从政府利益而言，政府与旧衣物回收企业的合作主要依赖于市场性政策执行工具，政府不需要任何公共财政投入却产生实际的公共效益，能够突破"规则依赖"实现生活垃圾中废旧纺织品分类的目标。将废旧纺织品从生活垃圾中分出一类，能够产出政府推动公益慈善的"副产品"。从企业的利益而言，企业承担旧衣物回收箱的布设与回收成本，通过收集旧衣物进行后期市场化运作，弥补前期的成本投入而变得有利可图，在满足营利性目标的同时，践行企业的社会责任，为欠发达地区捐赠部分衣物。

3.2 政策执行分析

3.2.1 试点阶段（2015 年 9 月—2015 年 10 月）

在 HJ 苑和 AJ 苑两个小区进行试点，由 L 市城管局联合 C 刚公司在小区布设旧衣物回收箱，进行旧衣物回收，在没有任何宣传的情况下，市民积极捐献，回收效果良好，10 月份回收箱布设超过 60 个。按照预期，将设置 2000 个旧衣物回收箱并形成生产链条。

3.2.2 推广阶段（2015 年 11 月—2016 年 4 月）

旧衣物回收箱运作经城管局、房管局和媒体的宣传报道，社会回应较为积极，2016年初，先后有红十字会和 TX 互惠两个社会组织加入旧衣物回收箱布设，截至 2016 年 4月，旧衣物回收箱数量已逾 400 个。旧衣物回收参与企业信息见表 3。

表 3   旧衣物回收参与企业信息

企业名称	监管单位	箱体数(个)	年回收量(吨)	入驻时间	运作模式
YY 不舍	文明办和房管局	600	720	2015.9	产业链模式
S 亿公司	红十字会	200~300	40~50	2016.3	产业链模式
C 刚公司	城市管理局	430	1400	2015.9	产业链模式
TX 互惠	北京海淀区工商局	92	36	2016.3	社会企业模式

3.2.3 蛰伏阶段（2016 年 5 月至今）

2016 年 4 月，杭州大熊猫旧衣物回收事件之后，政府公信力受到质疑，L 市所在省份的记者模仿大熊猫事件中的记者暗访旧衣物流向，揭露了旧衣物出口、转卖、加工等环节，"市民爱心变企业暴利"等言论充斥网络，市民的心理道德底线受到挑战。媒体报道将 L 市城管局推向风口浪尖，民众广泛质疑政府在监管方面的不作为。

4. 旧衣物回收箱运作中的政策工具组合

政策工具的分类涉及多种类型学标准，从资源和政府干预程度的维度而言，政策工具可分为强制性工具、市场性工具、沟通性工具和社会性工具。政策工具的类型学分析为政策工具的选用与组合提供了基础性参照，建基于政策工具迥异的功能与特性，政策工具组合甄选出现了"工具组"取向，即推崇不同类型的政策工具之间的适配性、组合与良好优选排序，以克服单个工具的缺陷，实现差异互补。工具具有自身技术要求和操作程序的独特性，因此工具组合并不存在标准化的操作程序和定式，需要结合工具选用与组合的环境与情境进行建构。在 L 市旧衣物回收箱政策推行过程中，呈现出了强制性工具缺失，非强制性工具为主体的特点，具体而言，有以下表现形式：

4.1 沟通性工具先行

沟通性工具也叫信息型工具，是政府通过信息平台由目标群体自由选择接受的一种工具类型，它以信息沟通为主，包括信息发布、听证、劝诫、动员、广告、宣传、谈判、说服等(徐媛媛，严强，2011)。盖伊·彼得斯等认为信息传递作为一种软工具，只在它与目标群体的参照框架相容时才是有效的，要理解目标群体的参照框架并非易事，在讨论信息是否能够引起目标群体的行为变化之前，首先要解决信息如何到达这些群体的问题(盖伊·彼得斯，弗兰斯·冯尼斯潘，2007)。在旧衣物回收箱政策推行的过程中，三类政策沟通主体显现出了异质性的信息传递路径，而又面临同质性较强的沟通断裂。

第一，政府主体通过新闻媒体、公告进行政策宣传，通过城管局、房管局等同级政府职能部门对接各个街道办事处①进行信息传达，经由街道办事处协调各个社区居委会主任、物业主任，将箱体设置、信息宣传等事宜层层推递至社区，主要依赖于政府的权威进行信息传递，呈现出极强的行政化色彩。第二，以红十字会为代表的非营利组织主体对旧衣物回收的信息传递主要依赖于其与合作企业和各个社区居委会的直接对接，信息传递的社会化互动程度较高。第三，直接参与回收的企业在信息传递方面没有做出进一步的行动，企业试图通过箱体设计的说明文字②达到与捐赠者沟通的目的，让捐赠者知晓旧衣物捐赠的基本程序。

4.2 市场性工具为主体

市场是有效提供绝大多数私人物品并能有效配置资源的途径，能保证资源按照私人支付意愿反映出来的社会价值被分配到相应的物品与劳务上(迈克尔·豪利特，M. 拉米什，2006)。市场作为争议性较大的政策工具，通过生产者和消费者的互动达成双方认可的产出(徐伟等，2008)。由企业分担政府职能作为市场化工具的主要类型之一，被视为提高服务水平、节约公共财政开支的有效手段，通过以契约为基础的双方协商，政府以和企业平等的身份进入市场，在权力下放理念的引导下进行公共物品的合作供给。

---

① 以 L 市城管局为例，由于城市管理涉及的部门较多，为了方便协调，采取城管局和街道办事处联合办公的工作方式，在每个街道办事处设置城管局的工作办公室，每个街道办事处对接一个城管局的执法中队。

② 箱体公示信息主要有三类：①旧衣物后期收集处理流程；②服务单位、监督单位、监督电话和企业基本信息；③可投入回收箱的物品种类：衣服、箱包、鞋帽、家纺等类属。

目前，L市的旧衣物回收仍然处于试点阶段，已经形成政府、企业、非营利组织、社区多元主体共同参与的状态。合作模式主要是企业与党政部门、社会部门合作，企业出资设计、制作箱体并进行布设投放，合作部门参与协调和监督，具体分为政企合作和社企合作两种形态。具体的市场化政策工具有两种：①契约合作。政府（社会组织）主体与企业签订框架协议，将旧衣物回收交由企业运作，政府（社会组织）部门作为监督单位进行监管，旧衣物回收企业定期向政府（社会组织）上报旧衣物回收数量、重量、捐赠去向等信息。②特许经营。对于开放式小区，城管局授权给回收企业，允许其沿主干道设置旧衣物回收箱。政府特许企业进入社区，为企业与社区的对接提供了便利性。对于封闭式小区，由政府党政部门协调各个社区居委会、物业公司，协助企业在小区内布设安放旧衣物回收箱。在此环节，企业主体提供旧衣物回收箱体，对回收的旧衣物进行分类处理。处理方式主要有捐赠和再生利用，企业负责对回收的旧衣物进行运输、分拣、清洗、消毒等操作，将具备捐赠条件（八成新以上）的衣物捐赠，将不符合捐赠条件的衣物进行再生利用形成再生产品出售，利润用来补偿企业前期回收阶段投入的成本。

4.3 自愿性工具为补充

成本低、依托于个人自由主义的自愿性工具是公共政策的重要补充，其主要特征是一般不需要政府财政支出。自愿性组织会在没有政府干预和强制的情况下依赖于组织或者小共同体本位完成公共物品的配置与输送，服务于公共目标，比如中国的养老主要依托于家庭为主体的自愿性工具。随着生活水平提高，捐赠、邻里互助等处理方式式微。在《循环经济发展评价指标体系》《生活垃圾分类制度实施方案》《关于推进再生资源回收行业转型升级的意见》等与废旧纺织品回收相关的政策中，无一不强调"社会组织""社区居委会""居民""志愿者"的参与功能，在L市旧衣物回收箱推行过程中，政府鼓励社会组织参与，TX互惠、红十字会均积极参与了旧衣物回收行为。相比家庭、邻里互助以及慈善捐赠等传统的捐赠方式，旧衣物回收箱的非营利组织参与性带有明显的市场化特征。红十字会对旧衣物回收采取与企业合作方式，事实上由企业直接参与回收与后期处理，通过设立基金会的方式，企业将旧衣物回收的部分利润定期注入基金会账户，由红十字会对基金会款项进行管理。TX互惠则通过社会企业的方式运作，通过旧衣物回收箱收集衣物，在打工者社区开办"TX互惠公益店"进行义卖，支持农民工及其家庭，其余则通过市场方式出售进入再循环系统。两家参与回收的非营利组织在运作形式上都有较强的市场化色彩，呈现出对市场的较强依赖。

5. 政策工具组合的特征

5.1 强制性维度

加拿大政策科学家布鲁斯·德林和理查德·菲德对政府与社会之间的关系做了基础性研究，并按照强制性程度对政策工具进行分类（Doern&Richard，1992），管制、补贴、直接提供等政策工具被视为是强制性程度较高的政策工具。在旧衣物回收的政策工具选择中，L市政府选择了强制性程度低的市场性工具、自愿性工具和沟通性工具。政府旧衣物回收的决策主要源于对南京、杭州等经济基础较好、政府与企业合作较为成熟地区的经验借鉴，比如江苏政府对旧衣物回收企业每年补贴7万~8万元，用来缓解企业的运营压力，鼓励企业承担社会责任。在政府的政策支持下，杭州、苏州、上海等地旧衣物回收形成了成熟的产业链，旧衣物利用率高达90%以上。L市政府在旧衣物回收箱的推广过程中，既没有形成直接性的地方政策依据，也没有对旧衣物回收企业和捐赠人的直接性或者间接性的补贴。按照市场价格，旧衣物售卖价格在每吨3000~5000元，利润微薄，企业在旧衣物回收过程中需要付出成本，如旧衣物回收箱的制作费用、运输车辆成本、回收人员工资、仓库存储租金、分拣成本、打包人工费、管理费用，旧衣物回收的高成本导致企业参与旧衣物回收的热情并不高。

在旧衣物回收箱运作过程中，L市政府与企业达成了不完全清晰的合作形态，没有形成契约为基础的委托代理协议或者合同，协同治理因为权利责任的不清晰蕴含了巨大的模糊性，这种混沌的合作契约为后期监管埋下了隐患。由于规则不清晰，企业在旧衣物流向环节有充分的自由裁量权。对于民众对旧衣物流向的质疑，旧衣物回收箱上的监管单位也就责任出现了意见分歧，甚至城管局否认与企业的合作关系，称"垃圾分类是城管局的主管范围，但无权监管企业旧衣物处理的行为"，L市文明办、房管局承认只是"提出倡议而非监管单位"。强制性维度一定程度上反映了一个工具在何种程度上偏离了对市场的依赖（莱斯特，2016），强制性工具与市场形成此消彼长的关系，当市场发育程度较高时，政府具备使用强制性程度低的政策工具的理性基础；当市场发育不够成熟时，政府通常采用强制性程度高的政策工具，因为这些工具可以赋予政府更明晰的执行权力，降低执行成本，以及限制参与者对政策目标的偏离程度，从而确保政策工具的选用与政策目标相一致。在旧衣物回收政策推行过程中，L市政府选择了国家干预程度非常低的市场性工具、自愿性工具和沟通性工具，试图依赖于私人市场、志愿组织、家庭和社区达到垃圾分类、纺织品循环再利用的目的。而尚在发育的私人市场不足以独立承担起自动、高效调节企业行为的任务，其政策工具选择在逻辑起点的稳定性上较为薄弱，旧衣物回收在政策执行环节预留了不可控性空间，受合同、实践、人力资源等因素的限制，在审查和监管服务递送问题上出现疲软。虽然大众传媒与民众广泛关注旧衣物的流向问题，但至今这种自动性机制的反馈并未引起政府决策行为的变化。

5.2 可见性维度

可见性是政策工具可被记载的程度，以及能被公众理解的程度，一种工具的可见性越差，这种工具的成果越不容易被理解（盖伊·彼得斯，弗兰斯·冯尼斯潘，2007）。第三方政府正在兴起，面对复杂的公共问题以及民众对政府可信性的关注，政府越来越倾向于选用间接性强、不容易在预算中体现出来的政策工具。L市政府在旧衣物回收箱推进过程中采用的三种工具（沟通性工具、市场性工具、自愿性工具）呈现出了较低的透明化程度，无论是在预算还是在政策制定过程中都几乎是不可见的。这种不可见性源于信息型政策工具的不可见本质，且相关于L市政府在市场化工具选择中出现的零补贴和模糊特许经营。

L市政府推动旧衣物回收箱设置的初衷在于"支持垃圾分类，创建文明城市"，更多地采用了政策议程的内在创始模型，赋予社会大众和目标群体较少的参与机会，试图通过市场化、社会化的运作实现赋权和参与，目的在于实现旧衣物循环从而推动垃圾分类工作。L市政策工具选择方面忽略了解释政府动机的问题，未充分考虑在价值层面能否被公众接受以及接受程度如何。对公众而言，旧衣物回收箱进入社区之后，由于信息不对称和政策沟通性工具的失灵，公众更多地通过旧衣物回收箱箱体显示的信息推测、揣度旧衣物回收箱设置的目的和用意，回收箱上醒目的"公益慈善"字样让公众对旧衣物捐赠的慈善意义抱有极强的期待心理。后期媒体披露了旧衣物回收企业将85%以上的旧衣物转卖、出口进行市场化运作，极少部分用于捐赠，对于这一事实公众非常难以接受。表4为L市公众期望的旧衣物流向与实际的流向对照统计：

表4　　　　　　　　　　　　　　旧衣物流向对照

选项	小计	期待比例	实际比例
慈善捐赠	76	84.44%	约10%
二手市场	4	4.44%	约10%
出口	0	0	10%~15%
再生综合利用	10	11.11%	65%~70%
有效人次	90		

低可见性与以下三方面因素密切关联：

第一，回收企业与捐赠方信息不对称。抽样调查中，只有10%的调查者曾经收到过有关回收箱的设置、使用等信息的宣传、讲解、说明，其他90%的社区居民只能通过"空降"在社区的旧衣物回收箱上的说明理解旧衣物回收政策。至于旧衣物回收的细节性问题，如八成新的标准、捐赠比例、回收数量等，没有形成公开化透明化的标准，没有信息逆向流动渠道和反馈机制，居民无法获取信息。在对开放式小区的抽样调研中，80%以上的居委会工作人员并不知晓沿街主干道旧衣物回收箱的来历，对箱体由谁投放、箱体管理者是谁、直接的衣物回收者是谁、衣物去向是哪里等信息并不知情。在封闭式小区，84%的居委会和物业工作人员仅仅局限于知晓回收箱进入社区的情境，即政府人员和回收企业人员经由街道办事处找到居委会或物业，将箱体投放到社区中。在ZC开元社区，很多居民曾向居委会询问旧衣物去向、监管等问题，居委会工作人员无力应答。

第二，政府(社会组织)与回收企业信息不对称。旧衣物回收过程中，企业具有充分的自由裁量权，比如，按照合作要求，企业每年将收益的部分资金注入S亿基金，用于公益慈善事业，红十字会在网站中对资金接收情况予以公示，但对于企业的旧衣物回收数量、流向等信息并没有进行实质性的评估或者核实，企业上报的数据真实性由企业全权负责。旧衣物回收企业与家庭安全基金会、中国妇女发展基金会、中国妇联等组织签订了捐赠协议，协议书形式为框架协议书，协议内容较为笼统。以企业与中国妇女发展基金会签订的协议书为例，该协议书说明了合作对象范围、合作范围和期限，但没有规定具体的捐赠周期、捐赠数量等信息，每捐赠一次企业会获得一张捐赠证书。企业提供的信息显示，根据 L 市民的捐赠情况，约 80%用作再生利用，15%用作捐赠，至于八成新的标准没有清晰的规定，捐赠衣物数量、比例定期由企业上报给政府，政府赋予企业充分的自主权，旧衣物数量、质量、流向的信息真实性处于监管真空地带。

第三，政府与捐赠方信息不对称。在政策制定环节，沟通工具缺失是旧衣物回收箱推行过程中的主要特征，也是纺织品垃圾分类工作推进的主要障碍因素之一。政策工具选择缺少公众参与，城管局授权企业进入社区投放箱体时主要通过行政化手段与强大的政府动员能力与社区居委会进行沟通，引导类工具的使用不足导致政策信息传递中断。由于政府与民众就旧衣物回收箱运作沟通不充分，作为捐赠方的居民无法将旧衣物回收与垃圾分类工作联系在一起，无法形成对旧衣物回收与环境保护、循环经济发展之间的内在逻辑关系的认识。后期新闻媒体在没有对旧衣物回收箱推行形成整体性认识的情况下，对旧衣物回收企业的利润做了夸大其词的报道，在一定程度上误导了公众，导致公众认为自己的爱心变成了企业牟利的工具，使公众对回收企业形成抵触心理，并将 L 市政府推向了公信力危机的风口浪尖。

6. 政策工具组合的优化逻辑

从政策工具的角度而言，政府对政策工具的属性界分是政策工具选用的依据之一，此外政府与政策工具实践操作中多元主体的互动与沟通，对政策执行反馈信息的认识、理解和内化体现着建构主义主体与客体之间的互动与平衡。政府无疑可被视为建构实现的主体之一，政府对工具及其选用的认知在主体内部已经有了预先的设定，且其对政策工具的认识论图式是动态的，不断地发展出先前不存在的新结构。政府通过与政策工具利益相关方的互动以及对政策执行中出现的风险与挑战进行反思，不断改变政策工具功能认知、调适工具使用方式、更新政策工具组合。政府对政策工具的组合与优化实质上遵循的是建构与被建构的逻辑，其本质是公共政策执行在不断调整中实现相对平衡。公共政策工具的重组与改进，需要依赖于非对称性信息系统的反馈，优化重组资源以及对自身认识进行反思性调整。对于 L 市旧衣物回收箱运作中的政策工具选用和优化，以下通过建构主义理论的核心要素：主体、客体和互动的三个维度进行分析。

6.1 主体建构：优化政策工具组合，提高强制维度

治理范式的转变使非政府机构参与到公共事业中，将公共管理的分析单位转移到政策工具上，以期重塑政府。对政策工具选用的理论框架进行讨论，需要以两个相互联系的变量为前提：第一，国家计划能力的大小，即国家可以影响社会行动主体的组织能力大小；第二，子系统的复杂性，特别是政府在执行其计划和政策时所面对的行动主体的数量和类型(迈克尔·豪利特，M. 拉米什，2006)。政策工具选用需要涵盖国家计划能力和子系统复杂性，使用市场性和管制性的工具需要以国家计划能力较强为前提，当国家计划能力不足时，使用激励工具、宣传工具或者依赖于家庭和社区的自愿性工具能够增加政策执行的

效能。在政策目标群体覆盖范围广泛、人数众多、牵扯多方行动主体利益的时候，使用市场性工具比较适宜。以上变量和前提假定了政策工具选用的两种理想类型，但是在现实中，政策工具选用和衍生环境错综复杂，超越了理性主义的分析思路，呈现出多变量交互作用的情境，关注政策工具的优化组合成为提高政策工具效能的主要思路之一。在中国社会转型期，强制性高的政策工具逐渐减少，强制性低的工具逐渐增多是政策工具选择的主要趋势。直接提供和管制类的政策工具逐渐减少，而对私人市场、非营利组织、家庭和社区的依赖增多。政策工具之间往往形成一种相互依赖性的环境，政策执行很难通过单一性的政策工具进行，而经常是主要的政策工具和次要的政策工具之间进行搭配与组合。在旧衣物回收政策执行中，本土尚未形成产业链性质的市场回收模式，且作为跨多个领域行使权力的城管局、房管局更多地体现出政策顺从执行而非计划能力。没有发育成熟的市场机制作为前提，且政府缺乏对参与企业规章制度的约束，没有问责机制和退出机制，这就意味着参与回收旧衣物的企业在政府默许的情况下获得了足够宽泛的自由裁量权，在公共权力的牵制力量比较弱小的情况下，容易发生以经济利益为导向调整自身目标的市场失灵。

市场性工具的选用需要以充分的市场发育为前提，如果市场发育不够充分，则市场工具的使用通常会辅助以其他类型的政策工具，如政策、法规、税收减免等较高干预性的工具。另外，提供补贴也是一种有效的手段用以鼓励企业做出有益于社会的行为，从而克服市场失灵和保障公平性。在中国当前的情境下，涉及市场等间接性工具的选用时，必须辅助以政府的强制权力作为后盾（迈克尔·豪利特，M. 拉米什，2006），否则市场无法像重视私人利益那样重视公共利益，换言之，政府与私人部门的关系无法进行自我调节，需要强大、称职的政府主动实行管理（莱斯特，2016）。这就意味着，市场性工具使用的同时必须选用强制程度高的政策工具，如直接或者间接的补贴、税收支持等，对政策工具的优化组合能够提高政策效能，从而达到帕累托最优。

6.2 互动建构：改变参照框架，提升可见维度

政策工具的有效性很大程度上依赖于政策累积序列中前一种政策工具的选用惯性，目标群体的行为模式会较为依赖和习惯于一些长期使用的政策工具，因此，改变目标群体和参与群体的认知、价值与规范显得非常重要，政策工具家族的使用离不开有效的沟通性工具。沟通性工具的强化使用不仅在于改变目标群体的行为结构，而且在于改变目标群体的参照框架、价值体系与规范，内化政策所蕴含的价值，促使公众对问题的理解发生变化。提升沟通性工具的有效性可以从概念操作化和改变知解漏斗两个层面进行。

6.2.1 沟通性工具概念操作化

如果信息不能以一种清楚而且适用的形式提供给人们，它实际上可能使人们比以前更无知，目标群体只对适应于他们的参照框架的指导信号予以认可（王清军，2013）。沟通性工具概念操作化的意义基础在于"公众不是专家"，不能很好地理解抽象的、宏观的政策诠释。L市的市民对于垃圾分类、循环经济、公益慈善等概念的理解更多地停留在主观想象的认知层面，比如，对于非营利组织"公益慈善"的理解简化为企业"零利润"；对于垃圾分类的运营成本单纯地认为"国家出钱"。信息能够有效到达目标群体并且被理解的

前提条件是，通过概念操作化将信息进行塑造，使它贴近于目标群体的生活常识和活动场景，让信号易于理解。比如，山东省环境保护厅将"PM2.5"转换为民众易于理解的"蓝天白云 繁星闪烁"天数，通过这一概念操作化指标，使民众将感知到的天气情况与大气污染指数紧密结合到一起。就旧衣物回收的相关政策，政府可在政策宣传环节采取详尽的说明和多元化的宣传方式，对垃圾分类的核心概念做出解释，对旧衣物处理相关参与组织的成本投入、处理流程、分拣标准等信息做出大体的说明，在旧衣物回收与环境保护之间建立起清晰的联系，实现信息的高效流动和传播，减少认知上的偏差，甄别事实，促进双向沟通。

6.2.2　改变知解漏斗

沟通性工具的不足，导致操作环节诸多失误。比如，由城管局授权 C 刚公司投放至沿街主干道的第一批旧衣物回收箱被市民误认为是垃圾桶，向其投放大量垃圾，后不得已将旧衣物回收箱撤回。回收企业后期在回收箱侧面补充张贴醒目告示，告知市民"不是垃圾桶"。L 市捐献旧衣物的民众以及大众传媒对旧衣物回收产业以及政策框架的认知不清晰，没有在旧衣物回收与垃圾分类政策之间建立认知上的关联，未了解废旧纺织品回收企业的成本与收益，未建立旧衣物回收与环境友好型社会的整体性联系，产生了"政府与企业合谋，利用市民爱心为企业谋取利润"的误解。

从宏观层面来讲，通过沟通性工具重建信任体系非常重要，这也是旧衣物回收政策得以有效执行的重要基础。废旧纺织品的回收利用应更多地从垃圾分类、循环经济、环境保护的高度考量，改变的策略在于通过广泛的信息宣传、高频度的沟通和有效的社区动员，让参与旧衣物回收的市民在对问题的理解上发生变化，将政策背后的价值内化，从而在操作层面达到改变外在行动的目的。盖伊·彼得斯认为沟通性工具的目的在于改变目标群体的"知解漏斗"，在采取政策工具之前，将指导性的信号加以塑造，促使目标群体认识到这样的信号，并允许这样的信号进入他们的理解范围（盖伊·彼得斯，弗兰斯·冯尼斯潘，2007）。政策制定者与目标群体的信息交换是必要的，可以通过"知解漏斗"属性的改变实现互利共赢的目标。从微观层面来讲，明确与重申政策目标是改变知解漏斗的重要方式，也是旧衣物回收政策执行的重要手段。公共政策执行将宏观的抽象的目标进行政策操作化，细化为具体的各个政策从而规范、引导行为者的行动方式，比如，"林业禁伐"的政策目标是"林业资源保护"（陈振明，2009），旧衣物回收箱推广的政策目标是"可持续发展与环境保护"。因此，在沟通性工具的使用方面，需强化政策传递的宣传方式，优化宣传路径，拓展多元宣传媒介，以目标-行动为导向，提高政策宣传的有效性。

6.3　客体建构：提升政策工具问责，促进参与维度

不管是以政府决策为逻辑起点的自上而下方式，还是以行动主体目标、战略和联系网络为研究基础的自下而上模式，政策执行都被视为政策过程指挥链中的关键环节。政策执行工具的选择和使用不是在真空中操作，而是在建基于规则、政策、价值、社会关系等因素之上的社会系统中进行，在制度性资源匮乏的前提下，政策网络为经验尚可认知的政策工具选择提供了较高的诠释力。第三方政府的兴起改变了公民参与政策过程的传统和规

则，政府权力下放、契约外包的治理方式使得政策间接工具盛行，政策工具的选择和操作广泛依赖于私人市场和营利（非营利）组织。合同承包、福利券等模式冲击着传统的公民与政府之间的关系，改变着问责结构，民众参与公共政策复杂化，极大地挑战着政策工具的有效程度。比如，L市政府部门为社区自主选择回收机构提供了一定的空间，鼓励市民的监督行为，但是，由政府监管的所有旧衣物回收箱上的服务电话均为回收企业电话，居民与政府进行对话的沟通渠道可及性较低，对回收企业的监督、问责程序变得较为烦琐。同时，回收企业也没有向社区披露绩效信息的义务，民众若想知情和获取信息，需要付出足够多的时间和努力。

公共政策间接性工具的使用需要提高民主的可见度，在工具选用和组合环节扩大公众参与的深度和广度。在赋予政府决策以形式或实质的时候，不仅需要对政策工具的属性和模式形成清晰认知，而且需要将政策执行工具研究与社区参与紧密结合起来进行考虑，考量政策执行工具的社区网络背景和环境，努力扩大参与的程度、范围和质地，提高工具问责能力，促进政策执行效率。在工具选用环节，改变家长式的自上而下的工具选择模式，注重政策的价值取向与公众现实需求，给予社区参与需求评估和应对策略的空间，通过利益相关者的多方参与构建政策执行工具选择情境，产出"低模糊性-低冲突性"的政策，让政策工具更好地服务于民主价值。在工具使用监督环节，随着间接性工具的兴起以及信息递送系统的复杂化，政府需要重构与第三方服务递送者的关系，扮演"公共对话传递者和可及、公平及平衡的保护者"的沟通角色（莱斯特，2016），提供可及性的公共对话平台，为公众主动监督提供便利的通道；健全绩效评估和分析制度，将评估结果广泛传播给相关利益群体和社区群体；完善监督信息反馈机制，约束第三方参与者行为。

7. 结语

本项研究在既有研究的基础上，明确了政府政策工具组合的内在框架，并从建构主义的视角尝试寻找政策工具组合的优化路径，对政策工具之间、工具与环境之间的关系进行了深入的解读与探讨，从理论和实践层面探索了中国情境下政策工具组合的内在机理。制度安排与社会政策处于动态平衡与变迁之中，是政府理性设计与政策回应相互作用的结果，政府治理体系在这一过程中逐渐走向成熟，政府工具组合亦然。政策工具的有效与否依赖于政府对政策工具的选择应用能力，同时有赖于工具选择情境中市场成熟程度与社区中政策相关利益群体的认同与表达。就政府而言，两方面因素形塑着工具选用结果的有效性；其一，准确认知工具属性的能力，政府准确把握与合理界分各个工具的相对性属性与功能是工具组合的重要前提。其二，依据情境组合工具的能力，不仅需要对政策工具的属性和模式形成清晰认知，还需要考量工具的恰当性和工具之间的适配性以及政策问题的性质、环境因素和目标受众特征，协调不同行动主体之间的利益冲突。就市场而言，经济活动存在生态边界，企业需要在制度框架下寻找动力去探索更具创造性的问题应对办法。市场具有追求效率最大化的特征，在市场发育不充分的情况下，应确保政府在公共物品提供中的主体地位，政策工具的组合需要凸显强制性维度，使用补贴、规制等手段刺激企业参与，激发市场活性，抑制市场性工具的缺陷。就社会而言，在赋权理念下，社会组织和社区越来越多地参与到公共政策的一般过程中，志愿性工具的选用是政府职能转变以及治理效率提升的途径之一，同时也对沟通性工具的使用提出了更高要求。政策工具的使用需要提升可见性与可接受性，构建完善的信息反馈机制与问责机制，在政府、市场与社会之间实现多元互动与平衡。

◎ 参考文献

[1] 包心鉴. 中国治理现代化中的制度之"重"和制度之"治"[J]. 济南大学学报：社会科学版，2020(2).

[2] 陈振明. 政府工具导论[M]. 北京：北京大学出版社，2009.

[3] 盖伊·彼得斯，弗兰斯·冯尼斯潘. 公共政策工具——对公共管理工具的评价[M]. 顾建光，译. 北京：中国人民大学出版社，2007.

[4] 莱斯特·萨拉蒙. 政府工具——新治理指南[M]. 北京：北京大学出版社，2016.

[5] 李金龙，武俊伟. 社会建构理论视域下我国基层政府政策执行的难题及其求解[J]. 东北大学学报(社会科学版)，2016，18(5).

[6] 罗英豪. 建构主义理论研究综述[J]. 上海行政学院学报，2006，7(5).

[7] 吕志奎. 公共政策工具的选择——政策执行研究的新视角[J]. 太平洋学报，2006(5).

[8] 迈克尔·豪利特，M. 拉米什. 公共政策研究：政策循环与政策子系统[M]. 北京：生活·读书·新知三联书店，2006.

[9] 唐贤兴. 政策工具的选择与政府的社会动员能力——对"运动式治理"的一个解释[J]. 学习与探索，2009(3).

[10] 王辉. 政策工具选择与运用的逻辑研究——以四川 Z 乡农村公共产品供给为例[J]. 公共管理学报，2014，11(3).

[11] 王清军. 环境治理中的信息工具[J]. 法治研究，2013(12).

[12] 徐媛媛，严强. 公共政策工具的类型、功能、选择与组合——以我国城市房屋拆迁政策为例[J]. 南京社会科学，2011(12).

[13] 徐伟，张荣荣，刘阳，等. 分类治理，控股方治理机制与创新红利——基于国有控股上市公司的分析[J]. 南开管理评论，2018(3).

[14] 张蕴萍，赵健敏，叶丹. 新中国 70 年收入分配制度改革的基本经验与趋向研判[J]. 改革，2019(12).

[15] 郑石明. 嵌入式政策执行研究——政策工具与政策共同体[J]. 南京社会科学，2009(7).

[16] Doern G. Bruce, Richard W. Phidd. *Canadian public policy：ideas，structure，process*[M]. Toronto：Nelson Canada, 1992.

[17] Hood, C. *The tools of government*[M]. London：Macmillan, 1983.

[18] Steinberger. P. Typologies of public policy: meaning construction and the policy process [J]. *Social Science Quarterly*, 1980(61).

Combination and Optimization Logic of Public Policy Instrument: Taking the Operation of Clothing Recycling Bins as an Example

Wu Xianhong[1]   Yang Ke[2]

(1 School of Political Science and Law, University of Jinan, Jinan, 250022, China;

2 Law School, Linyi University, Linyi, 276005, China)

Abstract: This article analyses clothing bins in the waste sorting policy implementation, adopting semi-structured interviews and questionnaires. Taking the combination, characteristics and internal mechanism of policy instrument as the main line, this paper examines the action logic of multiple actors in policy implementation and constructs the optimization path of instrument selection. Drawing on case studies of L city, it is found that the combination of communication tools, market tools and voluntary tools is adopted in the implementation of this policy, which is characterized by low coerciveness and low visibility. So that there is a crisis in the policy response of the government, which needs to optimize the combination of tools, change the reference frame and improve the accountability of policy tools to optimize the logic of current policy selection and improve the effectiveness of policy instruments.

Key words: Policy instrument; Policy implementation; Clothing bins; Constructivism

专业主编: 许明辉